1. Le Recueil des plus belles et excellentes chansons en forme de voix de ville, tirées de divers autheurs... ausquelles a été nouvellement adapté la musique de leur chant commun... par Jehan Chardavoine. *Paris, Claude Micart,* 1575. In-16, ff. prélim., dont quatre manquent, titre compris et 281 ff. chiff.; un coin du feuillet 9 est déchiré; vélin. 26⁵

Petit volume de la plus grande rareté, avec la musique notée.

J. B. Weckerlin,

Origine du mot Vaudeville

Le Catalogue de la Bibliothèque Favart, vendue le 20 nov. dernier, donne n° 707 la description suivante d'un rare recueil de chansons : « Le recueil des plus belles et plus illustres chansons en forme de Voix de Ville ~~…~~ auxquelles a été nouvellement adaptée la musique de leur chant commun … par Jehan Chardavoine. Paris, Claude Micart, 1575. in-16. » —

Ces Voix de Ville ne fourniraient-elles pas une étymologie du mot Vaudeville, autre que celle qui le fait venir de Veau-de-Vire ? Qu'en pensent les connaisseurs ?

Rés Ye 440   Et. C.
          L'Intermédiaire. N° 27.
          (10 févr. 1865) col. 70.

Note d'Étienne Charavay ?
C'est moi qui ai acheté cet exemplaire et depuis fort long-temps, j'ai soutenu quoique ne venant qu'après Castil Blaze que Vaudeville vient de voix de ville.
                              Weckerlin

maréchaux

offert à la Bibliothèque
nationale
        par J. B. Weckerlin

Réserve
Ye
p 440

LE RECVEIL DES
PLVS BELLES ET EX-
cellentes chansons en forme de voix de ville,
tirees de diuers autheurs & Poëtes François,
tant anciens que modernes.

*Ausquelles a esté nouuellement adapté la Musique de
leur chant commun, à fin que chacun les puisse chanter en tout endroit qu'il se trouuera, tant de voix
que sur les instruments.*

Par Iehan Chardauoine de Beau-fort en Anjou.

À PARIS,
Chez Claude Micard, au clos Bruneau,
à l'enseigne de la Chaire.
1576.
AVEC PRIVILEGE DV ROY.

AUX LECTEURS
SALUT.

Amy lecteur, pource que je sçay que quiconque veult pour le jourd'huy faire du mont d'Helicon naistre fôtaine, la grenouille est incôtinêt sur le bord, preste à se jetter dedans pour en troubler l'eau: Que je sçay aussi, quelle nature l'envieux et maldisant est semblable au chien, lequel, combien qu'il soit le plus imparfait, et le moins propre à porter fruict à l'homme, de tous les autres animaux, toutesfois il abboye à chacun d'eux par sa malice naturelle et ordinaire. Pour ces deux choses, j'ay grâdemêt différé à vouloir me consentir, que ce mien petit œuvre fust mis au commun de tous, côbien que j'en fusse grandement sollicité par aucuns de mes amis. Pour ausquels complaire et pourvoir par mesme moyen aux deux poincts dessus dits, à fin de ne

EPISTRE

donner a l'envieux ouverture d'escumer côtre moy, sachant qu'il est communement ignorant de soymesmes, et que son ignorance ne me pourra mordre aucunement, si je ne luy en donne l'ouverture par mon instruction: j'ay voulu ne mettre les raisons qui m'ont induit, et persuadé à rediger par escript les presentes chansons, d'autant de sortes qu'il est peu venir à ma congnoissance depuis deux ou trois ans en ça, de belles, et meritables d'estre mises, et redigées par escript è forme de voix de ville. Et moins dire et declarer pour ceste foy, les diferances qu'il y a des uns aux autres des dites voix de ville : assavoir de la pavanne double, à la simple, et de la commune à la rondoyãte et à l'heroique, et de la gaillarde semblablement double commune, rondoyante moyène ou heroique: du brâsle gay, du brâsle simple, du bransle rondoyant du toursdiõ et finablement de tant d'autres chansõs que l'õ dance et que l'õ chante ordinairement par les villes: et des mesures qu'elles doivent avoir et tenir chacune en droit soy. Ce que je diray une autre foy amplement, et au cõtentement de chacun, s'il plaist à Dieu,

AV LECTEVR.

alors que j'auray donné bô loisir à l'envieux de me reprendre s'il peult, et dont je luy sçauray bon gré.

Cependant je te baise les mains.
De Paris ce dixiesme jour de
novembre mil cinq
cens septante
et cinq.

BIEN VIVRE ET SE RESIOVIR

EXTRAICT DV PRIVI-
LEGE DV ROY.

Par grace et privilege, du Roy il est permis à Claude Micard marchant libraire demeurant à Paris faire Imprimer et exposer en vente un recueil de Chansons à forme de voix de ville, tant pour le beau chant d'icelles que pour la musique, laquelle ledit Micard a nouvellement fait adapter et mise en chant commun, parties desquelles n'ont encores jamais esté mises à Musique, avec expresses defenses à tous libraires et Imprimeurs de ce Royaume ne les imprimer, vendre ny distribuer jusques à dix ans, à compter du jour et datte de la première impression, sans le vouloir et consentement dudit Micard, nonobstant quelconques lettres à ce contraires, côme plus à plain est contenu en la lettre dudit Privilege sur ce donné à Paris le vintième jour d'Aoust l'an de grace mil cinq cens quatre-vingts.
Par le Roy à la relation du Conseil.

DE LA HERBAVDIERE.

TABLE DES CHANSONS CONTENVES EN

ce present Recueil, auquel tu cognoistras (amy Lecteur) qu'on à adiouté plusieurs belles chásons nouuelles lesquelles n'auoyent encor esté mis en Musique iusque à present.
Par
M. A. C.

A

Amy enté mes plaintes 212
Amour cent fois 41
A qui me doi-ie retirer. 229
Amour faict mal son deuoir. 137
Assamblez vous drolle 32
Autil l'honneur & des bois. 151

ã iiij

TABLE.
B
Benist soit l'œil de madame. 1
Baise moy ma douce amie, 156
Belle helas que ie suis langoureuse 74
Bon iour m'amie bon iour mon. 277

C
Ceux qui peigne amour sans. 44
Ce n'est pas vous passagere. 39
Cauerneuse montaigne, 183
Ce fut le iour à pitié tendre, 112
C'est dedans Paris, 215
Comme au clair soleil descou. 240
Comme la vigne tendre, 157
Comme la corne argentine. 176
Comme l'aigle fond d'en haut. 225

D
Dormant i'ay quelque fois songé 38
Douce liberté desirée. 29
Despité i'ay quité l'amoureuse. 43
Dames qui l'amour hantez. 188
D'estre loyal ie ne puis. 119
Depuis le iour que l'homicide. 239
Deuenu suis amoureux. 209

TABLE.

Deſſouz les cieux n'y a point fille 248
Dieu vous gard belle bergere. 250
Douce maiſtreſſe touche, 227
D'ou vient l'amour ſoudaine 66 & 255

E
En quel deſert en quel bois. 48
Echo reſpond par les bois 201
Entédez Seigneur ce q̃ ie pnonce 78
Eſt-ce pas mort quand vn corps. 149
Eſcoutez la nouuelle. 213

F
Faut il qu'on mette en eſcript. 186
Fils de Venus l'amoureuſe deeſſe, 126
Fruit d'amour attendu. 100
Fuyons tous d'amour le ieu. 102

H
Helas que me fault il faire. 35
Haſtez vous petite folle. 108
Helas monſieur oſtez vous toſt. 175
Heureuſe eſt la conſtance. 114
Helas mõ Dieu y a il en ce mõde 191
He Dieu que c'eſt vn eſtráge mar. 224

Helas que vous a faict mõ cœur 222

I
I'ay le rebours de ce que ie souhait. 96
I'ay tant bõ credir qu'on voudra. 200
I'ay bien mal choisi. 243
Ie ne scay si sont amour 45
Ie n'aymeray iamais en vain 15
Ie garde foy & loyauté. 36
Ie suis passioné de lamour de 64
Ie ne meconfesseray point. 241
Ie veux aimer qu'oy quon en. 49
Ie suis contraint d'estimer. 261
Ie ne veux plus a mon mal. 129
Ie suis attaint ie le confesse. 120
Ie ne puis dissimuler. 234
Ie ne say que c'est quil me faut. 195
Ie suis au mourir. 77
Ie souffre passion d'vne amour. 72
Ie consens que tout leur sens. 170

L
Las ma mere ie ne puis pas 23
Las tu te plains. 186
Las quelle fille ie suis. 259

TABLE

Laissez la verde couleur.	130
La parque si tremble.	87
L'amour auec l'honneur,	79
La piaffe des filles.	278
La seruante bien s'abuse.	165
Las ie n'eusse iamais pensé,	89
La terre s'naguieres glacee.	256
La diane que ie sers.	193
Las ie soulois auoir contentemét.	86
Las que nous sommes.	231
Las puis qu'en toy.	218
Le soleil qui faict son seiour.	37
Le petit enfant d'amour.	4
Le Fils de putain d'amour	9
Les iours & nuicts ie n'ay.	167
Le cruel amour.	203
L'ennuy qui me tourmente.	142
L'esté chauld bouilloit.	144
Long temps y a que ie vis.	103

M

Mais que me vault.	103
Ma petite collombelle.	125

TABLE

Ma grande fille approche toy,	47
Ma mignonne ie me plein.	263
Mais voiez mon cher esmoy,	79
Magdelon ie taime bien,	209
Mignonne allon voir si la rose.	52
Minerue me console.	79
M'amour iamais on ne verra chan.	59
Mignonne bien aimee,	246
Mon cœur souffre grand martyre,	81
Mon seul bien voicy l'heure.	165
Mon œil aux traits de ta beauté,	148
Mon mary est riche.	111
Mon Ianot mon tout mon bien,	211
Mon pere & ma mere	27

N

N'a doncques peu mon amitié,	140
Nous voyons que les hommes.	128
Nuits & iours me cherche Cupi.	110

O

O nuict ialouse nuict	27
O Iour infortunee.	19
O cruel enfant Qui vais,	90
O combien est heureuse,	117

TABLE.

O la mal aſigne.	270
O madame perſ-ie mon temps.	124
O pucelle plus tendre.	253
O pauure ignorente,	106
Or eſcoutez la chanſon,	219
Or nous eſiouiſſon.	273
O que le ciel m'a comble.	264
Or eſt venu le temps & la	84
Or voy-ie bien qu'il faut.	98
O que d'ennuis a mes yeux.	197
Oyez la fortune Qui.	225

P

Par ou fault il pauure.	181
Pandant que ce mois renouuelle,	154
Plus ne veux eſtre a la ſuitte	104
Puis pue l'amitié grande,	247
Puis qu'amour monſtre,	61
Puis que les yeux qui.	34
Puis que viure en ſeruitude.	146
Puis que partir ie m'en voix.	163
Puis qu'il te faut en aller.	164

Q

Que feres vous dites madame	42

TABLE

Quand i'entens le perdu. 16
Quand le gry chante au son. 23
Quand premier vous me feistes, 9
Quand voudra la clarté 197
Quand i'estois libre. 94
Quand ce beau printemps ie voy 23
Que fer au cœur tant de. 80 & 172
Quel doux ennuy me vient. 105
Que te sert amy. 199
Qui peult voir. 116
Qui pourra dire la douleur. 272
Qui voudra faire amie. 204

R

Rozette pour vn peu dabsence. 25

S

Si l'amour est de telle qualité. 6
Si i'auois cognoissance. 83
Si ce n'est amour qu'est-ce. 194
Si bien tost l'allegence. 122
Si vous regardez madame. 267
Si Ieune ie suis. 244
Souspirs ardans. 184

TABLE

T

Tant que j'estois à vous seule	141
Toute femme n'est que feu	275
Tu t'en vas ma mignonne	53

V

Vn jour madame parette	22
Vn Ramoneur dedans paris	14
Voules ouyr chanson nouvelle	10
Vien m'amie, vien m'a vie	60
Vivraije tousjours en tristesse	134
Vne brunette icy je voy	57 et 266
Vn temps fut que je voulut	175
Vne pareille intention	173
Vn jour m'en allois seulette	138
Vne m'avoit promis que	208
Vne jeune fillette	135
Vn grand plaisir Cupido	106
Vostre esprit recreatif	58
Vostre beauté excellente	68
Voicy la saison plaisante	50
Vous jeunes gens qu'amour	99

BIEN VIVRE ET SE RESIOVIR

RECUEIL

LE RECVEIL DES PLVS BELLES CHAN-
sons en forme de voix de ville.

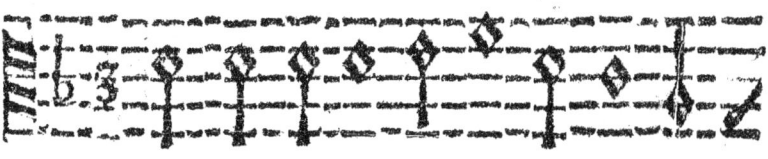

Benist soit l'œil noir de ma dame,

Par qui i'ay l'amoureuse flamme

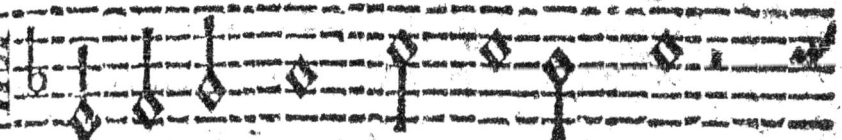

Benist soit qui l'amour trouua:

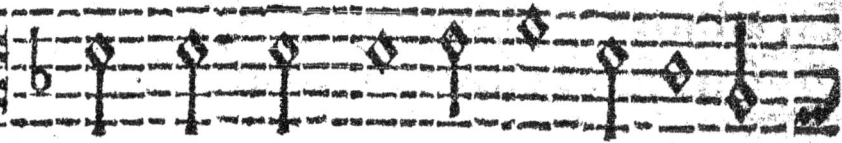

Benists soyt l'amorce & la mesche,

Le quarquois, & l'arc & la fleche,

A

Et le premier qui l'esprouua.
Ce petit Dieu qui faict la guerre
Aux cœurs est orés sus la terre,
Dedans tes yeux se promenante
Et de la son traict il descoche
A celuy là qui s'en approche,
Comme l'espreuue maintenant,

    Mais las madame que ie treuue,
Benigne & douce ceste espreuue,
Par qui ie me sens vigoureux,
En contemplant ta belle face
En admirant ta bonne grace,
Qui me faict estre tant heureux.

    Ie voudrois auoir mille langues,
Afin de faire mille harangues,
Pour immortaliser ton nom:
Hé Dieu que n'ay-ie la feconde
Pour pouuoir dire à tout le monde,
La valleur de ton grand renom?

Hé Dieu que ne suis-je vn Appelle,
Pour paindre ta face tant belle
Ton front yuoirin tes beaux yeux,
Et ta belle tresse doreé
Ta bouche vermeille succrée
Ou gist tout l'espoir de mon mieux.

Tu es celle qui me peut faire
Heureux si tu mes debonnaire,
Et si tu veux que dans ton cœur:
Et que dans tes yeux point n'habite
Le desdain, ny l'ire despite,
La cruauté ny la rigneur.

Tu es toute ma confiance,
Tu es toute mon alliance
Tout mon espoir & tout mon bien,
Sans toy ie ne puis l'amour suyure,
Sans toy helas ie ne puis viure,
Sans toy helas ie ne puis rien.

En toy i'ay mis mon asseurance,
En toy i'ay mis mon esperance,
En toy i'ay mis tout mon confort:

RECVEIL DES CHANSONS

En toy i'ay mis ma douce amie
En toy i'ay mis toute ma vie,
En toy i'ay mis toute ma mort.

   Tu es seule ma renommée,
Tu es seulle ma bien-aymée
Tu es seullé mon doux esmoy :
Tu es seule ma desirée,
Tu es seule ma Cytheree,
Que i'ayme beaucoup mieux que moy

   Plustot l'Hyuer n'aura froidure,
Plustost l'Este n'aura verdure,
Plustost n'esclerera le iour :
Plustost la mer sera sans onde
Plustost abismera le monde,
Que ie delaisse ton amour.

   Amour n'est que toute liesse,
Amour n'est que toute, allegresse,
Amour n'est que tout passe-temps :
Amour n'est que misericorde,
Amour n'est que paix & concorde,
   Quand les deux partis sont contents

Mais au contraire n'est que peine
Qu'vn dueil, qu'vn soucy q̃ noꝰ gesne
Qu'vne perperuelle mort,
Qu'vne rigueur qu'vne tristesse,
Qu'vne langueur qu'vue destresse
Quand l'vn & l'autre nest d'accord.

Celuy qui n'aime en sa iennesse,
Il fant qu'il ayme en sa vieilleesse:
Mais helas vieillesse ne peut,
Et la ieunesse suffisante,
Ne sçait quand le temps se presente,
Iouyr de ce point qu'elle veut.

Et puis l'occasion passee,
Nous ne pouuons nostre pensee,
De dueil, & regret guarantir:
Mais quand ne peut estre renduë
La ioye d'vne heure pretenduë,
Le temps n'est de s'en repentir.

L'occasion est de poil nuë
Par rier la teste & cheueluë
Par deuant ou ses poils sont toute

Il nous la fault doncques attendre
Par deuant pour foudin la prendre,
Quand elle fe prefente à nous.

Aime moy doncques ma mignonne
Ma toute belle & toute bonne.
Tandis que la ieune faifon:
De cueillir la fleur tendrelette
Au verger d'amour doucelette,
Efpoinçonnant noftre raifon.

Si tu crains de ne me cognoiftre
Mets toy doncques à la fenestre,
Et tu cognoiftras qui ie fuis:
Ie ne demande qu'vne œillade
Pour recompenfe de l'aubade
Que ie fonne deuant ton huis,

Tu n'es pas doncques endormie
Bon foir mon cœur, bon foir ma mi
Bon foir ma Diane bon foir:
Bon foir mon bel œil que iadore
Demain au refueil de l'Aurore,
I'autay plus loifir de te voir.

FIN.

CHANSON NOVVEL-
le du petit enfant d'Amour.

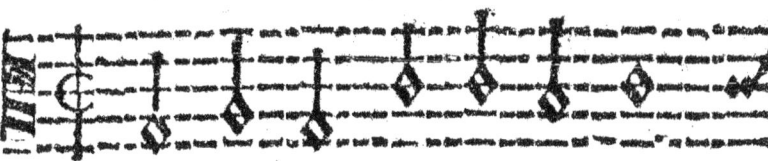

LE petit enfant d'Amour

Cueillant des fleurs à l'entour

D'vne ruche, ou les Auettes

Font leurs petites logettes.
Ainsi qu'il les alloit cueillant
Vn'auette sommeillant
Dans le font d'vne fleurette.
Luy picqua sa main tendrette.

A iiij

Si tost que picqué se vit
Ha, ie suis perdu dit-il
Et s'encourrant vers sa mere,
Luy monstra sa playe amere.

Ma mere voyez ma main,
Luy disoit Amour tout plein
De pleurs, aussi quelle enflure
Ma faict cesté egratignure,

A lors Venus se sous rit,
Et en la baisant le prit,
Puis sa main lui à soufflee
Pour guerit sa plaie enflee.

Qui a dy-moy faux garçon
Blessé de telle façon
Sont ce mes grace riantes
De leurs esguilles poignantes.

Nenny c'est vn serpenteau,
Qui volle au printemps nouueau,
Ça & la sur les fleurettes
Auecques deux æsleretres.

DE VOIX DE VILLE.

A vrayement ie le cognois
Dit Venus, le villageois,
De la fontaine d'Aymette
La surmommant vne Auette.

Si doncque vn animal
Si petit fait tant de mal
Quand son, halesne epointçonne
La main de quelque personne.

Combien fais-tu de douleurs.
Au pris de luy dans les cœurs
A qui pour butte tu iettes
Tes amoureuses sagettes.

Responſe Sur le meſme chant.

LE petit follastre Amour,
S'en alloit seullet vn iour
Esbatre en vne prerie
De nouuelle herbe fleurie.

Si tost quil fut dans ce pré
De mille fleur diapré
Commença à cueillir celles
Qui luy sembla les plus belles.

Ayant quité tout expres
Son arc, sa trousse & les traits,
En se tournant il aduise
Vne trouppe en rond assise.

C'estoyent des dames d'honneur,
Qui n'auoient autre bon heur
Qu'a ce preseruer du vice
Par maint louable exercice,

L'vne deuidoit le fil
L'autre d'vn art plus subtil
Besongnoit en lingerie,
Et l'autre en tapisterie.

Les autre que les neuf sœurs
Repaissant de leurs douceurs
Ne vouloyent cesser de lire
De discourir & descrire.

Incontinent ce babouin,
Qui les auisa de loin
Court saisir de grande escourse
Son arc, ses traitz' & sa trouce,

Quand il eut son arc en main
Il vint & tira soudin
De sa trouce vne sagette,
Qu'au cœurs des amans iliette.

Voulant d'elles s'approcher
Et son trait leur decocher
Vne dame bien accorte
S'escria de telle sorte.

Mes dames tournez voz yeux
Sur c'est archer furieux,
Voyez ie vous prie de grace
Comme de loing il menace.

Mes compagnes c'est celuy
Que les hommes du iout d'huy
Suiuant l'erreur paternelle
Font leur deffence immortelle.

Allons le prendre au collet.
Ce nain vollagé & follet
Cest auortum de n
Qui nous pens

RECVEIL DES CHANSONS

Ce cry les esmeut si fort
Que toute d'vn mesme accord
Esgallement irrittees,
Contre amour se sont iettees,

L'vne à grand coup de maillet
Luy meutrir son taint douillet,
Tandis que les autres filles
Le picquoyent de leurs esguilles,

Vne entre autres le lia.
De sa soye & supplia
Ses compagnes de le prendre
Pour leur esclaue le rendre.

Mais les dames quils soient
Et deuertu deuisoyent
Sont d'auis qu'on le deliure
Et qu'a sa mere on te liure

rauant toutes fois
son carquois
it casserent
ent

DE VOIX DE VILLE.

Comme elle l'eurent lasché
Il s'enfuit triste, & fasché
En s'enfuyant, il rencontre
Sa mere & son mal luy monstre.

Ma mere, dict-il voyez
Mon mal, & plainctes ayez
Las sçachez que ceste iniure
Par vostre sexe i'endure.

Des cieux ça bas deuallé
Dans vn pre i'estois allé
Cueillier des fleurs pour vous faire
Vn bouquet qui vous sceut plaire

Las, quelque dame ie vy
Qui s'exerçoyent à lennuy
Aux œuures plus vertueuses,
Pour se garder d'estre oyseuses.

Si tost quelles m'eurent apperçeu
Soudain leur courrage esmeu
Leur fit quiter leur ouurage
Pour me faire c'este outrage.

RECVEIL DES CHANSONS.

Venus ayant l'œil ietté
Sus luy, l'appelle afferté
Et luy dict toute despite
Qu'il a le mal qu'il merite.

Va, dit elle, faux garçon
Ie n'ayme point la façon,
Tu monstre bien qu'il t'ennuye
De viure en ma compagnie,

Tu m'auois promis la foy
De bouger d'auec moy
Depuis le iour que l'Auette
Te picqua ta main follette.

Tu vois comme il t'en est pris,
De m'auoir mis en mespris,
Iamais enfant, ne prospere
Fachant son pere &, sa mere.

Ie n'ay point le cœur marry
De ce voir ainsi meurty.
Mais le subiect de mes larmes,
Et la perte, de mes armes.

DE VOIX DE VILLE.

Vray est que si tu promets
De ne me laisser iamais,
Sans que ie le tecommande
Ou bien que tu les demande

Par moy te sera donné
Vn arc de fresne encorné
Vn carquois neuf & des flesches
Qui feront bien d'autres bresches

Ce dit l'enfant qui se deult
Luy promet ce qu'elle veut,
Et sur l'heure la Deesse
Lui dit tenant sa promesse.

Prend garde à ce que ie dy
Filz & ne sois si hardy
De iamais te prendre à celle
Qui ayment les neuf pucelles.

Car tu nas point de pouuoir
Sur les Dames de sçauoir
Qui par maint labeur honneste
A l'oysiueté font teste.

Tu n'as pouuoir que sur ceux
Qui tout le iour paresseux
Ne veulent en rien sesbatre
Qu'a mesdire ou s'entrebatre

Sont ceux qui fault assaillir,
Garde donc ne leur faillir
Car il n'est en leur puissance
De te faire resistence.

Car sans cesse ils ont esté
Tousiours plains d'oysiueté,
De faict que la conardise
Suit de pres la serardise

Or sois donc mon cher enfant
Sur les hommes triumphant
Qu'il ne te reste sagette
Qne dans leur cœur on ne iette.

Ainsi dit elle à son fils
Qui approuua cest auis.
Et dans le Ciel de puis l'heure
Ne faict plus longue demeure,

DE VOIX DE VILLE 9

Suyuant le commandement
Cà bas venu promptement
Sans plus ses traits il adresse
Aux homme plains de paresse.

L E fils de putain d'Amour

Au champs s'en alloit vn iour

A uec vne belle fille

Courtoise belle & gentile
L'amant.
Ma mignonne approche toy,

B

Ouure les bras baise moy,
Montre moy ma Catherine
Le beau lis-de ta poitrine.
L'amante.
Prens mon amy vn baiser
Pour ton tourment appaiser
Et que ta leure se tienne
Vingt heures dessus la mienne
L'amant.
Ostez vostre blanche main
De dessus vostre beau sein,
Que ie baise & puis rebaisse
Tes deux vermeillettes fraises,
L'amante.
Mon amy ie nay plaisir
qu'accomplir à ton desir
Fay de moy ma chere vie
Comme il te prend enuie.
L'amant.
Mon petit cœur permets moy
Ma fille & mon cher esmoy,
Que ie manie follastre
Tes blanches cuisses dalbastre.

L'amant.
Ie le veux moncher soucy,
Mais promettez moy aussi
De ne toucher, ce qu'honnore,
La fille & la des honnore.
L'amant.
Ie ne voudrois te laisser
Pour ce seul bien trespasser
Et c'est ce qui plus enflame,
Mon cœur, mon corps & mon ame.
L'amante.
Plus ie sens vn pareil feu,
Qui consomme peu à peu
Mon san & desia mes veines
Sont de flammes toute plaine
L'amant.
Bien sot est le medecin
Qui ne guerit tout foudain
D'vne plaie ou d'vne vlcere
Sçachant la prompte maniere
L'amante.
L'amant ne doit demander
Au surplus mais sans tarder

B ij

Doit prendre à son amoureuse
Celle car elle est honteuse.

L'amant.

Puisque est donc t on plesir
Mourons donc mon cher desir
Embrase moy ma chere amie
Helas mon cœur ie me pasme.

Voulez ouyr chanson
Des garce des faux bours,

Composée nouuelles
Qui ayme bien aboire

Vingt & deux pintes de vin

Cela ne leur dure rien

Le pasté de trois pigeons

Cela leur samble fort bon.
Drelin, din, din,
drelin, din din.
Il en vint vne,
Qui ne fut pas mandée
Car elle boit trop,
Et si est pelee,
Guillemette est son nom
Auecque son cotillion
Elle fait forbir son bas
Et si ne le semble pas.
Drelin, din. din. &c.

Basin est venu
A tous sa belye
Du bon cœur lui dit
Bon soir ma voisine,
Crois que ie te beseray
Ou bien ie me tromperay,
S'il ne tient qu'a de largent
Ie te paieray tout content.
Drelin, din, din, &c.
 Voicy le flamant
A tout sa manthoniere
Qui promet vn plat,
De trippe fricassée
Ie sçay ses complessions
Il lui faudra de l'oignon
Et qu'il assiste au banquet
Puis que sa mignonne y est.
  Drelin, din, din, &c.
Ce gauché paulus
Faisoit bonne mine,
De bon cœur lui dit
Bon iour ma voisine
I'ay vn beau demi escu.

e te prie n'en parlons plus
Nous Irons à Ientilly
Pour prendre nostre plaisir,
　　　Drelin, din, din, &c,
　Compaire la Foires
Tu viendras à la dance
Afin d'y dancer.
Auec ta grande pance
Tu enten bien la façon,
De leuer le cotillion
Nous prendrons le passetemps
En dependant nostre argent.
　　　Drelin, din, din, &c.
　Ne laissons derriere
La courte petite
Qui de son deuant
Elle n'est pas chiche,
Helas son puauure mary
Il en est assez marry
Dequoy elle hante les lieux
De ses garces sans honneur.
　　　Drelin, din, din, &c.
　Vous cognoissez bien

Noz sœurs & cousine
Les seules qui sont
Du bas culz certaine
Assembles les vistemens
Pour aller trouuer nos gens
A Ientilly le plus pres
Ou l'assination est.
  Drelin. din, din, &c.
 Il nous faut auoir
Chrestienne la belle
Qui sçay le moien
D'ouurir les eschailles
Elle gaigna trois testons
Pour auoir presté son con
Beuuant du vin d'Orleans
La viande à l'auenant.
  Drelin, din, din
 Et que dirons nou
De la grand Barberte.
Il y a quarante ans
Qu'elle est maquerelle,
Et ses deux filles aussi
Qui ayment bien le deduit

Il font bien fourbir leur bas
Et si ne s'en soucie pas
   Drelin, din, din. &c.
  Et toy que ditu,
Grand margot ma mie
Tu sçais la façon
De la drolerie
Tu cognois ces bon poules
Des compagnons, portefaix,
Mais il n'y a que danger
De la verolle gaigner.
  Mais par mon serment
C'estoit grand dommage,
Que ce grand batis
N'estoit au village
Auecque son violon
Et son manicordium
Il eusent tresbien disné,
Et si ne lui eut rien cousté.
  On à fait crier
Au son d'vne tromppette
Qu'on n'i parle plus
De dame Guillemette

Les ceux qui en perlerons
Il seront mis en prison
Il payeront les despens
Et la iournée du sergent.
　Qui fit la chanson
Composee nouuelle
Sont des portefaix
Dessus la tournelle
Estans au coin du paué
Au lieu assez renommé
Beuuant du vin à deux sols
Il en beurent tout leur sous
　Drelin, din, din,
Dre lin, din, din,

FIN.

DE VOIX DE VILLE 14

ug ramonneur dedens paris
Comme il ietoict ses haulx cris

promenant parmy les rues
harchent sa bonne aduenture

De la trouuer ne fally pas
A ramonner la cheminée

cheminée hault & bas.

Vne seruante louyt mis
teste ala frenefte
monneur entre ceans

Vien parler amadamoiselle
Depesche toy double le pas.

   Quant le ramonneur fut entre
Parla à madamoiselle
Qui luy dict employe toy
A housser noz cheminées
Ne les housse pas à demy
Ie veulx quelle soyt bien houssée
Ta peine ne retiendray pas.

   Le ramonneur sans cesser
Commence a sa besoingnette
Madamoyselle montir en haut
En sa petitte chambrette
La chambrierre decendit en bas.

   Le ramonneur en grinpant
A ses chausses dechirees
La chambrierre en regardant
A son andoulle aduisée
Qui estoyt grosse comme le bras.

   Le chambrierre au ramonneur

DE VOIX DE VILLE 15

ct tout bas en la cuysine
tu nestoyt poinct mocqueur
ramonneroys la mienne
ie le fais. tu t emmocqueras.

Morbieu dict le ramonneur
uferay ma douse amye
mocquer iaimerois mieux
elon me fit perdre la vie
pour cella ne segnez pas,

n vng couingt ce vont bouter
s y plus y prendre garde
ar vn trou du plancher
damoiselle les regarde
dict tout beaulx ne vous tuez pas.

adamoiselle desualle en bas
nt nen atu poinct dautre
mbrierre ie nauoys pas
chande à housser la voftre
e cordelot tu payeras
ousseur de tacheminee
y soullon tu ten y ras.

REC. DES CHANSONS

E n'aimeray iamais en vain

Car c'est vne pure folie

Aymer du iour au lendemain

C'est ce qui contente ma vie

Ma foy me voicy me voi

I'ayme fort à faire ce

DE VOIX DE VILLE 16

Ma foy me voicy me voi la,

I'ayme fort à faire cela,
Ie suis tout las de souspirer,
Ie trouue vaine ma complainte,
Et ne me plaſt plus d'endurer,
La plainte qu'on n'eſtime vaine,
I'ayme fort à faire cecy,
Ma foy me voicy me voila
I'ayme fort à faire cela,
I'ayme fort à faire cecy,
Ma foy me voicy me voila,
I'ayme fort à faire cela.

Tant plus ie m'arrerte en vn lieu,
Et moins i'en tire d'aſſeurance,
C'eſt trop suiuy l'Æſle d'vn Dieu,
Si le fruict ne suit l'eſperance,
Mafoy me voila me voicy

J'ayme fort à faire cecy,
Ma foy me voicy me voyla,
J'ayme fort à foire cela.
　Les vns ayment l'honnesteté
La voix la douceur & la grace,
Et chacun ayme la beauté
Mais ce n'est rien si l'on n'embrasse,
Ma foy me voyla me voicy,
Il n'est rien plus doux que cecy,
Ma foy me voicy me voyla
Il n'est rien plus doux que cela.

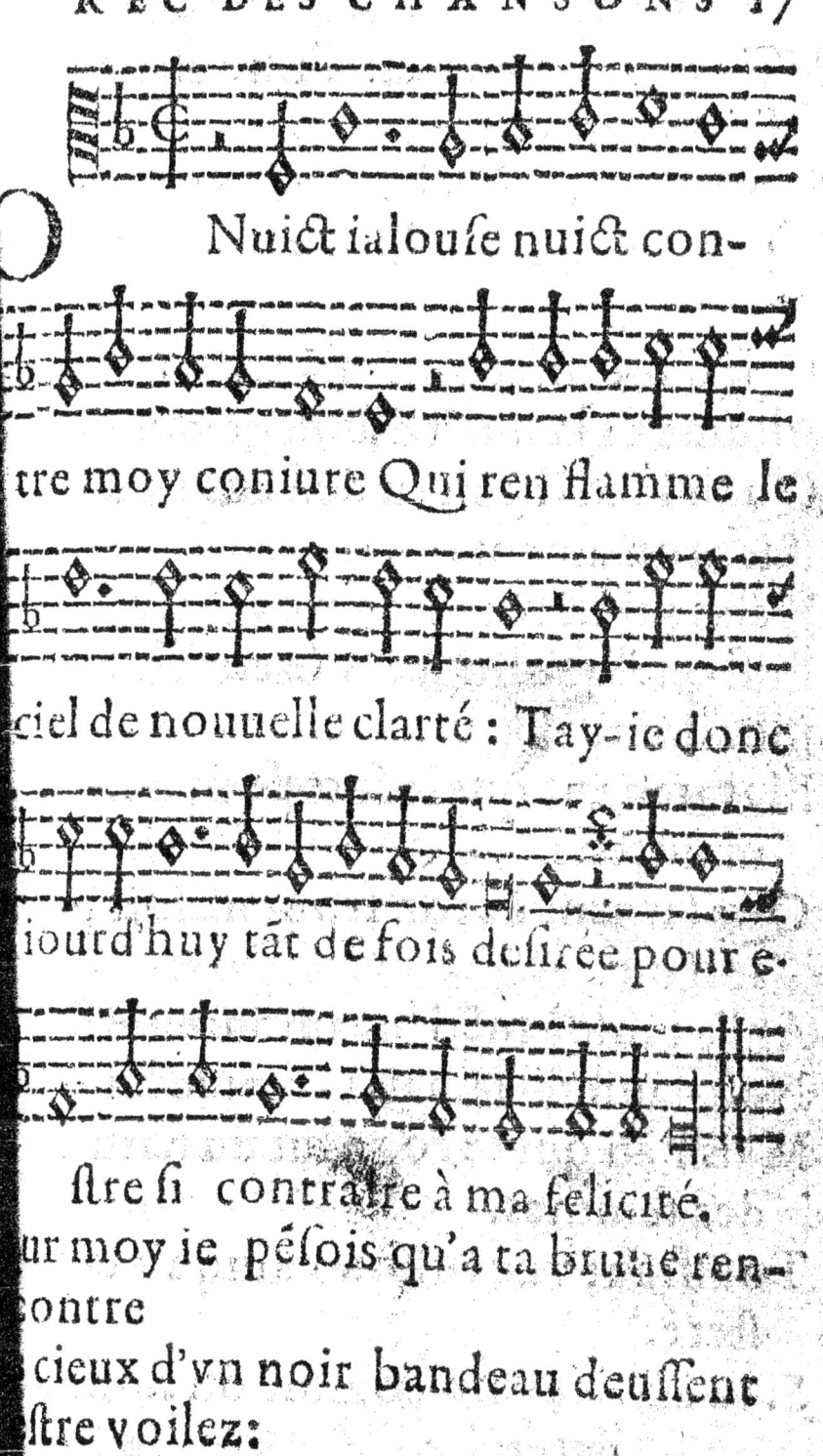

Nuict ialouse nuict con-
tre moy coniure Qui r'enflamme le
ciel de nouuelle clarté: T'ay-ie donc
iourd'huy tát de fois desirée pour e-
stre si contraire à ma felicité.
ur moy ie pésois qu'a ta brune rencontre
cieux d'vn noir bandeau deussent
estre voilez:

C

Mais comme vn iour d'Esté clair tu
 faits ta monstre.
Semāt parmi le ciel mille feux estoilez.
Et toy sœur d'Apollon vagabōde cour-
 riere
Qui p̄ me discouurir flābes si clereme̅t
Allume tu la nuict d'aussi grādelumiere
Quand sans bruit tu descens pour bai-
 ser ton amant?
Helas s'il t'ē souuiēt amoureuse deesse
Et si quelque douceur se cueille en le
 baisant.
Maintenant que ie sors pour baiser m[a]
 maistresse.
Que largent de ton front ne soit pas [si]
 luisant.
Ah l'a fable à mēti les amoureuse flām[es]
Ne schauserēt iamais ta froide humili[té]
Mais Pan qui te cogneut du naturel
 des femmes.
Touffrant vne toison vainquit ta cha[s]-
 steté.
Si tu auois ayme comme on nous fai[s]
 entendre

Les beaux yeux d'vn berger de long sõmeil touchez.
Durant tes chauds desirs tu aurois peu apprendre.
Que les larcins d'amour veulent estre cachez.
Mais flamboye a ton gré, que ta corne Argentée
Face de plus en plus ses rais estinceler,
Tu as beau descouurir ta lumiere empruntée les amoureux secrets ne pourras deceler.
Que de fascheuses gens, mon Dieu qu'elle coustume.
De demeurer si tard en la ruë il causes
Ostez vous du serain, craignez vous point le rheume.
La nuict s'en va passer allez vo' reposer
Ie va, ie vien, ie fui, iescoute & me promeine.
Tournant tousiours les yeux vers le lieu desiré.
Mais ie n'auance rien toute la ruë est pleine. C.ii

De ialoux importūs dõt ie suis esclaire
Ie voudrois estre Roy pour faire vne ordonnance.
Que chascun deust la nuict au logis se tenir.
Sans plus les amoureux auroyét toute licence,
Si quelqu'autre y failloit ie le ferois punir.
O somme ô doux repos des trauaux ordinaires.
Charmant par ta douceur tes pensers ennemis,
Charme ces yeux d'Argus qui me sont si contraires.
Et retardent mon bien faute d'estre endormis.
Mais ie pers (mal-heureux) le sens & la parole,
Le some est assõmé d'vn dormir ocieu[x]
Puis durant mes regrets la nuict prompte s'enuole.
Et l'aurore desia veut de fermer les cieu[x]

Ie m'en vay pour entrer, que rié ne me retarde.
Ie veux de mon manteau mon visage boucher
Mais lors ie m'apperçoi que chacuu me regarde,
Sans estre descouuert ie ne puis m'approcher.
Ie ne crains pas pour moy i'ouurirois vne armée,
Pour entrer au seiour qui recele mon bien,
Mais ie crains que ma dame en peust estre blasmée.
Son repos mille fois, m'est plus cher que le mien,
Qnoy men irayiedonc? mais que voudroy-ie faire?
Aussi bié peu à peu le iour s'en va leuát
O trompeuse esperance, heureux cil qui n'espere.
Autre loyer d'amour que mal en bien seruant.

C iij

CHANSON SVR LE
mesme chant,

Iour infortuné qne i'ay veu ma maistresse,
Qui dvn œil si brulant m'a enflammé le cœur.
C'est mon tout, c'est mon mieux madame ma Deesse,
Pour elle mille fois ie soupire é douleur
Plus qu'vn mont d'Aetna, mon cœur brusle sans cesse.
Depuis le premier iour que captif t'a esté,
En pleurs comme vn torrent mō pauure cœur se froisse.
De soufpirs de trauaux il m'a du tout comblé.
Lamour ie veux nommer fieure de frenaisie.
Car il est bié certain ie l'ay trop esprouué.
Mon loyal cœur helas ne peut quil ne varie
Ie prés puis quil te plaist la patiéce égre

Ie voy ma vie ainsi, comme on voit
 leau coulante,
Mais cela ne me chaut ie nesens point
 ce mal.
Ie me voy fondre ainsi que la cire brus-
lante.
Et t'a grand cruauté ne le repute à mal.
Comme vn Liõ ardant au troupeau se
va mettre,
Amour ainsi dás moy, court auec vn
 brandon.
Il meurtrit il occist, succe ronge & a-
guette.
Mon cœur, mon sang, mes os & ma
 peau sans raison.
Mais lors qu'il voit au point que la parque s'appreste.
Pour rauir cest esprit qui reste dedans
 moy.
Il ne veut toutes fois de passer luy permettre.
Iusque au tombeau piteux, où il n'i a
qu'effroy.

      C iiij

Helas en ce iourd'hui pitié se trouue[?]
  morté.
Et si quelqu'vn ne veut croire mõ d[?]
  tourment.
Qu'il vienne sans faillir, veoir m'ami[?]
  a sa porte.
Son cœur il sentira brusler comm[?]
  serment,
Si fort & si tardif mest facheusse lat tē[?]
Qu'il ne me chaut quasi de martire e[?]
  durer.
Ie doute des secours & perds toute e[?]
  perance.
Amour m'a bien trahy, d'vne cruell[?]
  aymer.
Ie suis tel que te plaist. madame ma d[?]
  esse.
Mallade lãguissãt, aussi tost vigoureu[?]
Triste. ioyeux, heureux & malheureu[?]
  sans cesse.
Libre captif chetif refroidi chaleureu[?]
D'vne amour, plus q'uardant nuict [?]
  iour ie pourchasse.

Vne Dame, & vn autre en a tout son
deduict.
Mon cœur est tout en elle, & neant-
moins me chasse.
Ie l'ayme plus que moy, vn autre en a
le fruict.
Seule ie la cheris vn autre prét ma place.
Ie basti son renó, vn autre le destruict.
Son amour ie cultiue & vn autre l'em
brasse.
I'eternise son nom, l'autre tout seul
iouyt.
Ainsi est des oiseaux, pour eux n'est la
couuee.
Ainsi n'est point pour vous aigneaux
la laine auez.
Ainsi les vers nót point la soye par eux
fillee.
Ainsi n'ont point pour vous, bœufs la
terre sillez.
Si ie m'en vois la veoir, soudain elle se
cache.

Si ie l aveux baiser, elle tost s'en fuira
Si ie pince sō bras, à linstant ell' se fas-
che.
Si ie la veux poursuiure, elle s'escartera
Vāge moy dōc cypris & chāge sō visage
Afin que de mes ieux ne soit pl⁹ desiré,
Mais ie ne gaigne rien car pour mourir
le gage.
Sera de mō tourmēt mile fois souhette
Apaise ta rigueur ma douce Magdeleine
Veux tu me consōmer prest à metre au
tombeau.
Vn baiser gracieux ha ie sēs son alleine
Qui me fait respirer attēdant l'air nou-
ueau.
A Dieu doncques m'amour bon iour
ma chere amie.
Ie voy le nautōnier & sa barque appro-
cher.
Les ombres & les esprits & la Parque
ennemie.
Sitō dernier depart me cause triste alle
FIN.

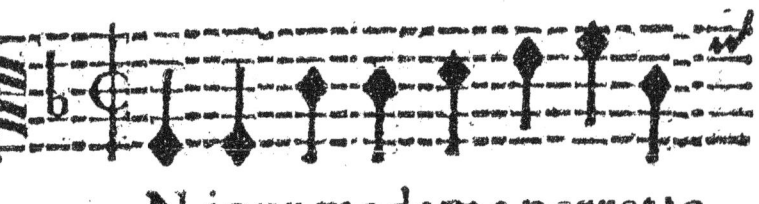

VN iour madame perrette
Me donna par amourette

Me mena dans son iardin
Vn bouquet de Romarin

Et autre chose & tout ij

Que ie n'ose dire, dire, dire.

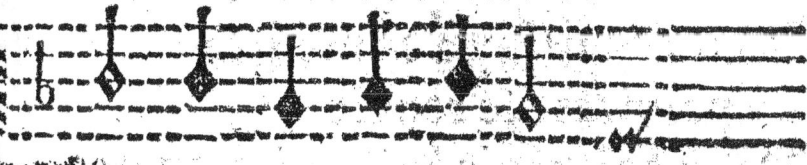

Et autre chose & tout,

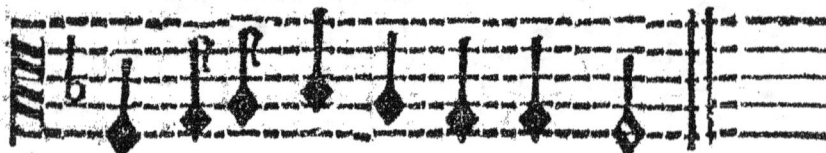

  Ie ne vous diray mesh ui tout.
Ie luys dis bas en laureille
Ma douce amie baisez moy
Baisez moy pour la pareille
I'en ay besoing par ma foy
  Et autre chose & tout.
Point ne feit de la mauuaise
Ie la iettay à lanuers.
Ie l'accolle ie la baise
Vy ses genoux descouuerts.
  Et autre chose & tout.
Ainsi comme pouuez croire
Cela me mist en chaleur
Et me vint vne collere
Qui me fist enfler le cœur
  Et autre chose & tout.
Ie commançay à combatre
La pauurete se rendit
Deux fois trois fois voire quarre
Plus l'alaine me faillit

Et autre chose & tout.
Elle foullist en sa boursette
D'vn escu me fist present
Grand mercy Madamoyselle
Grand mercy de vostre argent
　Et d'autre chose & tout.
Beuuez vn peu ce dict elle
Pour vous mettre en vigueur
Ie responds madamoyselle
Le vin me faict mal au cœur
　Et autre chose & tout.
Deuisons vn peu ce dict elle
Me voulez-vous ia laisser
Par ma foy madamoyselle
Ie suis las de deuiser
　Et autre chose & tout.
Et demain au matin
Ie reuienderay rire,
Et demain au matin
Ie reuiendray au iardin.

FIN.

RECVEIL DES CHANSONS

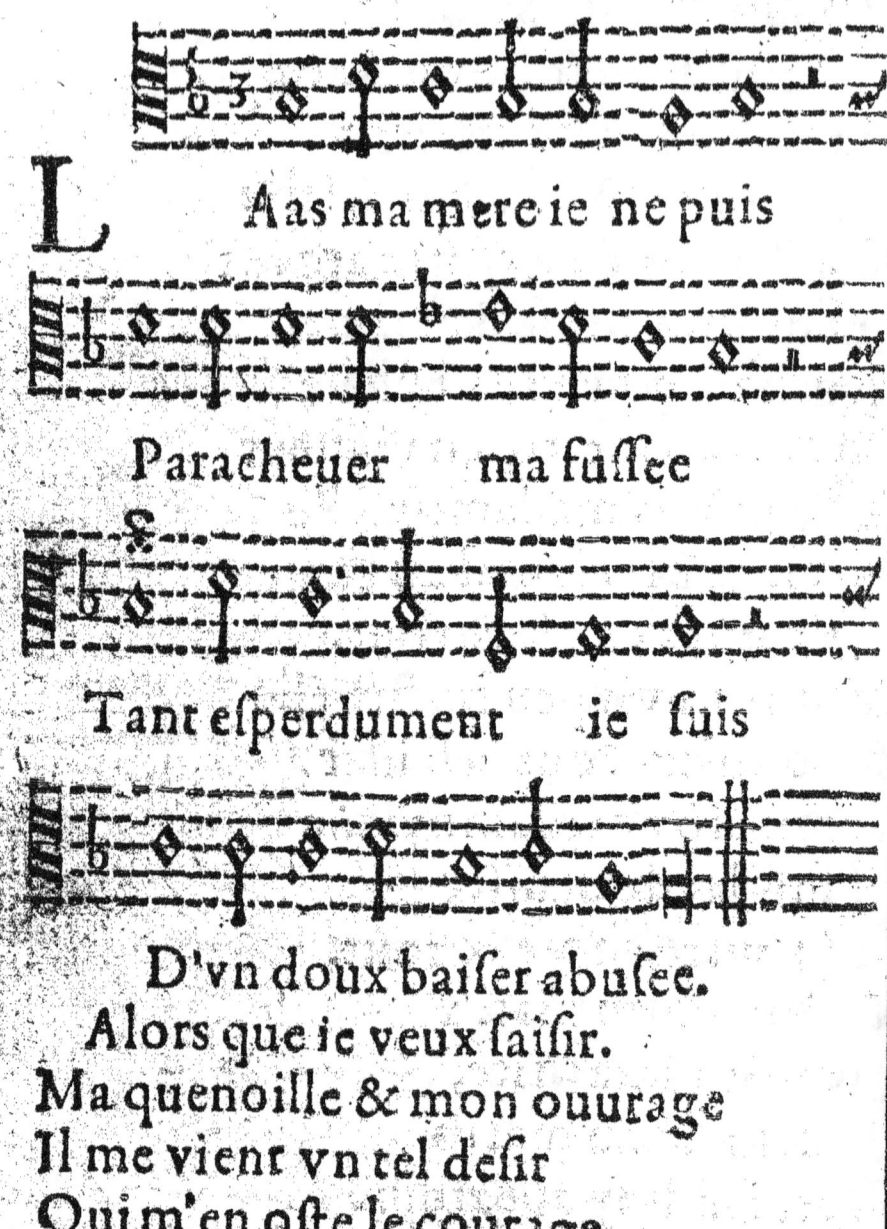

Las ma mere ie ne puis

Paracheuer ma fussee

Tant esperdument ie suis

D'vn doux baiser abusee.
Alors que ie veux saisir.
Ma quenoille & mon ouurage
Il me vient vn tel desir
Qui m'en oste le courage
I'ay veu que ie n'auois seing
Que de banquets & de dance

Mainteuant ie suis bien loing
De toutes ces resiouissances.

I'ay veu que i'allois chercher
Les compagnies pour rire,
Maintenant pour me cacher
Seulette ie me retire.

Ceux qui me voyent ainsi
Pensiuement langoureuse
Disant que iay du souci
Et que ie suis amoureuse.

Ie ne sçay que cest d'amour
Ny de quel bois il se chauffe
Mais ie sans bien nnict & iour
Vn petit feu qui m'eschauffe.

Ie sens desia mon teton
S'enfler plus que de coustume
Et reschauffer son boutou
Comme pour faire apostume

Et plus bas dont ie me deux
En vn lieu bien fort estrange
Me naist vn bord de cheueux
Qui sans cesse me demange

Qui pis est depuis trois moy;

Ma prins vn mal sous la hanche
Qui ma desia par trois fois
Souille ma chemise blanche
　　Ma mere sçauez vous point
Vous qui auez cognoissance
Quel est ce mal qui m'espoingt
Et d'où il prend sa naissance
　　Il est vray qu'vn de ces iours
Comme iestois en malaise
Vn ieune enfant fist maint tours
Pour ne voir parmy la presse.
　　Ie le vy mais ie n'eu pas
Dans lEglise assez d'audace
Pour prendre esgard à tes pas
Et la regarde en ta face.
　　Depuis ie l'ay veu passer
Cent fois pour me recognoistre
Et à tout heure hausser
La veuë à nostre fenestre.
　　L'autre iour ie l'apperceu
Comme il trauersoit la ruë
Vn œillade i'en receu
Qui m'a despuis toute esmuë

DE VOIX DE VILLE.

Las ma mere il est si beau
Il a l'œil si debonnaire
Et luysant comme vn flambeau
Ou comme vne estoille clere.

Son maintien est si accord
Si gracieuse est sa face
Il a le geste & le port
Encor de meilleure grace

Si souffrez plus longuement
Que sens le veoir ie demeure
Ie croy que finablement
Il conuiendra que ie meure.

Ou si pour me secourrir
Vous nestes plus curieuse
En fin ne pouuant mourir
Ieferay religieuse.

FIN

RECVEIL DES CHANSONS.

ROzette pour vn peu d'absence,

Vostre cœur vous auez changé

Et moy sçachant ceste inconstance Le

mien autre part i'ay changé Iamais

plus beauté si legere, Sur moy

tant de pouuoir n'aura, Nous ver

rons volage bergere

Qui premier s'en repentira
Tandis qu'en pleurs ie me consume,
Maudisant cest eslongnement,
Vous qui n'aymez que par coustume
Caressez vn nouuel amant,
Iamais legere girouette
Au vent si tost ne se vira,
Nous verrons bergere Rosette,
Qui premier s'en repentira
 Où sont tant de promesses feintes
Tant de pleurs versez en partant,
Et il vray que ces tristes plainctes
Sortissent d'vn cueur inconstant,
Dieu que vous este mensongere,
Maudit soit qui vous croira,
Nous verrons legere bergere

D ij

Qui premier s'en repentira,
Celuy qui a gaigné ma place
Ne vous peut aymer tant que moy,
Mais celle que i'ayme vous passe
De beauté, damour & de foy
Gardez bien vostre amitié neuue
La mienne plus me nourrira,
Et puis nous verrons à lespreuue
Qui premier s'en repentira.

FIN.

DE VOIX DE VILLE 27

Mon pere & ma mere N'ont q̃ moy d'effãt
Et y mont faict faire Vn cotillõ blanc.

Gaudinette, Ie vous ayme tant
Et y mont faict faire Vn cotillõ banc

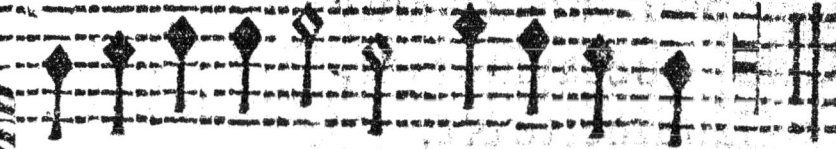

Iestoit trop petite, il estoit trop grãd
Gaudinette, ie vous ayme tant
estois trop petite,
estoit trop grand,
en ay faict rongne
rois pieds par deuant
Gaudinette, &c.
en ay faict rongné,
rois pieds pardeuant

Diii

Et autant par derriere,
Encore est-il trop grand,
  Gaudinette &c,
Et autant par derriere
Encore est il trop grand
Et de la rogneure,
i'en ay faicts des gands.
  Gaudinette &c.
Et de la rogneure,
i'en ay faict des gands
C'est pour le mien amy
Celuy que iayme tant,
  Gaudinette &c.
C'est pour le mien amy,
Celuy que iayme tant
M'empoigne & menbrase,
Ma faict vn enfant,
  Gaudinette. &c.
M'empoigne & inembrase,
Ma faict vn enfant,
Aussi ma guerrie
Du grand mal des dents
  Gaudinette &c.

Ie vous ayme tant.
Aussi ma guerrie
Du grand mal des dents
Mon pere le sceu
Qui me batit tant.
　Gaudinette & c,
Mon pere le sceu
　Qui me batit tant,
Toubeau toubeau pere
Frappes doucement
　Gaudinette, &c,
Toubeau toubeau pere
Fropper doucement,
Cy la mere à faict faute
Quen peut mes l'enfant.
　Gaudinette &c,
Cy la mere a fait faute
Qu'en puis mes lenfant
Ce nest rien du voſtre
N'y de voſtre argent,
　Gaudinette &c.
Ce n'eſt rien du voſtre
Ny de voſtre argent,

D iiij

C'est du mien amy
Qui au vert bois matent
  Gaudinette &c.
C'est du mien amy
Qui au vert bois matens
Et pour moy endure
La pluye & le vent
Gaudinette &c,
Et pour moy eudure
La pluye & le vent
Et la grande froidure
Qui du ciel descent
  Gaudinette. &c
Et la grande froidure
Qui du Ciel descent
Et pour luy iendure
La honte des gens.
Gaudinette ie vous ayme tant.

FIN.

DE VOIX DE VILLE. 29

ouce liberté desirée

Deesse ou t'es-tu retirée,

Me laissant en captiuité?

Helas de moy ne te destourne,

Retourne ô liberté retourne,

Retourne. ô douce liberté.

Ton depart m'a trop faict cognoistre
Le bon heur ou ie soulois estre
Quand donc ie m'allois guidant:
Et que sans languir d'auantage
Ie deuois si i'eusse esté sage.
L'air est en cor amoureux d'elle
Le ciel rit de la voir si belle,
Et moy i'en augmente mes pleurs.

    Les bois sont couuers de fueillage
De verd se pare le bocage
Ses rameaux sont tous verdoyans,
Et moy las priué de ma gloire,
Ie m'habille de couleur noire,
Signe des douleurs que ie sens

    Des oyseaux la troupe legere,
Chantant d'vne vois ramagere,
S'esgaie au bois à qui mieux mieux
Et moy tout rempli de furie,
Ie sanglotte souspire & crie,
Par les plus solitaire lieux.

    Les oiseaux cherchent la verdure
Moy ie cherche vne sepulture,
Pour voir mon mal-heur limité:

Vers le ciel ils ont leur volleé
Et mon ame trop defolée
Nay me rien que l'obfcurité.

 Ores l'amant tent dedans lame,
L'effort des beaux yeux de fa dame
Qui remplir fon cœur de defirs
Il fouspire, & moy ie fouspire
Mais la mort fans plus ie defire
Seule fin de mes defplaifirs.

 Ores les animaux fauuages,
Courent les champs bois & riuages,
Rendus par amour furieux:
Moy ie fuis prefle de la forte,
Du chaud regret qui me tranfporte,
Et me faict maudire les cieux.

 Or on voit la rofe nouelle,
Qui fe defcouure & fe faict belle
Monfttant au iour fon teinct vermeil:
Ou las mon paliffent vifage
Se feiche en l'Auril de mon aage
Priue des rais de mon Soleil.

 Or on void d'vne tiede haleine
Zephire efmouuoit par la pleine,

Doucement les bleds verdoyans
Et moy i'amasse en mon courage
Des souspirs qui sont vn orage
De cent mile flots ondoyans.
 Du Soleil la face cachée,
En Hyuer or est approchée
Et monstre vn regard gracieux
Mais ie fuy la clarté diuine.
Puis que l'astre qui m'illumine,
Est ores eslongné de mes yeux
 Que me sert ceste saison gaye
Sinon de rafraischir ma plaie,
Quand ie voy les autres content?
Puis que le ciel m'est si seuere
Qu'au milieu de la prime vere
Perdre la vie en te perdant.
 Depuis que tu tes eslongnée
Ma pauure ame est compagnie
De mille espineuses douleurs
Vn feu s'est espris en mes veines
Et mes yeux changez en fontaine
Versent du sang au lieu de pleurs
 Vn soing caché dans mon courage,

Solit sur mon triste visage.
Mon teinct plus passe est deuant:
Ie suis couché comme vne souche
Et sans que i'ose ouurir la bouche,
Ie meurs d'vn supplice incogneu.
　Le repos les, ieux, la liesse,
Le peu de soing dvne ieunesse
Et tous les plaisirs m'ont laisse
Maintenant rien ne me peut plaire,
Sinon deuot & solitaire
Adorer l'œil qui m'a blessé.
　Dautre suiet ie ne compose,
Ma main nescrit plus d'autre chose,
Là tout mon seruice est rendu
Ie ne puis suyure vne autre voye,
Et le peu de temps que i'employe
Ailleurs ie l'estime perdu.
Quel charme ou quel dieu plein d'éuie
A change ma premiere vie,
La comblant d'infidelite:
Et toy libertè desirée
Deesse ou t'es tu retirée,
Retourne ô douce liberté.

Les traicts d'vne ieune guerriere
Vn port celeste vne lumiere
Vn esprit de gloire animé:
Hauts discours, diuine pensées
Et mille vertus amassées,
Sont les sorciers qui m'ont charmé.
　Las donc sans profit i'e t'appelle
Liberté precieuse & belle,
Mon cœur est trop fort à resté
Et vin apres toy ie souspire,
Et croy que ie te puis bien dire
Pour iamais à dieu liberté.

F IN.

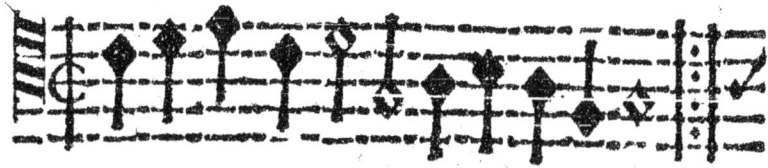

Assemblez vo' drolle De chacũ quartier
Que ie vo' é rolle Dedãs mõ papier

Il faut boire A plaĩ verre Voicy la saisõ

Sus ma gorge Qu'n s'esgorge De faire raison

Le vin de Suresne
O qu'il sera bon
Il aura son regne
Auec le iambon
I'ay enuie,
En ma vie
Mettre vn alloyau.
La bouteille

Sans chandelle
Dans mon gros boyau.
  Chose veritable
La vallee d'aillen
Faira sur la table
Mettre le taillen
Ie vous iure
Ma pointure
Vos rouges museaux
Et vos partes
Descarlattes
Seront sans pinceaux
  Mon terroit de beaume
Et si bien fourny
Qui la couleur iaune
Rouge faict venir
Trippes tintes
De maints pintes
Auront mes pyons
Car mieux ayme
Trois choppines
Que cinq demions
A ce vin d'Aucerre

DE VOIX DE VILLE

Mes nez de rubiz
Qu'on luy face guerre
Laissez ses pieds gris
Qu'on embroche
Vne coche
Auec ses petits
Faut qu'il entre
Dans mon ventre
Tous entiers rostis
  Ne soyez arriere
Ventres des Rochers
Donnez vous carriere
Mes ventrus bouchers
Qu'on resueille
La bouteille
Et ses gors flacons
Qu'on euuoye
Par la voye
Au vin par cantons.
  Et vous mes tripieres
Dedans vos bacquets
Ne laissez arrieres
Vos rouges goblets

Vielle trippe
Qu'on s'estrippe
A peindre ce nez
Qu'on se face
Rouge face
Et vn pied de nez.
  Mes anges de greue
Et du porc au foing
Sans demander treue
Ayez tout le foing
De vos elles
Faictes elles
Et vous assemblez
Aux tauernes
Sans lanternes
Comme vous sçauez.
  En iettant ma veuë
Sur ses sauetiers
De ses coings de rue
Et ses cousturiers
La ie pense
Qu'il commence
A boire matin

Puis leurs femmes
Par mon ame
Auront du gratin.
   Et ses chambrieres
N'en seront il point
Qui leur derriere
Ne refusent point
Sus nourisses
Aux Saucilles
Sa beuuons dautant
La maistresse
A la messe
S'en va pour long temps.
   La haut sur la montaigne
Ie vis vn belot.
Qui beuuoit chopine
Auecque Margot:
Haut la iambe
Que i'en gembe
Haut le croupion
O ma mere
La croupiere
Que ne branle ton.

Pour te faire hommage
A toy Dieu Bacus
En ville & village
Metterons Basculs,
La deffaicte
Sera faicte
Vray comme ie dis
De la pance
Vien la dance
A Dieu ie vous dis.

FIN

HElas que me faut-il faire,

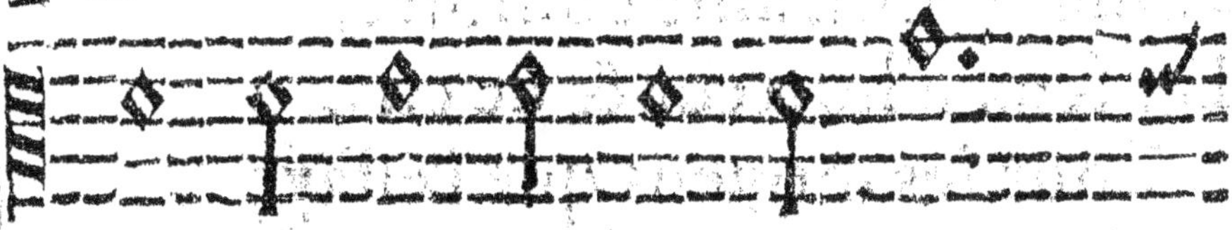

Pour adoucir la rigueur,

D'vn tyran d'vn aduersaire,

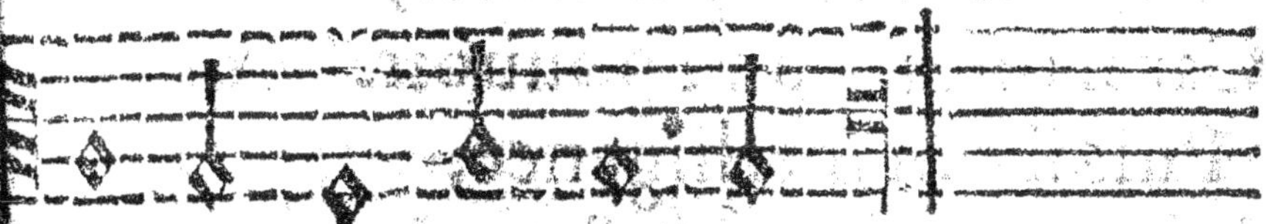

Qui tient fort dedans mon cœur.

Il me brusle & me saccage.
Il me perse en mille parts,
Et puis me donne au pillage.
De mille inhumains soldarts.
L'vn se loge en ma poictrine,
L'autre me succe le sang,

Et l'autre qui se mutine,
De train me picque le flanc.
　L'vn a ma maison troublée
L'autre à volé mes esprits,
Laissant mon ame comblée,
De feux d'horreur & de cris.
　Tous les moyens que i'essaye
Au lieu, de me profiter,
Ne font qu'en-aigrir ma playe,
Et ces cruels irsiter.
　En vain ie respands les larmes.
Pour les penser esmouuoir,
Et ny puis venir par armes,
Car il ont trop de pouuoir.
　Puis il ont intelligence,
A mon cœur qui s'est rendu,
Cil où i'auois ma fiance.
Ma villainement vendu.
　Mais ce qui me reconforte,
En ce douloureux esmoy,
C'est que le mal que ie porte,
Luy est commun comme à moy.
　　　　　FIN.

JE garde foy & loyauté à ma maistresse,

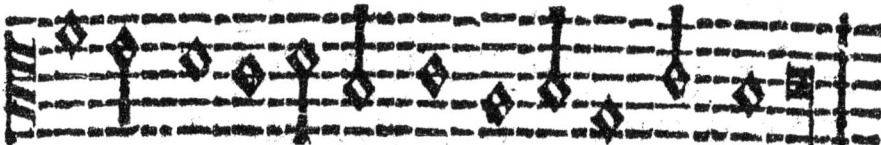

Côme elle aussi de son costé me tiēt promesse
 Elle ma iuré & promis
Depuis n'aguere,
De m'aimer sur tous ses amis,
D'amour entiere.
 Et ie luy ay fait vn serment
Presque de mesme,
De l'aimer plus parfaictement,
Qu'autre que i'ayme,
 Cet accord fait & arresté
Soubs charge telle,
Que chacun viue en liberté
Et sans querelle.
 Que ie ne feray de sa foy
Trop dure enqueste,
Et qu'elle aussi n'aura pour moy

Mal à la teste.

Si plus d'vn amy l'entretient,
Ou solicite,
Ie penseray que cela vient
De son merite.

Et me voyant cercher aussi
Proye nouuelle,
Tout gallant homme en fait ainsi
Ce diront elle.

Il est de nature couart
Ou peu honesté,
Qui ne sçait en plus d'vne part
Aller en queste.

L'amitié dont ce dieu courtois
Nous ioinct & lie
Sous ses douces & libres loix
Fut establie.

Qui le mesprise & va blasmant
Est trop inique
Ou c'est quelque ialoux amant
Maigre & etique.

Qu'il tienne tousiours sa iumens
Par le cheuestre,

Si dessus ordinairement
Il ne peut estre

FIN.

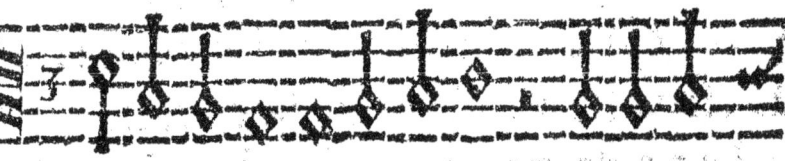

L E Soleil qui fait son seiour de dens les

Hauts cieux n'a que faire de se leuer

quãd il esclaire vos yeux esclairét vn beau ior

Voz yeux esclairent vn beau iour
Qui voudroit paindre en des tableaux
Le Prinremps, mignon de nature
Le premiers traict de sa painčture
Deuroient estre vos yeux si beaux
   Ie ne faicts la comparaison
De vos beautez aux fleurs nouuelles,

Car en tout temps vous estes belles
Et les fleurs n'ont qu'vne saison,
   Que l'Auril auec son Email
Cache ses beautez & ses roses
On voit bien d'autres fleurs decloses
Dessoubs vos leures de corail.
   Ie ne dy pas que dans les cieux
N'abitent de grandes deesses,
Mais ie dy bien que pour maistresse
Les dieux ne sçaurient auoir mieux
   O Dieu que de lis blanchissans,
O Dieu que de rose vermeilles,
O Dieu que d'estrangers merueilles,
O Dieu combien d'yeux rauissans
   L'on ne peut rien veoir icy bas
De si parfaict qui vous egalle
Que l'amour constante & loyalle
De ceux qui sont prins en vos lacs.
   He Dieu que de frians appas
O que d'humanitez diuines
O Dieu que d'estranges ruines
O quel agreables trespas.
Celuy qui se veut hazarder

A veoir voz beautez qui regarde
Qu'en regardant il ne se regarde
D'estre prins auant se garder
  Trop mieux vos regards, i'aymeroys
Ayant pitie de mon martyre
Que de me veoir d'vn Empire
Ou Empereur de mille Roys.
  Les Dieux seront-il point ialoux
De veoir tant de beautez ensemble
Ie ne voy rien qui mieux ressemble
A leurs diuinité que vous,
  Si pitié viuoit en vos yeux
Vos yeux viuant dedans nos ames
De grace dictes nous mes dames
Si nous pourrions souhaiter mieux.
  Mais cōme ils bruslent constammēt
Au feu de leurs preseruant:
Donnez leur pour la recompence
L'heur qui meritent en bien aymant.

FIN.

REC DES CHANSONS.

DOrmāt j'ay quelques fois songé,

Qu'en mousche i'estos eschengé.

Et que ie vollerois sens cesse,

Cà & la dessus les habits,

Baisant & re baisant les plis

De la robe de ma maistresse.

Ie m'esserois parmy son sein
De beaux lys & de roses plain,
Et puis d'vne brusque vollée
En estandant mes aislerons
I'alois sur ses cheueux blonds
Chercher mon ame consolee.
 Apres ie vins à ses beaux yeux,
Rauy de contempler mon mieux:
Quand elle d'vne viue flamme
Brusla mes aisles de leur feu:
Et depuis l'heure ie n'ay peu
Reuoller au cœur de madame.
 Lors au pieds elle me foula,
Et i'entendis qu'elle parla,
Ces mots esprins d'vne collere.
Qui a mes yeux ose voller,
Il y doit les aisles brusler
Et mourir comme temeraire.

FIN.

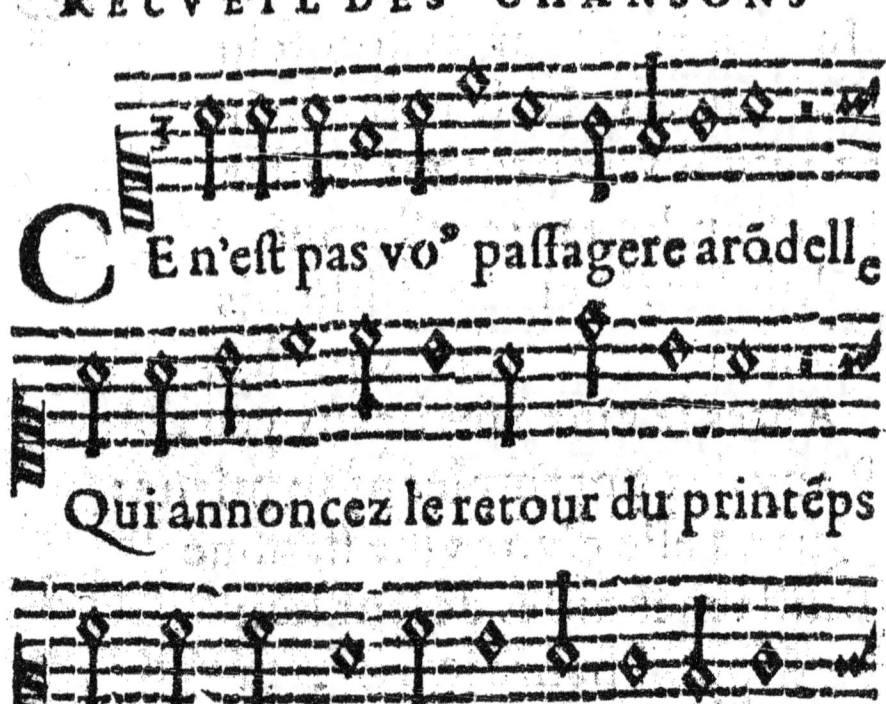

Ce n'est pas vo*̅* passagere arõdelle

Qui annoncez le retour du printéps

Mais aussi tost q̃ mes deux bras i'estés

l'ouure la porte a la maisõ nouuelle.
Mais mon printemps, dont le ieune
    visage
Rit daus les cieux, n'emporte ce bon
    heur
Que des saisons c'est le premier hon-
    neur,
Sur les fleur donc i'ay pareil auantage

Voyez le fruict qui si tost qu'il cōmācé
Ieune, & enfant à descouurir les cieux
Il deuient blanc de mon teint enuieux
Et i'ay l'hōneur de sa premiere enfance.
  Le ciel la haut de ma couleur choisie
Doné ses yeux & honore son fronc:
Le ciel est blanc & les astres le sons,
Et ma couleur leur sert de ialousie.
  Le Lys est blanc & d'autant agreable
Que c'est de moy qu'il emprunte ce biē
Sans ma blancheur le lys ne seroit rien
Car rien n'est beau que ce qui n'est sē-
  blable.
  Lon prise tant vne gorge d'yuoire,
Vne dent blanche vn teton nouuelet
Haut s'esleuant en deux gazons de l'air
Dictes de grace à qui en est la gloire?
  Qui veut venter pour parfaire vne
  chose.
Vne beauté dont l'amant est surpris,
Qui des beautez soit l'honneur & le
  pris:
Ne dit on pas quelle a le tint de Rose.

Se trouue il beaute qui le compare
Aux grands beautez qui luisent sur les
 yeux.
De vo° madame? vn miracle des cieux
Et ma blācheur c'est lela qui vous pare
 Si tost qu'on voit que l'aube vient
 s'esclore
Qu'elle s'esueille & laisse son seiour,
Ie viés à naistre au mesme poīct du iour
Que ie sois donc la fille de l'Aurore.
 I'ay la couleur entiere, simple & pure
Sans art, sans fard & tu es desguise
Mon teint doit dōc d'autant estre prisé
D'autāt que la est moins que la nature
 De ce beau sang ma fleur est honoree
Mais quelque temps tu fus cōme ie suis
Tu as porté ma blancheur, & depuis
Du sang d'Aiax ma face est colere.
 De verd l'on peint la trompeuse es-
 perance:
La couleur noire est signe de douleur
La cruaute se peint de ta couleur,
Mais comme moy s'abille l'innocence
 FIN.

DE VOIX DE VILLE

Amour cêt fois de mainte & maîte fleche
Cest essaie de voulloir faire breche

Dedés mõ cœur sás toutefois pouuoir
Par vng long téps ma raison decepuoir

Que dans mõ fort ẽ garde iauoys mise
Contre leffort de sa fiere antreprise
Mais le destin qui manye les hommes
Cõme il luy plaist faict en fin que nous
  sommes
fatalement malgre nous emportez
Bien que soions au guet detous costez
Comme vng vesseau qu ãd trainer il se
  laisses.

F

Au fil de leau defque lauiron ceſſe.
   De forte helas quamour de qui l'a-
dreſſe
Ne pouuoit Rien contre ma forterefſe
Caut & ſubtile par me cōbatre myeux
Se vint loger en fin dedans tes yeux
Dont me ietāt vne œuillade ennemye
Euſt a linſtant ma raiſon endormye
   Lors viſitét, ma poictrine, il l'eſchelle
Entre dedans par vne ſentinelle
Et ſaiſiſſant auſſy toſt ma raiſon
Cōme vainqueur la mener en ſa priſō
Pour tout ſoudain la vons bailler en
garde
Sans voſtre ſein la meit en ſauuegarde
Ainſy lamour vous fit part de ſa gloire
Auec raiſon d'vne telle victoire
Car aueques ſeul ſans le traict de vos
yeux
Ie nauroit peu me faire eſtre amoureux
Auſſy ie croix pour voᵒ qui eſtes belle
Quil feit lé choix d'un ſeruiteur fidelle
   Doncques tādis que voſtre fau claire

Par vos beaux yeux de quelle lumiere
Que les raions d'vn soleil esclercy
Faictes moy iour ayant de moy mercy
Faictes moy iour auant que la nnict só
 bre
A son retour ne nous ameine l'ombre.

FIN.

REC· DES CHANSONS

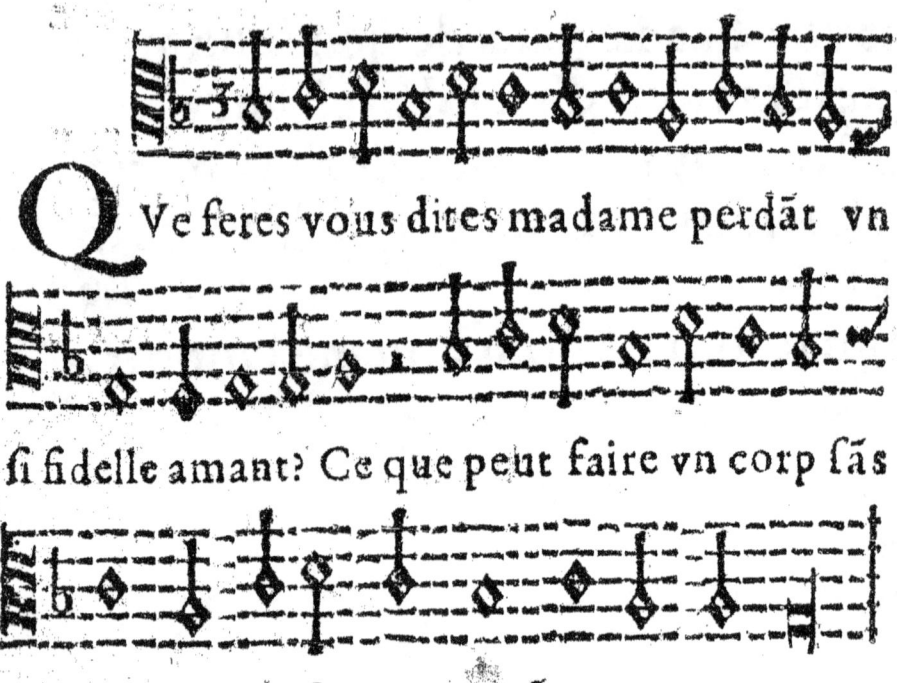

Que feres vous dites madame perdāt vn si fidelle amant? Ce que peut faire vn corp sās ame, sans yeux, sans poux, sans mouuement.

 N'en aurez vous plus de souuenāce
Apres ce rigoureux depart?
Au cœur qui oublie en absence
L'amour n'a iamais eu depart,
 De tant d'ennuis qui vous fōt guerre
Lequel vous donne plus de peur?
La crainte qu'en chengeant de terre
Il puisse aussi changer de cœur.
 N'vsez iamais de ce langage,
A sa fin vous faicte grand tort,

C'est vn euident tesmoignage
Pour monstrer que i'ayme bien fort.
Son amour si ferme & si saincte
Doit tenir vostre esprit contant,
Ie ne puis que ie n'ay crainte
De perdre ce que i'ayme tant.
  Auriez vous beaucoup de tristesse
S'il venoit à changer de foy?
Tout autant que i'ay de liesse,
Sçachant bien qu'il n'ayme que moy.
  Quel est le mal qui vous offense
Attendant se departement?
Tel que d'vn qui a eu sentence.
Et attend la mort seulement,
Quoy? vous pensez donque à l'heure
Qu'il s'en yra mourir d'ennuy
Il ne se peut que ie ne meure,
Mon esprit s'en va quant & luy.
  Si tel accidant vous arriue.
Vostre amour ne durera pas:
La vraye amour est tousiours viue,
Et ne meurt point par le trespas.
         FIN.

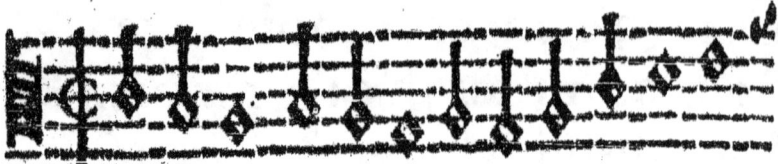

DE spite iay qte la moureuse fláme

Et m'envois dés les boys heureux rédre
lame

Ie men vois
Par les bois
Heureux rendre lame.
   Iay volu
Resolu
Surporter la peyne
Mais helas
Ie suis las
De lamour mondaine
O mes yeux
I'ayme mieux
Religieux estre
Oubliant
Et fuyant
Tout plaisirs terrestre

 Ie viuray
Et mouray
Dans vn monastere
Nayant rien
Que le bien
D'vne vie austere.
 Gain heureux
Seront ceulx
Qui me voudrois suiure
En ce lieu
Prier Dieu
Pour apres se nuire
 O mes yeux
Iayme mieux
Fuir la puce
Que d'auoir
Et mourir
Pour son Inconstance.
Sy le sort
Et la mort
Nont poinct dasseurance
Mon destin
Et ma fin
Sont sans Esperance

RECVEIL DES CHANSONS

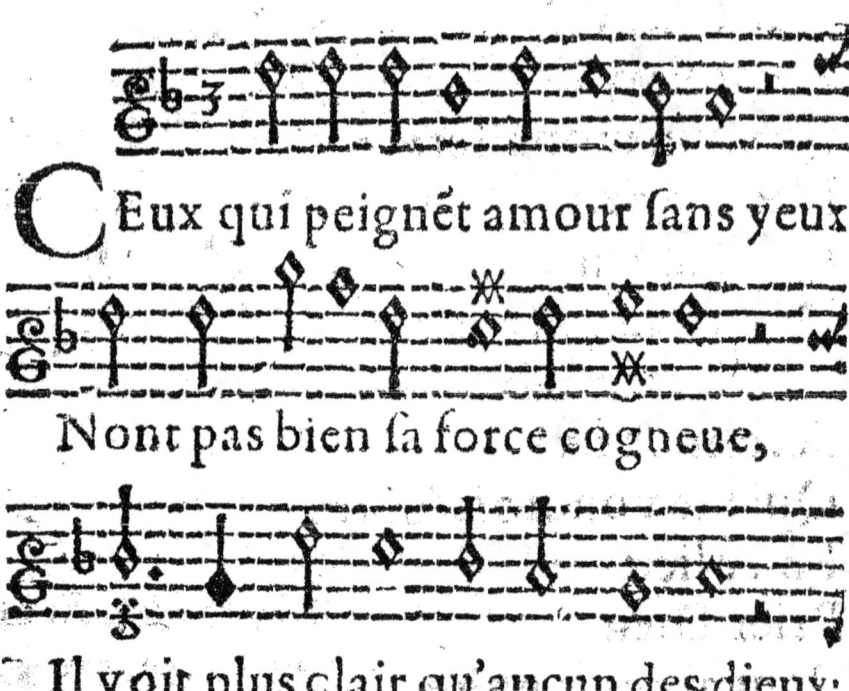

Ceux qui peignét amour sans yeux

Nont pas bien sa force cogneue,

Il voit plus clair qu'aucun des dieux:

Las i'ay trop essayé sa veué.
Souuent en pensant me sauuer,
Ie me pers aux lieux solitaires,
Mais il ne faut à me trouuer
Dans le plus sauuages & plaines
Quoy que ie coute incessamment
Par deserts, montaignes & plaines
Il ne m'eslongne aucunement,

Et me fait souffrir millé peines.
  Helas à il mauuais regard:
De cent mille traits qu'il m'adresse
Il ne me frappe en nulle part
Qu'au cœur, où tousiours me blesse.
  Il a donc des yeux, & voit bien,
Et quelque endroit qu'il veille attidre
Mais il est sourd, & n'entend rien.
On a beau souspirer & plaindre.
  Sil eust ouy tant de regrets,
Tant de cris, tant d'aigres cõplainctes,
Que ie lasche aux lieux plus secrets
Tesmoings de mes dures attaintes.
  Quand il n'eust point eu damitié
Et qu'il eust tout bruslé de rage,
Ie suis seur quil eust eu pitié
Et qu'il eust changé de courage.
  Que me faut il donc esperer
Suyuant ce Dieu plain de furie?
Il vois bien pour me martirer,
Et n'entend rien quand ie le prie.

FIN.

REC. DES CHANSONS

♪♪♪ (music)

IE nescay si sont amours que ie sens
Mais helas depuis trois iours toꝰ me sés

♪♪♪ (music)

Sōt esperdus mais ie croy mō ianot q̄
ceſt par toy

Ie ne tremblois pas ainſi,
Paraduant
Et ne palliſſois ainſſy
Si ſouuent.
I'eſtois gaie & ſans ennuys
Paſſois les Iours & les nuictz
Auſſi toſt que ie te vis
Entre tous
Tu me ſemble ſi beau filz
Et ſi doux
Que ie fus eſpriſe au cœur.
D'vne amoureuſe langueur
Tu danſois ſi gentiment

Pas a Pas
Tenant vng pied haultement
Lautre bas
Il sembloit que la chanson
Prist de tes iambes le soir.
Margot me disoit a lors
Que Ianot
N'auoit du tout si beau corps
Que Guillot.
Mais il sent autant son bien
Et danse tout aussy bien
I'euz c'est heur d'auoir remis
Ton boucquet.
Que quelque autre lauoit mis
Au bonnet.
Il te tumba de la main
Ie le recueillis soudain
Celle la que tu menois
En dansant.
Et celle que tu baisois
En laissant.
Me faisoit dire a part moy
I'en merite autant que Toy

Aussi belle que ie suis
　　Ie le scay.
L'autre iour en nostre puis
　　Ne miray
Puis on me dict en tout lieu
Adieu hau la belle adieu
　Et sans grace ne suis pas
　　On le dict.
Ie scay bien marcher mon pas
　　Vn petit.
Et porte la teste en hault
Et si parle comme il fault
Voy Ianot si tu me veux
　　A ce soir.
Iay quitte vn amoureux
　　Pour t'auoir
Qu'on nomme le beau Guillot
Mais ie tayme mieux ianot
　En vray amour la foy inuiolable,
　　Plustost briser
　　Que desguyser:

FIN.

REC. DES CHANSONS. 47

MA grand'fille approche toy

Las mon amy laissez moy

Ie vous prie laissez cela

Fariron, fariron, fariron la,

Si vous mestes importum,

Ce ne sera pas tout vn
Hé bien voila de beaux ieux,

Que vous estes ennuyeux,
Attendez moy vn petit,
Car i'entre en mon appetit.
  Sus mon fils recommençons,
Et de si pres nous baisons
Ie neuz iamais tel soulas,
        Fariron.
Ne me baisez à ce coup,
Car ie suis morte du tout.

FIN

EN quel desert en quel bois pl' sauuage cruel amour me pourois-ie sauuer pour tempecher de me venir trouuer & mafranchir de ton cruel seruage.
Las ie pensois en m'eslongnent de celle
Qui tiēt mō cœur dans les yeux arreste

me retirer hors de captiuité
Et voir la fin de ma peine cruelle.
Mays cest en vain car lors que ie mabsente,
Le laisse hellas mō cœur emprisonné
Et mon esprit durement enchesné
Népportāt rié que ce qui me tourméte
Plus ie suis loing plᵘ mō desir sallume
Ie ne puis plus ses effortz endurer
Helas voyez si ie puys plus durer
Plus loing du feu plᵘ fort ie me comsōme,
Ie ne voy rié que des nuictz eternelles
Pleines dhoreur de silence & deffroy
Et le regret qui me rend hors de moy
Me fait souffrir mille āgoisse motrelles
On ne meurt point d'vne extreme tristesse
Bien que lespoir soit du corps separé
Sil estoit vray ie neusse tant dure
Et par ma mort ma douleur eust pris cesse,

FIN.

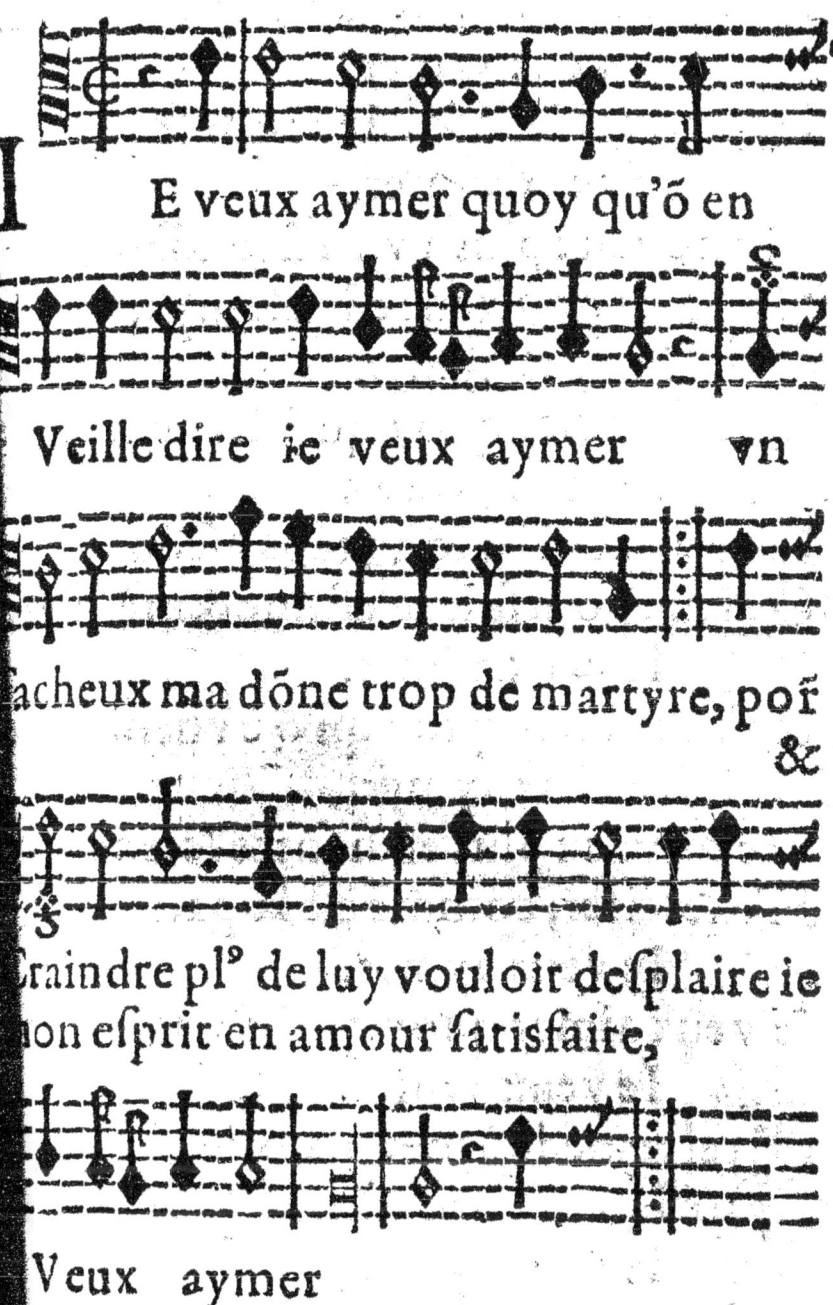

IE veux aymer quoy qu'ō en
Veille dire ie veux aymer vn
facheux ma dōne trop de martyre, poŕ
craindre pl⁹ de luy vouloir desplaire ie
mon esprit en amour satisfaire,
Veux aymer
veux aymer tant pour faire vangeance

D'ingratitude & de mescognoissance.
Ie veux aymer,
Que pour le bié & l'heur qui se preséte
Ie veux aymer.

Ie ne veux plus à vn estre asseruye. 2
Ny obeir pourtant estre seruye,
Ie veux aymer.
Ie veux aimer quoy qu'ó é vueille dire
Ie veux aymer.

Ie ne veux pl⁹ si long téps escóduire 2
Qui me poursuit m'estime & me desire
Ie veux aymer.
Ie veux aimer quoy qu'ó é vueille dire
Ie veux aymer.

Ie ne veux plus en si sotte science 2
M'exerciter, comme est la patience,
Ie veux aymer,
Ie veux aimer quoy qu'ó é vueille dire
Ie veux aymer.

Pl⁹ tel remede à mes maux ie n'ordóne
Ny ne le veux ordonnez à personne,
Ie veux aymer,

Ie veux aymer quoy qu'ó é vueille dire
  Ie veux aymer.
Ie ne veux plus que la melancolie 2
Ronge mon cœur, & abrege ma vie
  Ie veux aymer,
Ie veux aymer quoy qu'ó é vueille dire
  Ie veux aymer.
Ie ne veux plus que de ma seruitude 2
Vn ait plaisir & moy solicitude,
  Ie veux aymer.
Ie veux aimer quoy qu'ó é vueille dire,
  Ie veux aymer.
I'ayme bien mieux au lieu d'vn qui cō-
mande
Prédre vn seruant qui ma'yme & me
demande,
  Ie veux aymer,
Ie veux aymer quoy qu'ó é vueille dire
  Ie veux aymer.
Ie ne veux plus sous couleur apparēte
D'vn fainct hōneur viure si mal cotéte
  Ie veux aymer.
Ie veux aymer quoy qu'ó é vueille dire
e veux aymer.   Gii

REC DES CHANSONS

Trop est l'amour chose honneste & gentille
Pour rié souffrir de deshoneste, ou vile
Ie veux aymer.
Ie veux aymer quoy qu'ō en veille dire
Ie veux aymer.
D'vn tel amy pretends estre seruie,
Qu'on nen pourra parler que par enuie
Ie veux aymer.
Ie veux aymer quoy qu'ō en veille dire
Ie veux aymer.
Ie l'ay pour moy choisi si desirable,
Que de l'aimer il ne m'est qu'honorable
la veux aymer,
Ie veux aymer quoy qu'ō en veille dire
Ie veux aymer.
Vn qui m'estime & me prise & desir
Ie veux aymer.

V Oicy la saison plaisante floris-
te, Q

DE VOIX DE VILLE. 51

te, Que le beau printemps conduict.

Voicy le soleil qui chasse Froide gla-

ce, Voicy l'esté qui le suit.
Voicy l'amoureux Zephire
    Qui souspire.
Parmy les fentes des fleurs.
Voicy Flora sa mignonne,
    Qui luy donne.
Vn baiser tout plein d'odeurs.
Voicy Pomona la belle,
    Qui pres d'elle,
Voit son amy Vertumnus:
Voicy Vertumnus qui d'aise
    La rebaise
Mille fois le iour & plus.

Voicy Venus Citherée
Bien parée,
Qui tient Mars en amouré:
Ses graces & mignardises,
Bien apprises,
Des combats l'ont retiré.
Voicy du sainct mont Parnasse
L'humble race,
De Iupiter qui descend:
Voicy toute ceste plaine
Desia pleine.
De son doux fruict plus recent.
Voicy des Nymphes cent mille
A la fille,
Qui sortent des eaux & bois,
Et chantent toutes ensemble
Ce me semble,
Le noble sang de Valoys.
Dieu gard fill ,
Dieu vous gard toutes & tous:
De grace où allez vous belles
Immortelles.

S'il vous plaift dictes le nous,
  Nous allons chaffant difcorde,
    En concorde.
Maintenant icy viuons:
Nous l'offrons à ta villance.
    Roy de France,
Et Mars vaincu te liurons.
  Roy genereux franc & fage
    Ton partaige
T'eft fi doctement acquis,
Que par la force peruerfe,
    Qui renuerfe,
Iamais ne fera conquis,
Iouis de ces verds bofcages
    Et riuages,
Iouis des fruits de nos champs.
Nous fomme de ton lignage
    L'heritage.
Malgré les hommes mefchans.

FIN.

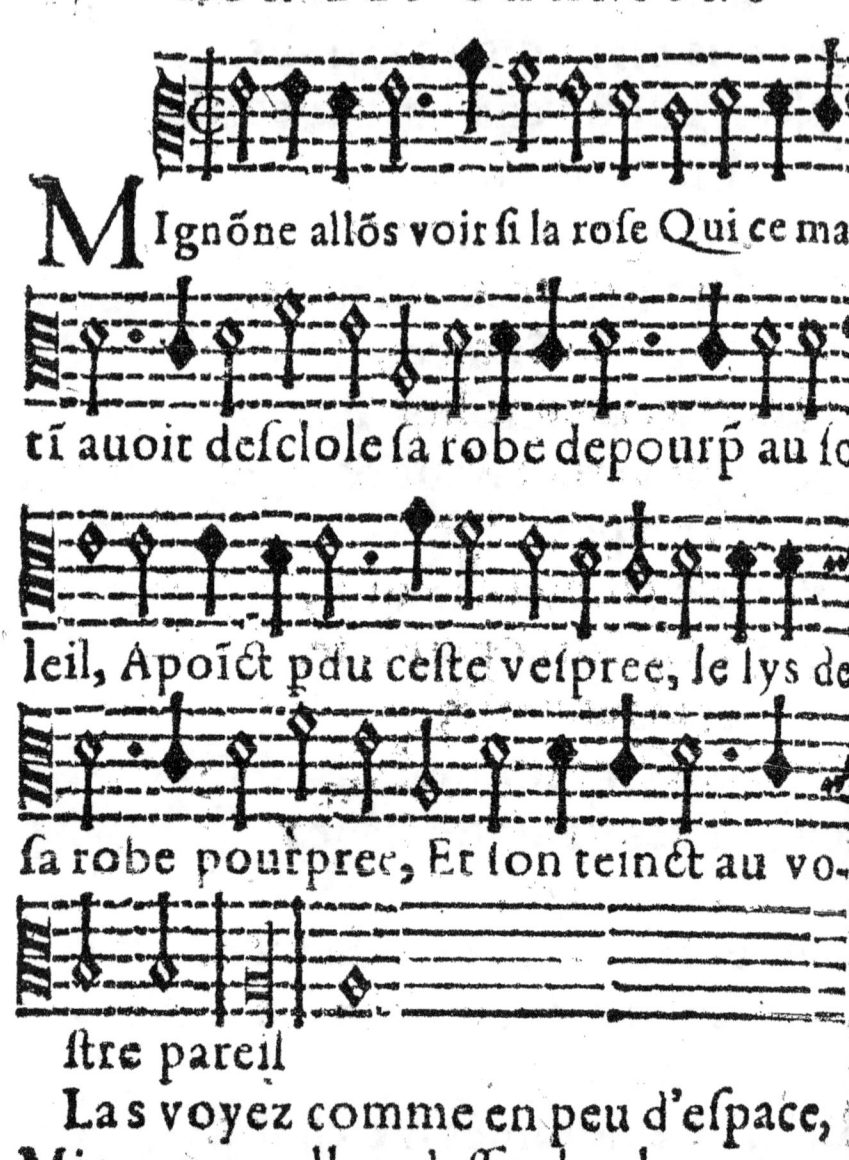

Mignóne allõs voir si la rose Qui ce matí auoit desclose sa robe depourpͬ au soleil, A poīct pdu ceste vespree, le lys de sa robe pourpree, Et son teinct au vostre pareil

Las voyez comme en peu d'espace,
Mignonne, elle a dessus la place.
Helas les beautez laisse choir,
Ha vrayment merastre est nature
Puis qu'vne telle fleur ne dure

Que

Que du matin iufques au foir.
  Donc, fi vous me croyez mignóne,
Tandi que voftre aage fleuronne,
  En fa plus verde nouueauté,
Cueillez, cueillez voftre ieuneffe,
Commé à cefte fleur la vieilleffe
  Fera tenir voftre beauté.

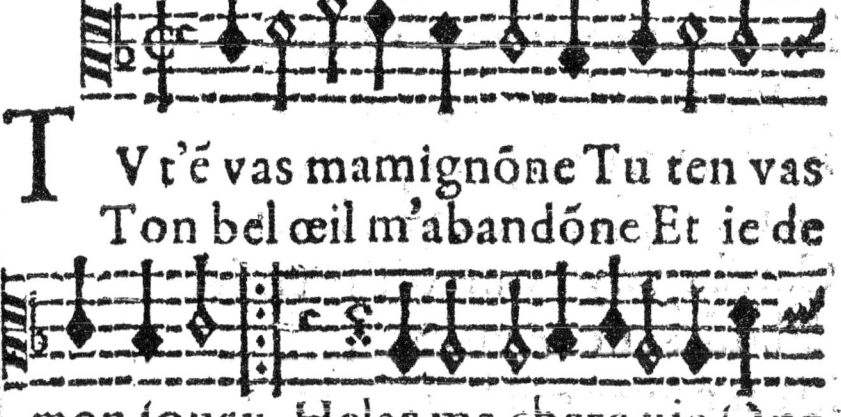

Tu t'é vas mamignóne Tu ten vas
Ton bel œil m'abandóne Et ie de
mon foucy, Helas ma chere vie Que
meure icy, Las ien'ay point déuie Ab-

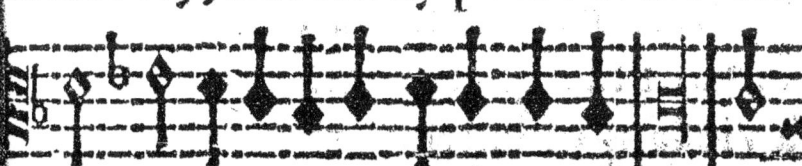

ferace de moy, Lors eflongné de toy.
fent de toy m'amour,
De viure vn petit iour.
Comme quand la lumiere
  Du foleil s'obcurcir,

Soudain l'ombre premiere
Se perd, s'esuanouist.
De mesme ma liesse,
  Ton œil regardant,
 Ie perds ne me perdant,
Et sans toy ma Deesse,
  Ie ressemble à vn corps
  Du quel l'ame est dehors.
Rien ie ne veux plus faire
  Que me pleindre & douloir:
Rien autre ne peut plaire
  A mon pleureux vouloir:
Car, à quoy pourroit prendre
  Plaisirs, ne te voyant,
Mon poure œil larmoyans?
Et que pourrois-ie attendre
  Des lieux ou que ie sois,
  N'ayant ta douce voix.
Ma vie languissante
  Ie veux passer ainsi,
Sans que rien se presente
  Deuant moy que soucy:
Car le vueil de mon ame

Ne souhaitte rien mieux
Qu'au reuoir de tes yeux
Qui loing de toy Madame,
  Ne veut plus rien ouyr
  Qui le puisse esiouir.
Puis donc qu'il faut ma'mye
  Ainsi nous seperer:
De toute compagnie
  Ie me veux esgarer,
Ores par les campagnes
Vaquant & par mes pleurs
  Allegeant mes douleurs.
Ores par les montaignes,
  Et par les bois sacrez
Faisant mille regrets.
Pour compagne fidelle
  Seule Echo me seras,
Qui la voix, en voix telle
  Par son repeteras
De mon plaint pitoyable
Dans vn costau bossu,
Ou quelque autre moussu,
Et qui rendras ployable

De mon mal ennuyeux
La rigueur des hault cieux,
Adieu doncques ma vie.
  A dieu mon cher esmoy,
A dieu ma douce amie,
  Mon tout, mon mesme moy:
Rien plus ne me demeure
  Que dueil en ce seiour,
  Iusques à ton retour.
Ta face qui bien-heure
  Mon cœur du tien espris,
  Me priue de ce pris.

Puis q̃ les yeux qui tout mõ bõ heur
  Ores il faut que de mon ame

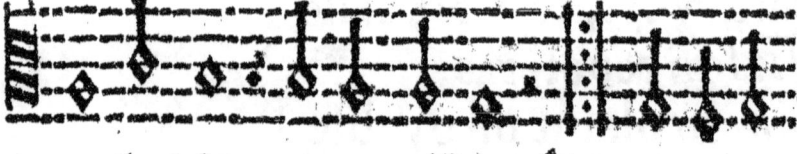

portét, Ne me sõt pl° luisãs Ie meur d'e
fortét, Mille souspirs cuisãs
                                                uie

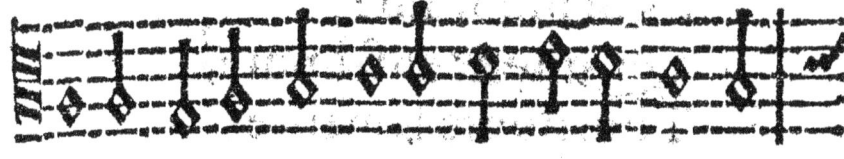

uie, Ie vis sans vie, Mō sens se trouble

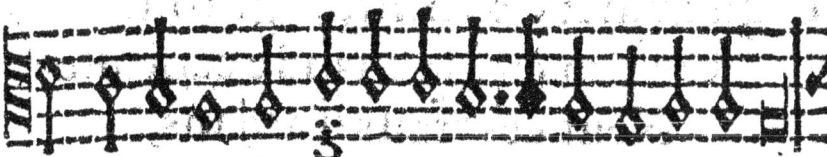

Mō mal redouble, O dur depart, O regrets desplaisans o dur, &c.

Le mesme iour que me laissa la belle
  Ie perdi tout plaisir:
Tout aussitost que fus separé d'elle,
    Malheur Me vint saisir.
      A l'heur mesme
      Ie deuins blesme:
      Deslors tristesse
      Me tint sans cesse,
O qu'vn adieu cause de desplaisir?
Comme lon voit la chaste tourterelle
    Veufue de son amant,
Sur les boys sec iusqu'a la mort fidelle
    Gemir incessamment.

Ainsi mon, ame
Qu'amour enflamme,
Tousiours lamente
Sa dame obsente.
O qu'aymer est vn estrange tourment
Onc en estè la chaude canicule
Neut ces traits si ardans,
Côme est le feu qui sãs cesse me brusle
Et dehors, & dedans:
Onc nulle fleche
Feit telle breche,
Que la sagette
Qu'amour me iette
O Cupido que tes traits sont mordans
Côme vn Nocher lors que plus il s'es-
De se renger à bord,　(force
Est par les vens malgré sa foible force
Plus eslongné du port:
Ainsi s'empire
Mon grief martyre
Quand plus i'essaye
Guerir ma playe,
O faux amour tu nas fin qu'a la mort.

La nuict qui est fidelle messaigere
　　Des amans langoureux,
Accroist mõ mal & du iour la lumiere
　　Me rend plus douloureux:
　　　　Le iour i'endure,
　　　　La nuict m'est dure,
　　　　Le soir i'empire,
　　　　Laube m'est pire,
O que ie suis en amour malheureux.
Si quelque fois malgré moy ie sõmeille
　　Outré de mes trauaux,
Soudain l'amour impatient mesueille
Pour penser à mes mieux:
　　　　Ce qu'il m'ameine
　　　　N'est rien que peine,
　　　　Fors le mansonge
　　　　De mon doux songé.
O doux songer si l'efaict n'estoit faux,
Souuẽrefois cherchãt parmi ma couche
　　Il me sembloit toucher,
Ores les mains or le sein or la bouche
　　Du corps qui m'est si cher.
　　　　En vain i'allonge.

Mes bras au songe,
Ma Dame absente
Ne se presente.
O des amans moqueur aueugle archer
Puis quád le char de la vermeille Auro-
    Nous rameine le iour, (re
Auec Phœbus le soin qui me deuore,
    Recommance son tour.
    Allors ma flamme
    Plus fort s'enflamme:
    Lors mon martyre
    Plus fort s'empire.
O que labsáce est grád peine en amour
Leciel na point la nuict tát de chádelle
    L'aube tant de couleurs:
Ny les verds prez n'ót tát de sauterelle
    Comme i'ay de douleurs:
    Plaindre sur plaindre
    Tasche à destindre
    Ma pauure vie
    Comme à l'enuie.
O qu'en amour se trouue de malheurs
Le iour n'est point desi soudaine suitte
    Entte.

Entresuyui de nuicts,
Deuant les chiens de course si subbite
Biche, tu ne t'enfuis,
Comme mon ame
Pour vne dame
Court de pas roide
A la mort froide,
O que l'amour cause de grans ennuis.
Dieu si la hault en vostre ciel se treuue
Quelque lieu damitié,
Ie vo⁹ supplie que mõ mal vo⁹ esmeuue
A sa Iustice pitié.
Mesme à ma vie
Ie porte enuie,
Ie hay moy mesme,
Tout autruy i'ayme,
O pour aymer estrange inimitié.
Ha mõ soulas mõ cher soucy ma muse
Mets fin à ma chanson
Mets fin aux plaints de mal'heureux
Peruse finis icy ton son.
Qui se peut plaindre
Son mal est moindre.

H

O dur malaise,
Qu'on souffre & taise,
Le taire accroist plaisir & marrisson.

VNe brunette icy ie voy, vne brunette i-
Qui toute puissance à sur moy qui

cy ie voy, Diuine grace é elle habóde
toute, &c.

Ie l'aymeray, Ie l'aymeray seulle en

ce monde. Diuine, &c.
Du beau don que Venus à prins
presen-

DE VOIX DE VILLE

Presenter luy en doit le pris,   bis
  Et luy quitter sa pomme ronde,
  Ie l'aymeray seul en ce monde.
  Vous pouuez iuger à son œil,   bis
Qu'autre n'a de beauté pareil,   bis
  Honneur & sagesse profonde:
  Ie l'aymeray seule en ce monde.
  O q'ueureux seroyent mes esprits,
Qui de son amour sont espris,
  Dauoir sa grace ou ie me fonde,
  Ie l'aymeray seule en ce monde.
  Heureux celuy qu'elle aymera:
Car bien vanter il se pourra
  D'estre à Diane amy seconde,
  Ie l'aymeray seule en ce monde.

Voſtre esprit recreatif & la beauté de
ſelme, Sõt la cauſe & le motif de dõ-
  H ij   ner pe

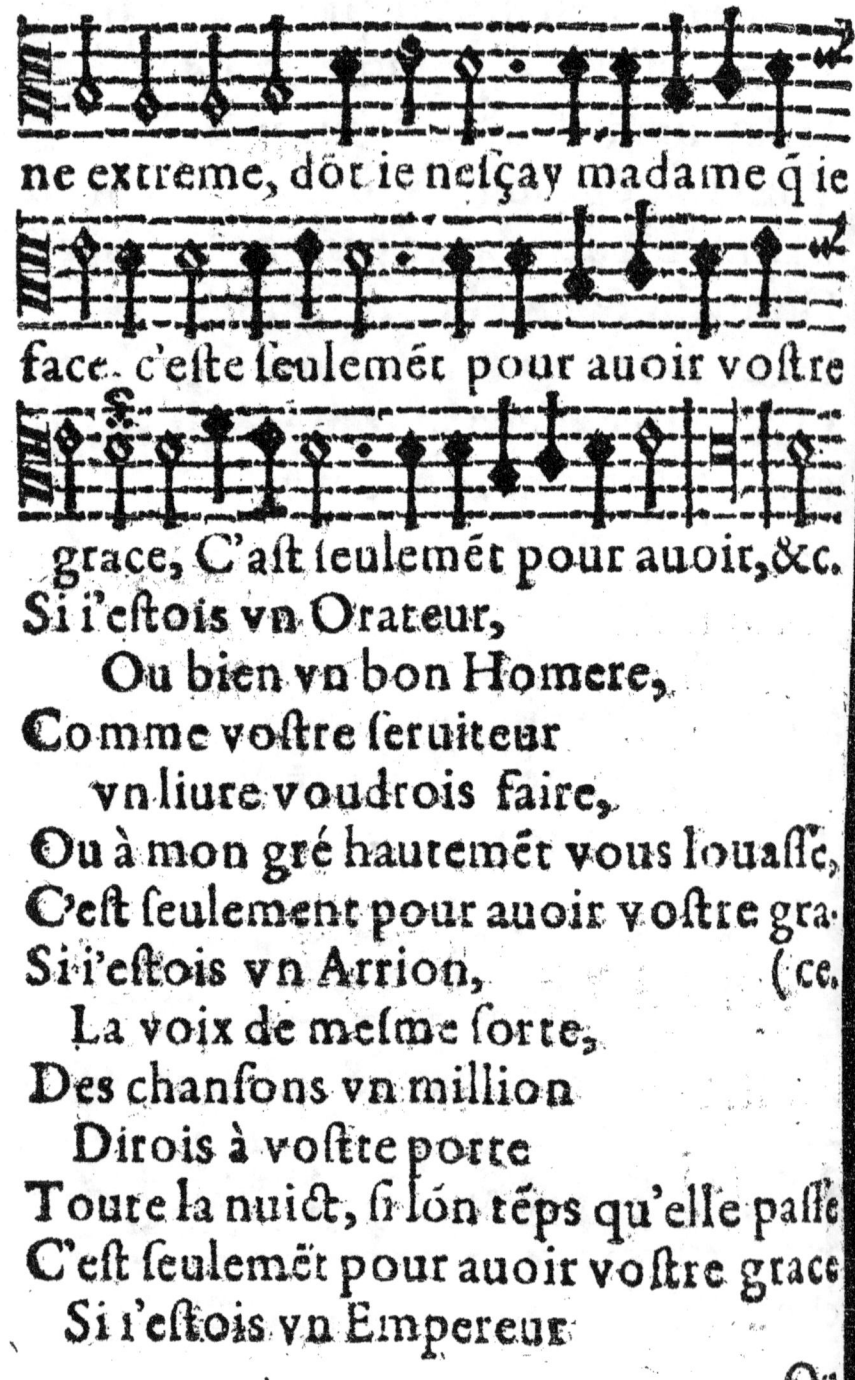

ne extreme, dôt ie nelçay madame q̃ ie

face, c'este seulemét pour auoir vostre

grace, C'ast seulemét pour auoir, &c.
Si i'estois vn Orateur,
 Ou bien vn bon Homere,
Comme vostre seruiteur
 vn liure voudrois faire,
Ou à mon gré hautemét vous louasse,
C'est seulement pour auoir vostre gra-
Si i'estois vn Arrion,   (ce.
 La voix de mesme sorte,
Des chansons vn million
 Dirois à vostre porte
Toute la nuict, si lón téps qu'elle passe
C'est seulemét pour auoir vostre grace
 Si i'estois vn Empereur

          Ou

Ou de mesme puissance,
l'asseurerois bien mon cœur
  D'en auoir iouissance.
Ie vo° ferois chercher de place en place
C'est seulemēt pour auoir vostre grace
Mais faictes vous mesmes mieux,
  Vous mesmes que tant i'ayme,
Ostez l'ennuy soucieux
  De mon ardeur extreme
Me presentant doucement vostre face
C'est seulemēt pour auoir vostre grace
Car si vostre cœur consent
Plus outre à mon martyre,
Ie sens mon corps qui descend
A la mort qui m'artire,
Et n'en puis pl° qu'en biē petit despace
C'est seulemēt pour auoir vostre grace
Vueillez doncques secourir
  A l'embrazée flamme,
Dont ie suis iusqu'au mourir
  Pour vous ma chere Dame,
Et dictes moy qu'il vo° plaist que ie face
C'est seulemēt pour auoir vostre grace
                H iij

REC. DES CHANSONS

MA mour iamais ō ne vera chāge

Ma volonté: ma foy ny ma pensee,

Car elle est tant á mon ame aduance

Qu'aucun n'y a qui la puisse estrāg
Ie ne veux plus ne mon obscurité
D'autre soleil receuoir la lumiere,
Que d'vne dame ē beauté la premie
Par les rayons de sa diuinité.
 Car la douleur & le mal que ie sen
Vien d'vn tel lieu, & prēd son orig
D'vne beauté si parfaicte & diuine.
Que tel ennuy ne m'est que passe ré
Fa

Face fortune à son plaisir de moy,
Quelle retourne & renuerse la chance
Ie n'auray plus en toute ma creance
Qu'vn Dieu tout seul, vne dame & vn Roy.

Cōbié qu'amour ait autrefois permis
Que i'aye esté bien soudin, & volatge,
I'ay toute fois bien changé de courage
Car i'ay mō cœur é vn trophaut lieu mis

Vne sans pl', vne seule est mon cœur
Vne seule est ma dame & ma maistresse
Vne seule est mon humaine Deesse:
Aussi ie suis son humble seruiteur

Regarde donc Dame ma passion,
Tourne tes yeux vers mō huble seruice
Ne desdignant mon deuot sacrifice,
Et la grandeur de mon affection.

Car i'ayme mieux petit en te seruant,
Que receuoir d'vn autre bon visage
Puisq̃ suis plein d'vn genereux courage
Qui va tousiours les haut lieux poursuiuant,
Or ie veux donc qu'on dise desormais
Que mō amour est vn toc de frāchise,

H iiij

RECVEIL DES CHANSONS

Ie porteray en escrit ma deuise,
M'amour mó cœur ne chágera iamais.

Vien m'amie, vié ma vie, vié mó heur mó tout mon bien mó aise, Vié mignóne vié ma bonne, Vien mon cœur retirer hors de langueur. Vien m'amour, Que le iour de tes yeux Mille persóne blece. Vié t'en vié mó seul bien & mon mieux Me rendre bien heureux.

Las

Las, tu sçais & cognois qu'en tourmét
  Ie ne vis & qu'en peine,
Que ne puis, En ennuis, Nouuellemét
  Viure si longuement.
    Vien m'amye, &c.
Vié ten dóc, Si n'eus onc ma langueur
  A plaisir & à grace,
Vien accours, Au secours de mõ cœur
  Pour le rendre vainqueur,
    Vien m'amye, &c.
Autrement, au tourment, Et renfort
  De mon mal & tristesse
Dans brief temps ie n'attens de cõfort
  Sinon la seule mort.
    Vien m'amye, &c.
Mais ie croy Que de moy Tu auras
  Pitié ma toute bonne:
Et qu'en bref, mon mal grief, chãgeras
  En tout bien & soulas.
    Vien m'amye.
Desormais, Te promets, Ne tiendray
  D'autre que toy Maistresse,

REC. DES CHANSONS,

Et que tant que viuant ie seray
   Humble te seruiray.
      Vien m'amye, &c.

Vien m'amye, viẽ ma vie, viẽ mõ heur
   Mon tout, mon bien, mon aise.
Viẽ mignõne: viẽ ma bonne, viẽ mon (cœur
   Titer hors de langueur
      Vien m'amye, &c.

Puis qu'amour monstre ses forces pour me
Puis que les douces amorces de son dard

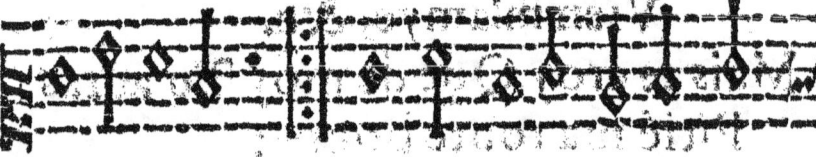

rendre seruiteur,   Il faut que ma belle
blecent mon cœur,

maistresse Mette peine de me garir. Ou lté

la douleur qui m'opresse de son

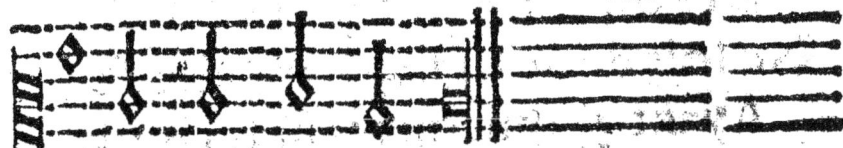

dart me fera mourir
Vien donc haste toy mignarde,
 mon tout, mon heur, ma sancté,
Vien petite fretillarde,
 Vien me rendre contenté,
Voudrois tu te monstrer cruelle
 Vers moy qui tayme de bon cœur.
Voudrois tu estre la rebelle
 Qui fait mourir son seruiteur,
Ton œil riant me fait plaindre,
 Blecé des fleches d'amour:
Mais mon tourment sera moindre,
 Quand tu voudrois quelque iour:
Et alors allegeant mes peine
 Me donras brefue guerison,
De ces feus mis dedens mes vines

Me bruslant comme vn chaud tison
C'est pourquoy en asseurance
I'aduertis ta grand douceur
De me donner esperance
A ce mien feu possesseur.
Ne sois donc facheuse maistresse
Ayant gouuernement sur moy,
Sachant que toute ma tristesse
Vient de me captiuer sous toy.
Car comme on voit la chandelle
Se consommer peu à peu,
Et ne sent point la fin d'elle.
Qui s'auance par le feu,
Ainsi mon chaud mal qui se rampe
Dedans les veines de mon cœur,
Le brusle ainsi comme la lampe
Brusle sun huileuse liqueur.
Vien donc, vien me faire grace.
Et iette sur moy tes yeux,
Et ta debonnaire face
Sur ce mien mal soucieux,
Veux-tu permettre que ie meure,
Veu que ta benigne faueur

Me tireroit en moins d'vne heure
　　Hors de ma mortelle langueur.
La beauté quite decore,
　　Le traict du visaige beau,
Ton maintien que tant i'honore,
　　Bastiroit-il mon tombeau?
Helas moy ie suis trop folastre,
　　De penser que sous ta beauté,
Ton bel œil, & ton sein d'albastre,
　　Hebergeast telle cruauté.
Mais d'ou vient il que sans cesse
　　Mon esprit se trouble ainsi?
Ha c'est pour toy ma maistresse
　　Que ie loge ce soucy.
Aye donc pitié de ma peine,
　　Ou ie m'en vois finir mes iours:
Ie suis pres de perdre l'aleine
　　Si tu ne me donne secours.

NIA

REC. DES CHANSONS

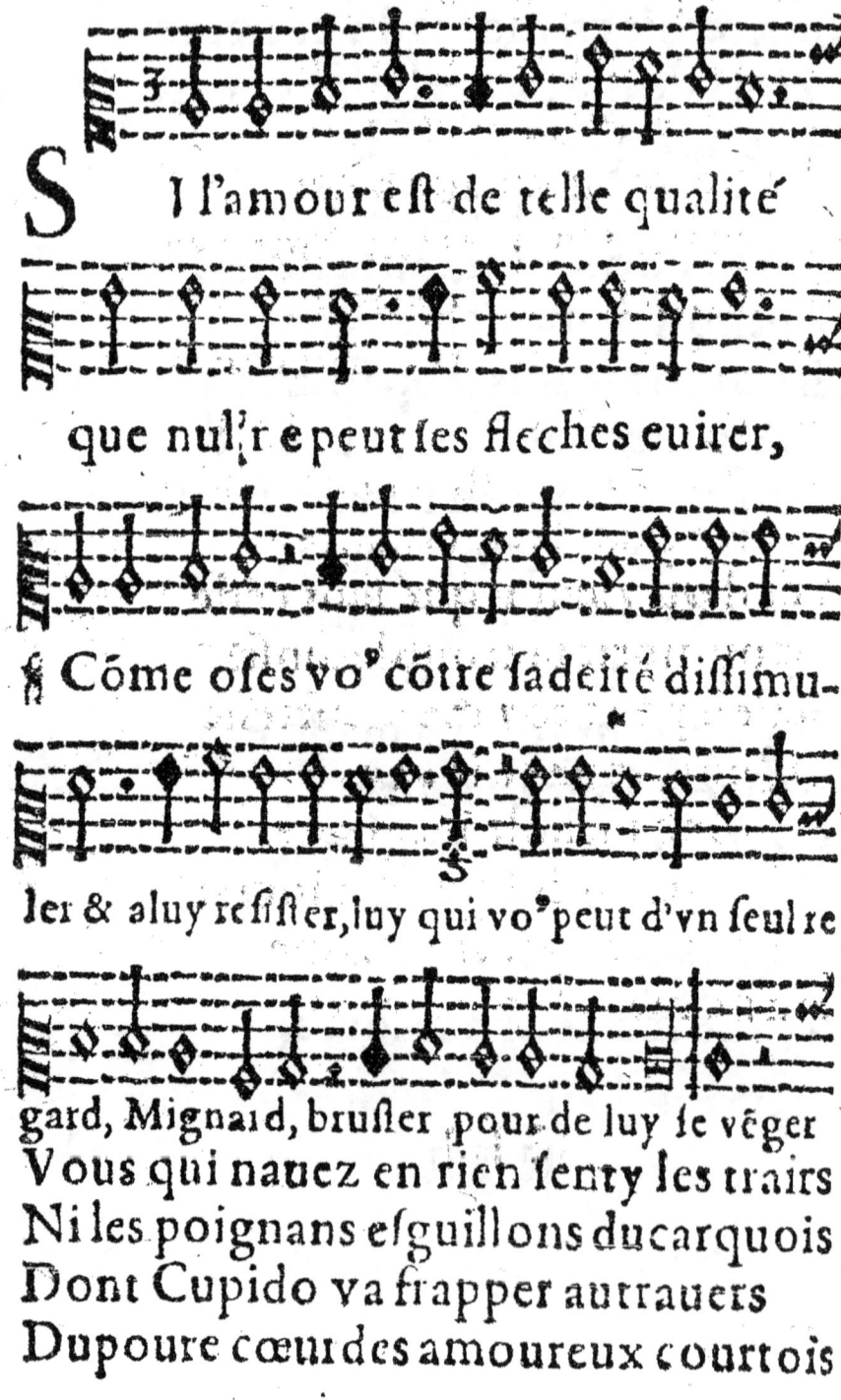

SI l'amour est de telle qualité

que nul n'e peut les fleches euiter,

Côme oses vo° côtre sadeité dissimu-

ler & a luy resister, luy qui vo° peut d'vn seul re

gard, Mignard, brusler, pour de luy se véger
Vous qui n'auez en rien senty les traits
Ni les poignans esguillons du carquois
Dont Cupido va frapper au trauers
Du poure cœur des amoureux courtois

Doû penser vous Auoir
L'effort Si fort Et bon,
D'euiter son brandon.
Gardez voꝰ bien de tant le mespriser
Qu'il ne voꝰ vueille apres plꝰ receuoir
Mais voftre cœur trop plus martirifer
Lors que son feu viendrez à conceuoir
Et cependant, Vn temps
Mouueau, Si beau, Viendra
Qui coutens nous rendra
Si cellela qui iour & nuict me poingt
Ne m'apporte quelque contentement
I'auray raison de ne m'asseurer point
En l'amitié qui me donne tourment,
Mais quoy? Pluftoft il faut
Perir. Mourir. L'aymant,
Qu'aller au changement.
I'aymerois mieux cét fois mourir amāt
Plein de conftance & toute fermeté,
Que deschâger pour quelcōque tour-
Ma foy couftan̄t à la legereté. (ment
Donc acheuer D'aymer

REC. DES CHANSONS.

De cœur, En pleur. Ie veux
Comme vn ferme amoureux.

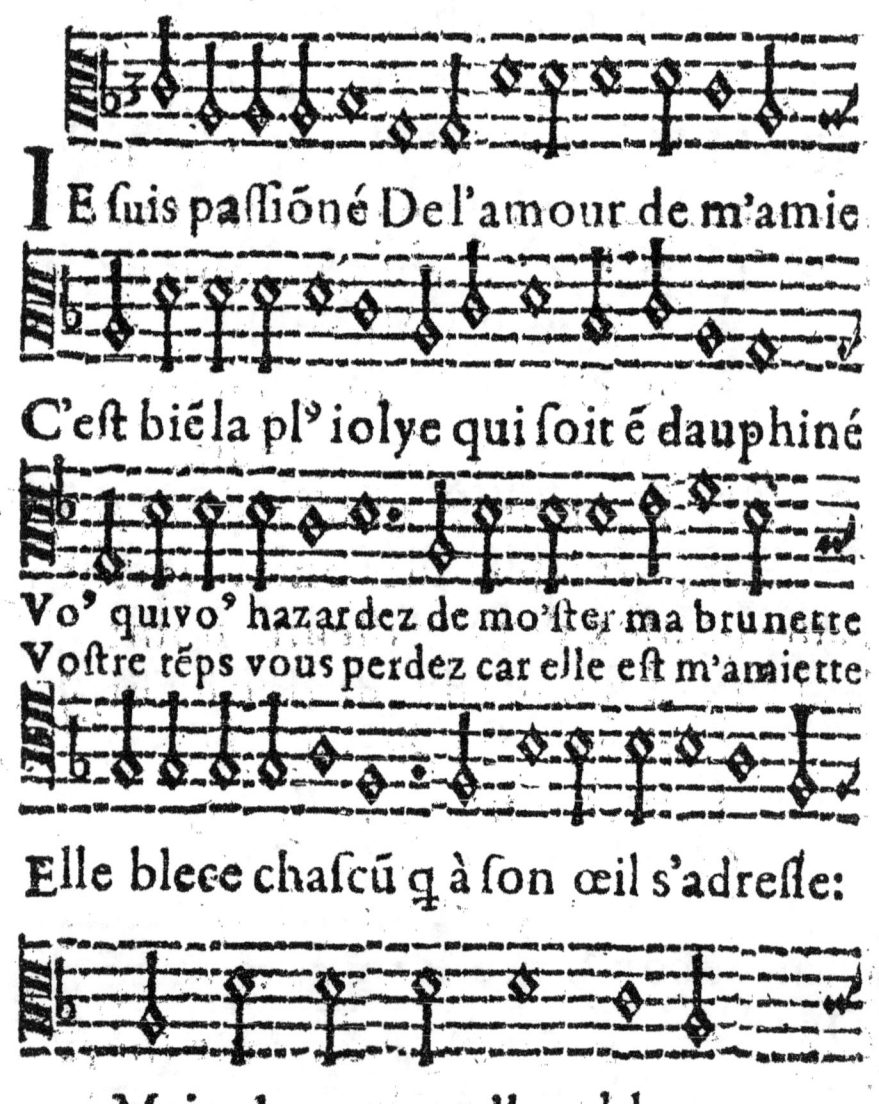

IE suis paſſióné De l'amour de m'amie

C'eſt bié la pl⁹ iolye qui ſoit é dauphiné

Vo⁹ qui vo⁹ hazardez de mo'ſter ma brunette
Voſtre têps vous perdez car elle eſt m'amiette

Elle bleſſe chaſcû q à ſon œil s'adreſſe:

Mais de tant quelle   bleſſe

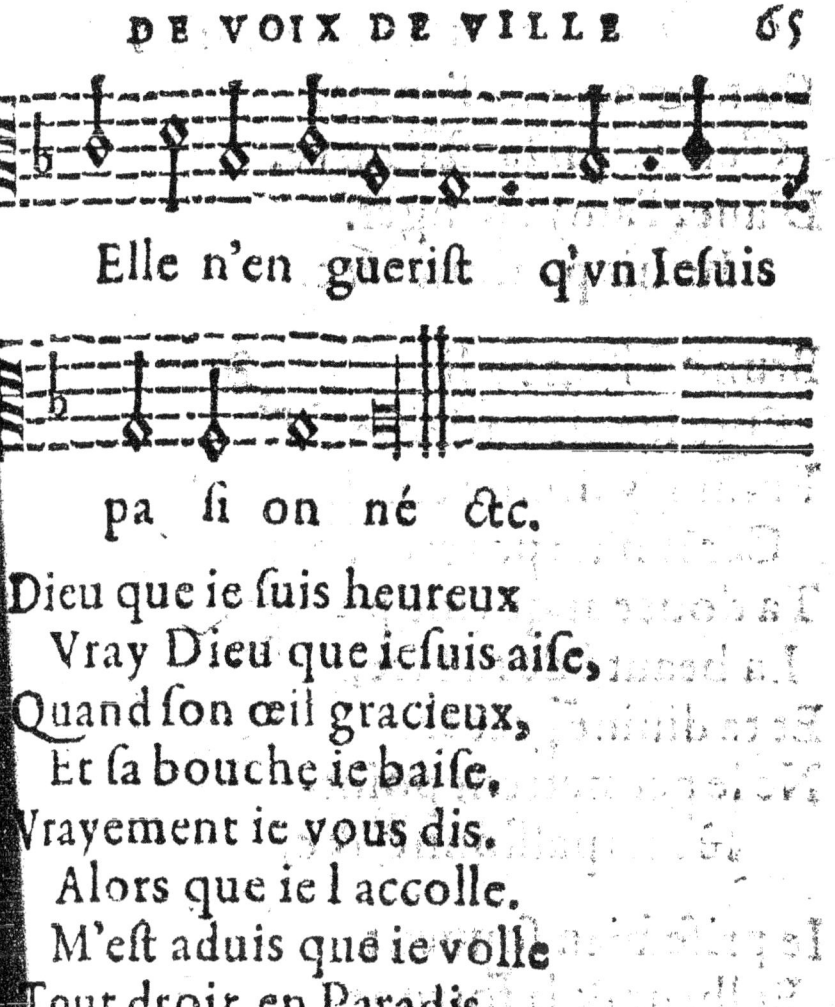

Elle n'en guerist q'vn Iesuis

pa si on né &c.

Dieu que ie suis heureux
   Vray Dieu que ie suis aise,
Quand son œil gracieux,
   Et sa bouche ie baise,
Vrayement ie vous dis,
   Alors que ie l'accolle,
   M'est aduis que ie volle
Tout droit en Paradis.
     Ie suis passionné, &c.

Adonc si vous voulez
   Estre tousiours Madame,
Il faut que vous bruslez
   D'vne semblable flamme:
Ne croyez de leger,

De rapporteurs l'enuie,
　C'est ce qui faict l'amye,
D'auec l'amy changer.
　　Ie suis passioné, &c.

Brune si l'on te dit
　Que ie sois variable
Point n'y donne credit,
　Car il n'est pas croyable,
Ta douceur qui me poingt.
　La beauté de ta face,
Et ta diuine grace,
Ne le permettent point
　　Ie suis passionné, &c.

Ie prise bien souuent
　Et lheur & la fortune
De m'auoir faict seruant
　D'vne tant belle brune
Et si ie prie à Dieu
　Qu'il me face propice,
De luy faire seruice
En toute place & lieu
　　Ie suis passionné.

De l'amour de m'amye.
C'est bien la plus iolye
Qui soit en Dauphiné.

D'Ou vient l'amour soudaine, Qui
D,où vient la douce peine, Qui

soudain m'a surprins, D'où me vient
gesne mes esprits

tel esmoy, Qui me met hors de moy
Ie qui me soulois rire
　　Des amans langoureux,
Maintenant ie souspire
　　Plus que nul amoureux,
Amour me fait sçauoir
　　Quil à sur tout pouuoir.

Ie qui ne souloit estre
  Maistrise que de moy,
De moy ne suis plus maistre,
  I'ay oblige ma foy:
Masseurant à vn cœur
Que du mien est vainqueur.
Ie n'ay plus de puissance
  Sur mes affections:
Malgre ma resistence
  Toutes mes passions
Son du mal doux amer,
Que lon appelle Aymer.

Soit que Phœbus espande
  Ses rayons dessus nous.
Ou soir que la nuict bande
  Nos yeux d'vn sommeil doux,
Iour & nuict mon tourment
Me presse incessamment.
Soit que point ne me plaise,
  Les hommes frequenter,
Soit que cherchant plus d'ayse,
  Me plaise les hanter,

Soit en paix, soit en bruit
Tousiours mon mal me suit

Ie pensois ceste rage
  A la longue oublier.
Mais plus suis en seruage,
  Plus ie m'y sens lier,
Et le mal que ie sens
Croist auecques le temps.

Dans mes boullantes veines
Ie nourris mon tourment,
Et moy mesme à mes peines
Donne nourrissement:
Ie mets peine à nourrir
Ce qui me faict mourir.

Ma foy n'est plus douteuse,
  En lisant les tourmens.
Qu'en la flamme amoureuse
  Ont souffert maints amans.
I'en sens en mon esprit
Plus quil n'en est escrit.
I'ay crainte que Madame

I iii

Ne doute de ma foy
Ou qu'vn autre m'emflamme
Son amour plus que moy,
Qui ayme de bon cœur,
Il n'eſt iamais ſans peur,

Ie vis en grand deſtreſſe
Vn ſimple deuiſer,
Vne ſeule careſſe,
Me fait enialouſer.
Ie ne puis volontiers,
M'accorder à vn tiers

Amour & ialouſie,
Se fuyuans à leur tour,
Me donnent mort & vie
Mille fois en vn iour,
De l'vn viendra les ris,
Et de l'autre les cris,

Amour n'eſt autre choſe
Au cœur qui le reçoit,
Que l'eſpine & la roſe
Croiſſans en vn endroit,

On gouste pour aymer
Du doux & de l'amer.

Voſtre beauté exceláte d'vne amour ſi violente, M'embraſant le corps & l'ame, me fait conſommer, Cōme la neige en la flāme par trop vo° aimer.

Soit que vos beaux yeux ie voye,
Soit que d'ailleurs ie vous oye,
Abſent de vous ie ſouſpire
   D'vne telle ardeur.

I iiij

mesme son mesme martyre
   Me creue le cœur.

Quand pasmé sur vostre bouche,
Du doigt ce beau sein ie touche.
L'ame s'enuole rauie,
   Puis sans tarder plus,
Me reste seule vne enuie
   De tendre au surplus.

Mais au vray dire Maistresse,
Ceste douleur qui m'oppresse,
Sera grace bien heureuse
   S'elle peut guarir,
La passion amoureuse
   Qui me fait mourir.

La recompense finalle,
D'vne amour ferme & loyalle,
Comme vous sauez habonde
   Au plus que ne dis:
Aussi ne veux-ie en ce monde
   D'autre Paradis.
Faites moy donc ceste grace

Que ce ioly corps i'embrasse.
Donnez moy la iouissance,
　Du bien que i'attens.
Si viurons en asseurance
　Vous & moy content

Ie vous ay la foy iurée
Vous rendre mienne asseurée
Et ne veux en rien forfaire
　Ma fidelité.
Ie vous prie auant d'en faire
　De voſtre coſté.

Viuons donc en allegresse:
Contentons noſtre ieunesse:
Demeurons malgré enuie,
　Tombans d'vn accord
Soyons toute noſtre vie
　Tous deux sans discord.

O Dieu combien me console
Ceſte derniere parolle,
Que quand de moy departiſtes,
Forcée à demy

Me boisant tous bas medistes.
    A dieu mon amy.
Plustost la terre perisse.
Plustost la grand mer tarisse
Plustost la neige soit noire,
    Sans verdeur le houx,
Que de perdre la memoire
    D'vn à Dieu si doux.

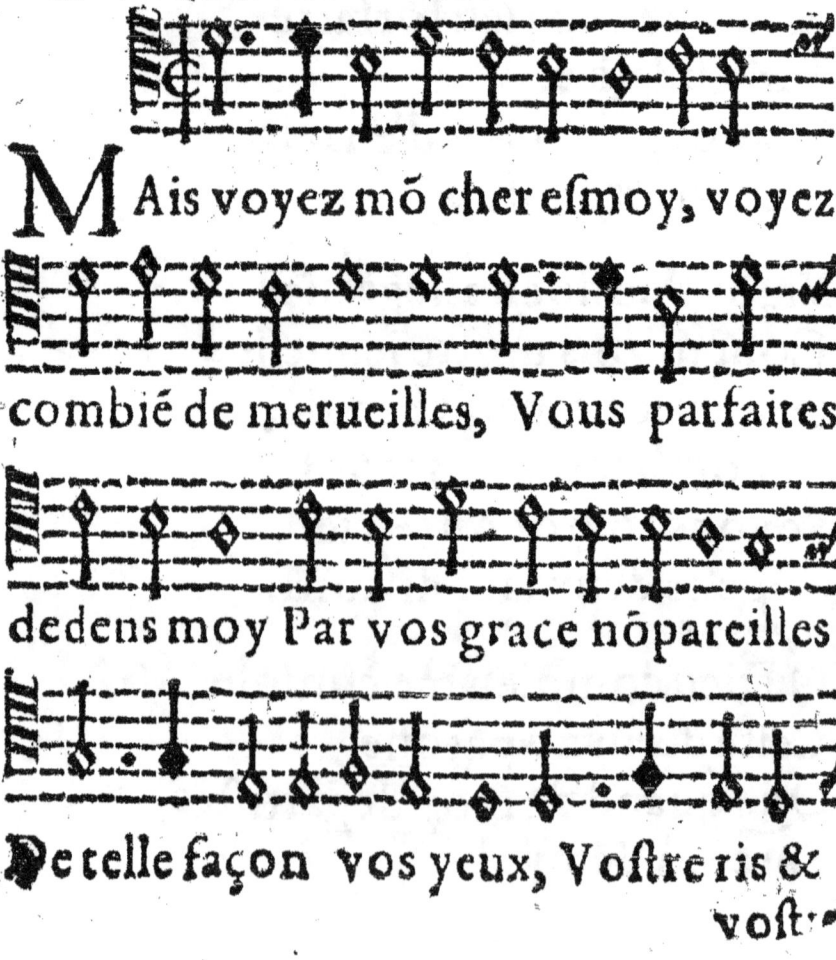

MAis voyez mõ cher esmoy, voyez combié de merueilles, Vous parfaites dedens moy Par vos grace nõpareilles

De telle façon vos yeux, Vostre ris &
vostr

DE VOIX DE VILLE 70

voſtre grace, voſtre beau fron ſpacieux

 Et voſtre angelique face.
Me bruſle depuis le iour
 Que ie neus la coguoiſſance,
Deſirant par grand amour
 En auoir la iouiſſance:
Que ſans l'aide de mes pleurs,
 Dont ma vie eſt arrouſee,
Long temps a que les chaleurs
 D'amour l'euſſent enbrazee

 Au contraire vos beaux yeux,
 Voſtre ris & voſtre grace:
Voſtre beau front ſpacieux
 Et voſtre angelique face,
Me gelent depuis le iour
Que i'eneus la coguoiſſance,

REC. DES CHANSONS.

Desirant par grand amour
   En auoir la iouissance.
Que sans l'ayde des chaleurs,
   Dont mon ame est embrazee,
Long temps a que par mes pleurs
   En eau se fust espuisee.
Voyez donc mon cher esmoy,
   Voyez combien de merueilles
Vous parfaites dedens moy.
   Par vos beautez non pareilles.

L Amour auec l'honneur, Cōbat dedans mon cœur. Mō vouloir, & mō de

uoir, Se font la guerre eux deux Et chacun

chacuu d'eux, Veut le deſſus auoir.

   Voyla comme ie ſuis,
Cherme, qui ne puis
L'vn quiter Ou contenter
Les deux mettant d'accord
Ce grand diſcord,
Bien me fait tourmenter
   Ou me defend d'auoir,

Pour aimer vn vouloir:
Mais pourquoy, Auec la loy
Ne fait on donc changer,
Et corriger
Noſtre nature en ſoy.
Pourquoy auroit eſté:

L'eſprit de volonté,
Compoſe, S'on n'euſt oſé
Apporter ce qui plaiſt,
Et ce qui eſt

A mon sein proposé
  Amour est l'vn des dieux,
Amour est donc des cieux:
Il ne faut vn nom si haut.
Contamnez pour vn bruict
    Qu'vn peuple suit,
Qui le plus souuent faut.

Contre moy est la loy,
La nature est pour moy
Son effort est le plus fort,
Faillir on ne le voit:
    Le peuple croit
Le plus souuent à tort.

    L'amour qui est conioinct
A la vertu, n'a point
Dvne ou peur perdre l'honneur,
L'honneur ou est le fruict
    La vertu suit.
Surquoy est sa grandeur.
L'amour donc desormais.
Auec l'honneur en paix
Ie tiendray Et ne craindray

Perdre d'honneur le don,
　　Et leguidon.
Que d'amour i'attendray
　　La responſe.
Qu'eſt-ce que d'appeter
Ce qui peut delecter.
Si cela qui plaiſt on n'a?
Quand la volonté priſt
　　Place en l'eſprit,
La raiſons'y meſla,

L'amour qui eſt lié
Au vice eſt d'eſcrié.
L'amour ſainct Blaſme ne crains
Quant à l'honneur qui nuiſt,
　　Vertu le fuit,
Et l'amour qui eſt feinct.

Qui croit ſon vouloir faut,
Amour eſt vn poinct haut,
Ou deſendre Ce qui deſpend
Du naturel enclin
　　A ſon deſſein
Et que la loy reprend.

JE souffre passion, D'vne amour forte, Mais mon affection Me reconforte.
Ie suis bien seruiteur
  Dela plus belle:
Ce me seroit grand heur
D'estre aimé delle.

Le bien & la faueur
  Ne me contente,
Ie ne veux que le cœur
  Qui me tourmente.
Cella me rend bien seur,
  Que l'amertume,

DE VOIX DE VILLE 73

Tournera en douceur
  Cest la coustume,

L'enuie sans pitié
  Tousiours nuisante,
Veut rompre l'amitié,
  Mais elle augmente,
Parquoy les mesdisans
  Se pourront taire:
Car ne sont souffisans
  Pour la deffaire.

O quel contentement
  Ie doy cognoistre,
Que vostre eslognement
  Fait l'amour croistre.
Les corps ont departy:
  Mais quand aux ames
Et rien n'ont à mourry
  Leurs viues flammes.

Si le mal ennuieux
  Vient de l'absencé,
I'auray quelque iour mieux

K

Par la presence.
Ma fermeté fera,
　Malgré l'enuye.
Que l'amour finira
　Quand & la vie.
Car dame, sur ma foy,
　N'aura puissance
Que celle à qui ie doy
　Obeissance.
Car son honnesteté,
　Venus & grace.
Surmontent la beauté
　Que bien tost passe.
La grandeur de son cœur
　Et sa prudence
Ont rompu la rigueur
　D'outre cuidance.
Afin que meure esmoy,
　Et esperance.
Pour faire viure en moy
　Toute asseurance

Ainsi la cruauté
  S'est endormie,
Dessus ma loyauté
  Son ennemie.

Parquoy tout asseuré,
  De sa constance,
Me rendray bien-heuré
  Hors de doutance.

De sa foy ma comblé
  La fantaisie,
Plus ne seray troublé
  De ialousie.

Ayant donc ce bon heur,
  Ie puis bien croire,
Que viuant son honneur
  Viura ma gloire.

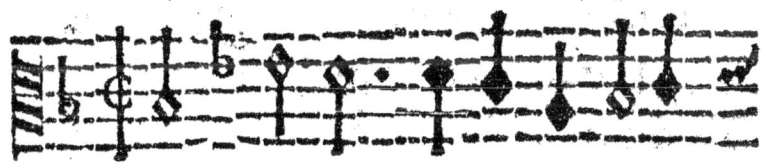

B Belle helas que ie suis langou-

REC. DES CHANSONS

reux que ton cœur rigoureux, Ne

me done quelque soulas, Des ennuis &
Veux tu poit à

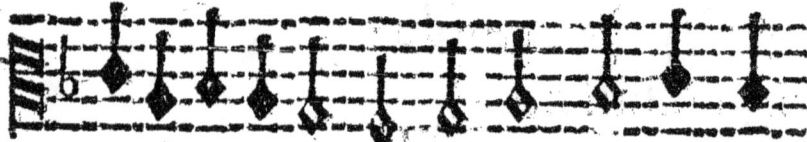

de la peine dure Qui t'edure tant
la mort me contraindre, pour estaindre la

de iour que de nuicts
chaleur qui me poingt?
Ce beau temps
Te devroit inciter,
Mignonne, à souhaitter
L'heureux party que ie pretens,

Sans tousiours
D'vne façon hautaine,
Mettre peine
D'estranger nos amours.
Veux tu poinct, &c.

Leste chaud
Seche la belle fleur.
En ta blanche couleur,
Par trop fier il ne se faut:
L'on voit choir
La fleur du blanc ligustre,
Ton blanc lustre
En fin deuiendra noir.
Veux tu point, &c.

Tes beaux ans
Bien peu te dureront,
Et bien tost terniront
Les rais de tes soleils luisants,
Comme vois
La roze printemniere,
Coustumiere,
De n'auoir que son mois

Ta beauté
Bien peu te durera,
Et ne te restera
Rien en fin qu'vne cruauté
   Vois tu pas.

S'escouler la ieunesse
   Et vielleffe.
Qui tallonne nos pas
   Veux tu point. &c.
   Lamitié
Que ie porte & sçay,
Tu en feras essay,
Ayant secours de ta moitié,
   La rigueur.
D'vn que tu tiens pour maistre,
   Ne peut estre
Cause de ma langueur.
   Veux tu point &c,
   Ton crain d'or,
Bien tost sera d'argent.
Et verras ton corps gent.
S'amoindrir comme le tresor.

Que le feu
Par sa force consomme,
Ou bien comme
Il s'asmoindrist peu à peu.
  Veux tu point, &c.
  Pourquoy donc
Tardes tu si long temps
Donner ce que pretens
Au ieu d'amours, tu n'auras onc
  Le loisir
Si propre qu'a ceste heure
  Ie t'asseure,
Si tu le veux choisir.
  Veux tu point, &c.
Me vois tu
Quelque autre courtiser
Sinon pour deuiser
De quelque propos de vertu,
  Pour rigueur
Que ton fier œil me dresse
  Ie ne laisse.
De t'aymer en mon cœur. Veux tu &c

K iiij

Tu nasquis
Dessous l'este nouueau,
Si plaisant & si beau,
Et en l'amonr si fort requis
Par pitié,
Refuser point ne deusses,
Que tu n'eusse
L'endrogine amitié.
Veux tu point. &c.
Ie vois bien

Approcher mon trespas,
Puis que tu ne veux pas.
Fiere, me secourir en rien.
Si ie meurs
A Dieu ta renommée.
Car blasmée
Tu mourras de douleurs.

Veux tu point
A la mort me contraindre
Pour estaindre
La chaleur qui me poingt?

DE VOIX DE VILLE 77

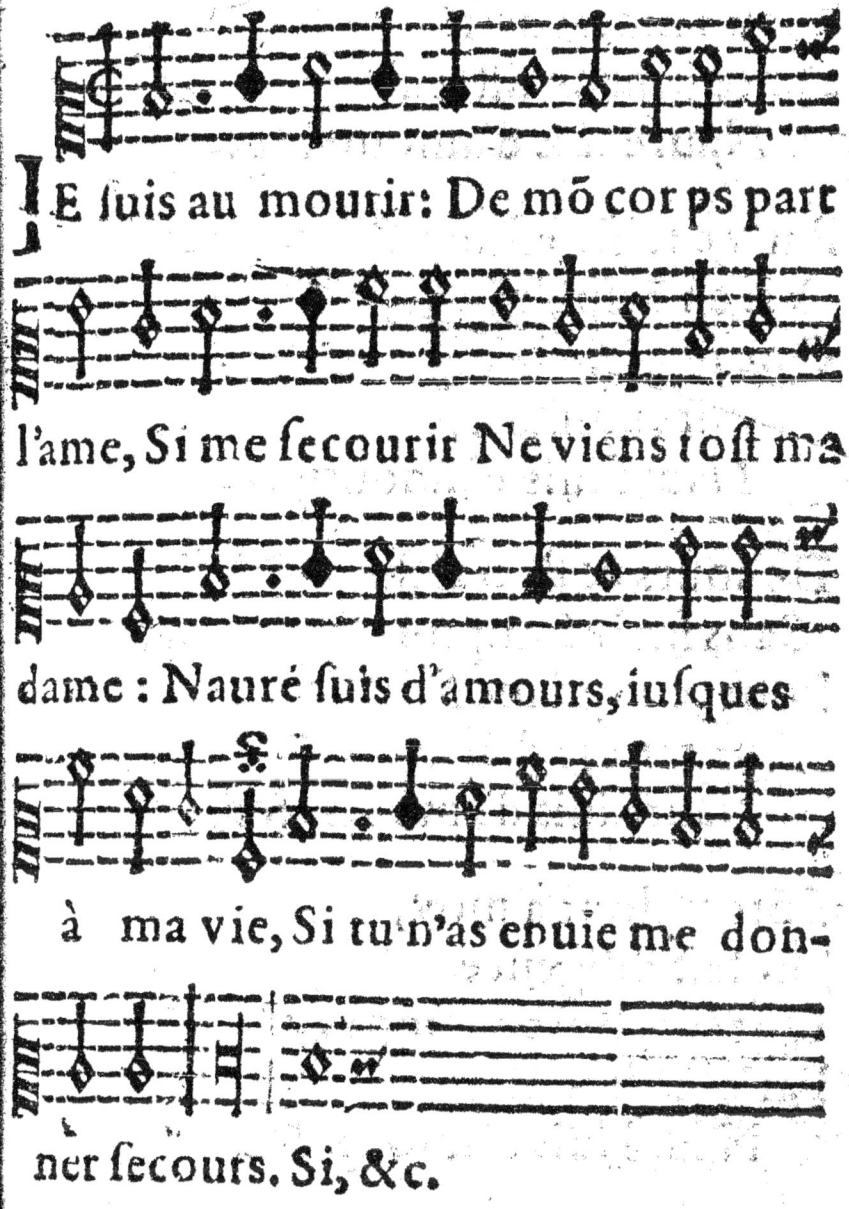

IE suis au mourir: De mõ corps part l'ame, Si me secourir Ne viens tost ma dame: Nauré suis d'amours, iusques à ma vie, Si tu n'as enuie me donner secours. Si, &c.

Ie vis en langueur
Et peine & tristesse,

Tranſi mon cœur
Par toy ma maiſtreſſe
   Nauré ſuis d'amours, &c.

Par vn triſte eſmoy,
 Vis en deſplaiſance,
Que ne puis de toy
 Auoir iouiſſance,
   Nauré ſuis d'amours, &c.

De iours & de nuicts
 Sans fin ie souſpire
Pour toy qui me fuis
 Que tant ie deſire.
   Nauré ſuis d'amours, &c.

Entens donc à moy,
 Et fait diligence
Que ſois hors d'eſmoy
Par ta deliurance
   Nauré ſuis d'amour, &c.

Las ie ſuis confus,
Il faut que ie meure,
Si tu fais refus,

DE VOIX DE VILLE

De moy à ceste heur.
    Nauré suis d'amour, &c.

Responce à la dite chanson par la damme.

ENtédez Seigneur, ce que ie pnôce

Vous n'aures mon cœur, Voyla

ma responce, Or contétez vo° de moy

Car em somme, i'a bié vn autre hôme
    Plus braue que vous.
Vous este venu
    De maison plaisante,

Mais le reuenu
Pas ne me contente,
Ou contentez vous &c,

I'ay des amoureux
　Vne milliace,
Mais aucun d'entreux
　Ne vien en ma grace.
　　Or contentez vous. &c,

Vn amy trompeur
　N'est point equitable,
D'autant que son cœur
　Est trop veritable
　　Or contentez vous, &c.

La mienne beauté
　Garde de bon zele,
Pour la loyauté
　D'vn amy fidelle
Or contentez vous, &c.
Iouissant sera
　De la beauté mienne,
Pendent qu'il viura.

Et moy de la sienne.
    Or contentez vous &c.

Cherchez donc ailleurs
  La vostre aduenture,
Par amours meilleurs
  De vous ie n'ay cure.
    Or contentez vous &c.
De venir me voir
  Vous faites folie,
Car ie n'ay vouloir
  D'estre vostre amie.
    Or contentez vous, &c.

I'ay de tout mon cœur
Mon amour ou promise
A vn seruiteur
  Qui est à ma guise,
    Or contentez vous &c.

Pour conclusion
  De vous n'ay enuie,
C'est abusion,
Chercher autre amie

Or contentez vous
De moy, car en somme,
 I'ay bien vn autre homme
Plus braue que vous.

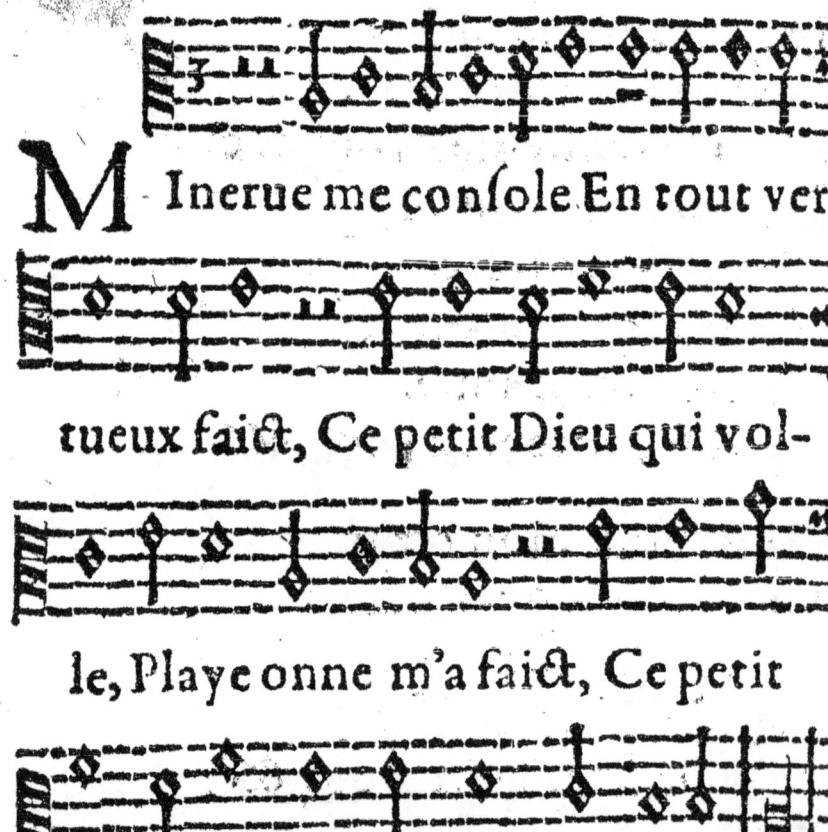

Minerue me console En tout vertueux faict, Ce petit Dieu qui volle, Playe onne m'a faict, Ce petit Dieu qui volle, Playe onc, &c.

Ma ieuuesse est sans vice,
Sans reproche & sans si,

Tout

Ton honneste exercice
 Viure me fait ainsi.

Du trait serois frappée
 Qui nuist à chastete,
Si n'estois occupée,
 Fuyant oysiueté.

Cupido sur moy n'oze
 Sa fleche descocher,
Car Minerue en est cause,
 Le gardant d'approcher.

Ie deschasse paresse
 Qui fait amour sentir
Duquel prouient tristesse,
 Et puis le repentir

Vne Immortelle touche
 Peut l'honneur oppresser,
Puis l'enuie se bouche
 Vient le bon bruit blecer
Comme inconstant Prothée
On voit l'homme changer
Sa volonté hastée

Fait l'amour estranger.

Ton sçauoir, ta richesse.
 Ta grace, ton pouuoir
Ta beauté ta caresse
 Ne me peuuent mouuoir

Partant plus ne me prie
 A cest oisif aimer,
Car mon esprit me crie
 Que ie le doy blasmer.

Que sert au cœur tât de douleur?

Que sert en l'esprit tant d'ennuis?

Au visage palle couleur, Plorer &
 gemir

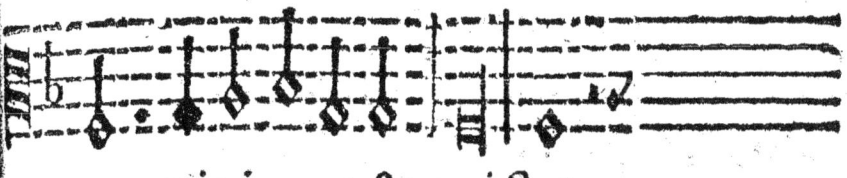
ge   mir iours & nuicts?

Que fert pour amour tant veiller,
　Que fert de la mort defirer:
Que fert de tant fe trauailler,
　Veu qu'a ton mal on prend plaifir?

Que fert Venus tant inuoquer,
　Que fert fe plaindre par efcrit,
Pour en fin fe faire mocquer?
　Car du tout fa femme s'en rit.

Si tu veux plaire en bien parlant,
　En tes difcours fera repris
Et receuras en t'en allant,
　Au lieu de louange, mefpris.

Le prefent que tu luy feras:
　Deuant toy fera bien prifé
Mais abfent, chiche tu feras,
　Et le don du tout defprifé.
Ainfi te fera languiffant,
L

REC, DES CHANSONS.
Ne cessant de te martyrer,
Et point n'en sera iouissant,
Pourtant il t'en faut retirer,

Volupté ieunesse deçoit,
Son chemin ne faut pas tenir:
Honneur & louange reçoit,
Qui d'elle se peut abstenir.

Le corps a la mort est liuré,
Depuis qu'elle a le cœur attaint,
Le sain iugement enyuré,
Et le meilleur esprit estaint,
C'est aloës sucré dessus:
C'est vn arsenic feminin,
Dont les plus rusez sont deceus,
D'amorce trempé en venin.

FIN.

M On cœur souffre grād martyre,
mais

Mais le dire permis certes ne m'estoit

Las c'est bien estráge chose, Que

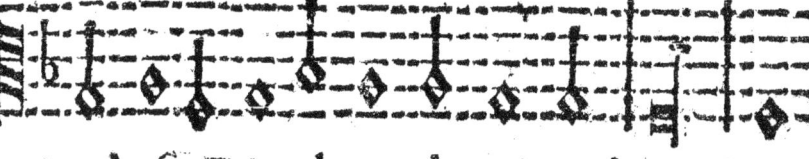

ie n'ose Dire le mal qui m'espoingt

Ma douleur de longue traitte,
    Trop secrette,
Viuement se faict sentir:
Peu à peu consumant l'ame,
    D'vne flamme,
Qu'onne pourroit amortir.

Afin que plus haut ne monte,
    D'aide prompte,
Au mal visible on pouruoit:

Le mien donque perdurable,
    N'est curable,
Depuis que l'œil ne le voit

Le sang de ma playe visue,
    Ne deriue,
Au moins qu'il soit euident:
Voyla pourquoy ma meurdriere
    Ha matiere
Pour couurir tel accident.

Et lors que mon mal austere,
    Ie veux taire,
Et plus fort de la moitié
Et tenant sa violence
    En silence,
Croire sens mon amitié.

Et tout temps ma playe ouuerte,
    Tiens couuerte,
Dissimulant ma douleur,
Fors à celles que i'honore,
    Qui n'ignore
I'en source de mon malheur.

DE VOIX DE VILLE. 83

De mon mal rude & extreme,
  Elle mesme,
Seule est cause, mais aussi
Ie sçay que d'elle procede
  Le remede,
Pour reparer tout cecy.

O beauté tresestimée
  Et aymée,
De moy si parfaictement.
Fay que ta rigueur s'appaise,
  Et te plaise
Donner fin à mon tourment.

SI i'auois cõgnoissance, Que me pei-
Te donnast allegeãce, Damoysel-

ne & langueur, Mõ cœur patiémét
le d'honneur,

L iij

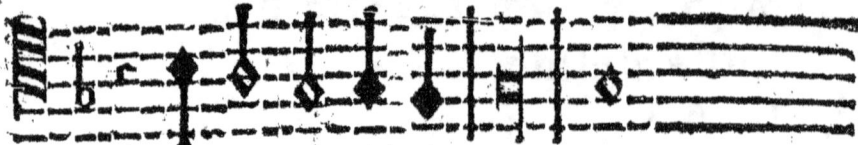

Porteroit ce tourment.

Meis ie sçay le contraire,
 Et crois asseurement,
Que ne te pourrois plaire
 D'occir cruellement,
L'amant, pour estre tien,
 Qui ores n'est plus sien.
Car le mal & la peine.
 Qu'en mon cœur ie reçoy,
L'amour seul me l'ameine,
 L'e seul amour de toy.
Raison donc n'y consent,
 Et ma foy le defend.
I'en blasme ma fortune,
 Qni m'a ce mal brassé,
Qui par trop m'importune,
 Car à mort m'a blecé.
Pitié, las vous Amans,
 Prenez de mes tourmens

L'amour aussi s'enblasme,
　Et mon ardent desir,
Qui empeschent mon ame
　Du bien & du plaisir
Iouir, dont elle eust sceu
　Quand ce mal n'eust receu.

Las en liberté franche,
　Paissay mes ieunes ans:
Mais ores ta reuanche
　Tu prens en mes tourmens
Dieu d'amours: Et guerir
　Ne me veux sans mourir

FIN.

Or est venu le teps & la saison, De s'entraimer, Madame, Or est venu le

temps & la saison, Qu'aymer no' no' deués

Et qu'est-ce donc que tant vous etten-

dez, & que voulez vous dire? pourquoy l'a-

mour doncques me demandez, Et

le temps vous perdez? Voyons nous

pas en cent mille façons

oyseaux

oyseaux qui s'entrayment: Voyons nous

par dessous ces verds buissons Chan-

ter gayes chansons?

Voyons nous par ces petits colōbeaux
Qui du bec s'entrebaisant?
Voyōs noꝰ par dessus ces vers ormeaux
Chanter ses passereaux?
Voyons nous pas la bergere filant
Chanter ses amourettes.
Et le berger d'vn chant doux & plaisāt
Ses amours desguisant?
    Or est venu &c.
  Il n'y a rien qui ne soit enflammé,
Il n'y a rien qui n'aime.

Fors ton dur cœur qui est tant animé,
Qui ne veut estre aimé.
Mais pour certaĩ vu iour venir pourra
Que ton bel œil, madame,
Et ce beau taint qui tant de pouuoir a
Palle & terni sera.
      Or est Venu &c.
Lors lon verra vne si grand'beauté
Si iustement punie,
Quand elle aura ce qu'elle a merité,
Pour sa grand' cruauté:
Car Cupidõ le grand Dieu des amans,
Prendra bien la vengeance
Du grand tourment que à ton amant
Sans nul contentement.

    Or est venu le temps & la saison
    De s'entr'aimer, Madame
    Or est venu le temps & la saison
    Qu'aimer nous nous deuon.

AVTRE CHANSONS SVR
le chant de la precedente.
                         O. est

Or est venu le temps & la saison
Qu'il faut que lautruy iaime,
Or est venu le temps & la saison
Que d'aimer i'ay raison.

Las ie soulois auoir contentement
Et ioyensement viure:
Mais maintenāt ieuoy mon chāgemēt
Ed vn cruel tourment:
Et moy qui n'ay accoustumé souffrir
Vn si cruel martyre,
I'ay biē voulu à quelqu'vn descouurir
Ce qui me fait languir.
  Or est venu le temps, &c.

Car si quelqu'vn deuāt moy viētpasser
Encor' que point n'y pense,
Incontinent mon mari va penser
Qu'on mi vient caresser:
Lors onpeut veoir à sa couleur soudaī
Qu'il a mal à sa teste:
Car il s'en vient aussi tost par desdain
Me prendre par la main.
  Or est venu le temps, &c.

Quand ie le voy entrer en ce courroux
Ie demeure tranfie,
Ie luy demande auec vn parler doux,
Mon amy qu'auez vous?
Mais mon parler le rend si furieux
Qu'il me dit par audace
Retire toy le regard de tes yeux
M'eft ores ennuyeux.
   Or eft venu le temps. &c.

 Aucun y a lequel dedans le cœur
Deplore ma fortune,
Qui voudroit bié, auec quelque dou- (ceur,
Luy monftre fon erreur:
Mais il n'a point de raifon en l'efprit
Ialoufie y domine:
Et croy qu'il eft, au lieu de Iefus Chrift
Mené de l'antechrift.
   Or eft venu le temps, &c.

Las quel malheur ie me voy prepare
Pour le cours de ma vie,
Mon poure cœur en eft tout efgaré,
De raifon feparé.

DE VOIX DE VILLE. 87

Ie n'attéds pl⁹ pour mõ dernier cõfort
Qu'estre hors de ce monde
Et que bien tost vne cruelle mort
Me monstre son effort.
  Or est venu le temps & la saison
  Quil faut que l'aurtuy i'ayme:
  Or est venu le temps & la saison
  Que d'aimer i'ay raison.

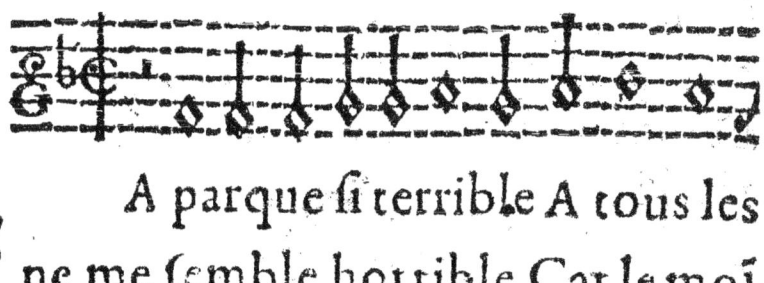

L A parque si terrible A tous les
Pl⁹ ne me semble horrible Car le moĩ

animaux, Qui m'ont fart si do-
dre des meux

lent, Est bien plus violent,

Comme d'vne fontaine,
Mes yeux sont degoutans:
Ma face est d'eau si pleine,
Que bien tost ie m'atrends.
Mon cœur, tant soucieux,
distiler par mes yeux.

De mortelles tenebres
Ils sont desia noircis:
Mes plaintes sont funebres,
Et mes menbres transis:
Mais ie ne puis mourir,
Et si ne puis guarir.
La fortune admiable,
Est-ce pas moins que rien?
O que tout est muable
En ce val tertien!
Helas ie le cognois,
Qui rien tel ne craignois.
Langueur me tien en lesse:
Douleur me suit de pres,
Regret point ne me laisse,
Et crainte vien apres.

Bref,

Bref de iour & de nuict
Toute chose me nuist.

 La verdoyant' campagne,
Le fleuri arbrisseau
Tombant de la montaigne
Le murmurant ruisseau
De ces plaisirs iouir,
Ne me puis resiouir.

La musique sauuaige
Du Rossignol au bois,
Contriste mon courage
Et me desplaist la voix
De tous ioyeux oiseaux
Qui sont au bord des eaux.
Seulement veux entendre
Le doux signe chantant,
Qui aux eaux de meindre
Va sa mort lamentant
Las tel chant me plaist bien,
Comme semblable au mien.
 Ainsi la ioye & l'aise
Me vient de dueil saisir

Et n'est qui tant me plaise
   Comme le desplaisir:
De la mort en effect
L'espoir viure me faict.

Soit que le sort me meine
   Par bois par monts & vaux
Pour alleger ma peine
   Et mes pleureux trauaux,
Ie ne fais autre effort
Que desirer la mort.

La voix repercussiue
   De mon haut lamenter,
De ma peine excessiue
Semble se tourmenter
Car cela que i'ay dis,
Apres elle redit.
Dieu tonnant, de ta fouldre
   Vien auancer ma mort,
Et me reduis en pouldre:
   Car autre reconforte
Ie ne veux & n'auray,
Que quand mort me sçauray,

DE VOIX DE VILLE 89

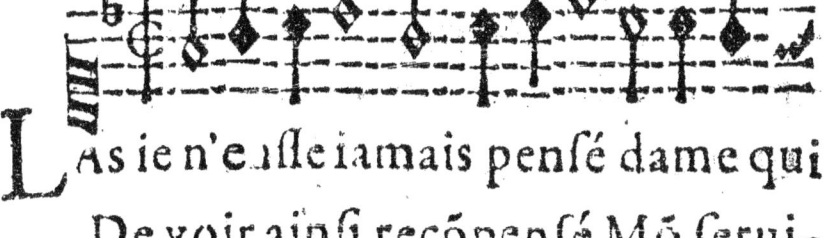

LAs ie n'eusse iamais pensé dame qui
De voir ainsi recõpensé Mõ serui-
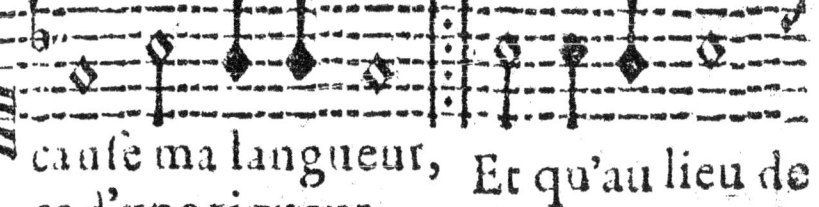

ce d'vne rigueur.
cause ma langueur, Et qu'au lieu de

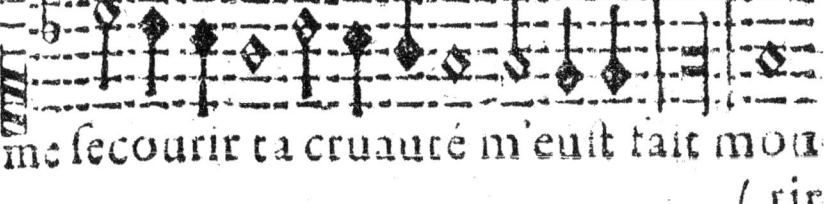

me secourir ta cruauté m'eust fait mou
(rir

Si bien accort i'eusse apperceu,
Quand ie te voy premierement,
Le mal que i'ay depuis receu.
Pour t'aymer trop loyallement.
Mon cœur qui franc auoit vescu,
N'eust pas esté ainsi vaincu,
Mais tu fit promettre à tes yeux
Qui seuls me vindrent deceuoir,

M

De me donner encore mieux
   Que mon cœur n'esperoit uaoir:
Puis comme ialoux de mon bien
Ont transformé mon aise en rien,

Si tost que ie vey leur beaute·
   Amour me força d'vn desir,
D'assubiectir ma loyauté
   Soubs l'empire de leur plaisir:
Lors decocha de leur regard
Contre mon cœur le premier dard,

Ce fut Dame ton bel accueil,
   Qui pour me faire bien heureux,
Mourir par la clef de ton œil
   Le paradis des amoureux:
Et faict esclaue en si beau lieu.
D'vn homme ie deuins vn Dieu.
Si bien que n'estant plus à moy
   Mais à l'œil qui m'auoit blecé,
Mon cœur, en gaige de ma foy.
   A mon vainqueur ie delaisse
Ou serf si doucement il est,
Qu'autre liberté luy desplaist,

Et bien qu'il aye eu iour & nuicts
  Mainte amoureuse aduersité,
Le plus cruel de ses ennuis
  Luy semble vne felicité:
Et ne sauroit iamais vouloir
Qu'vn autre œil le face douloir.

Vn grand rocher qui a le dos,
  Et les pieds tousiours outragez
Ores des vents, ores des flors
  Contre les riues enragez,
N'est point si ferme que mon cœur
Soubs l'orage de ta rigueur.

Car luy de plus en plus aimant
Les beaux yeux qui l'ont enrethé,
Semble du tout au Diamant,
  Qui pour garder sa fermeté
Se rompt pluftost soubs le marteau
Qui le voit tailler de nouueau.
Aussi ne l'or, qui peult tanter.
Ny grace, beauté ny maintien,
Ne sauroient dans mon cœur entrer
Vn autre pourtraict que le tien
                    M ii

REC. DES CHANSONS

Et pluſtoſt il mourroit d'ennuy
Que d'enſouffrir vn autre en luy.

Il ne faut donc pour empeſcher
　Qu'vne autre dame en ait ſa part,
L'enuironner d'vn grand rocher,
　Ou d'vne foſſe, ou d'vn rempart,
Amour te la ſi bien conquis
Que plus il ne peut eſtre acquis.

Pluſtoſt les eſtoilles feront,
　La nuict ſans les cieux allumer,
Et pluſtoſt les vents ceſſeront
De tempeſter deſſus la mer,
Que de ſes yeux la cruazté
Puiſſe amoindrir ma loyauté.

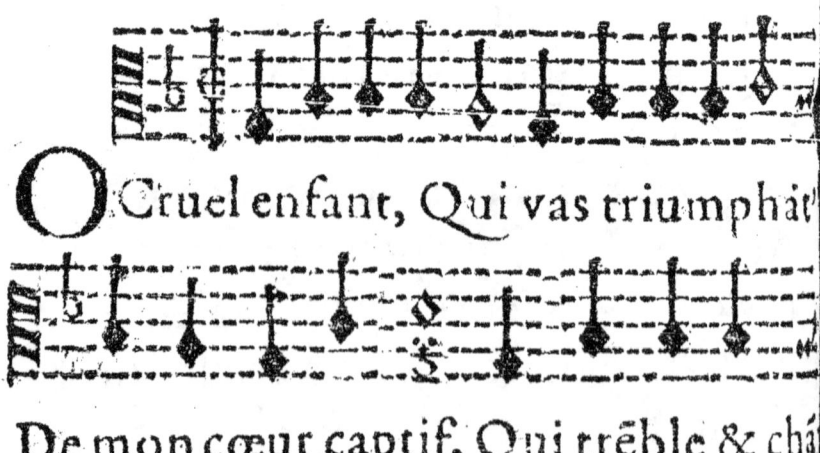

O Cruel enfant, Qui vas triumphāt

De mon cœur captif, Qui trēble & chā-
　　　　　　　　　　　　　　　celle

DE VOIX DE VILLE.

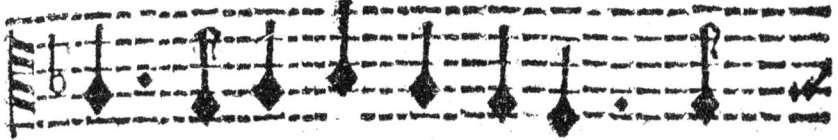

le Sous tà main cruelle   pou-

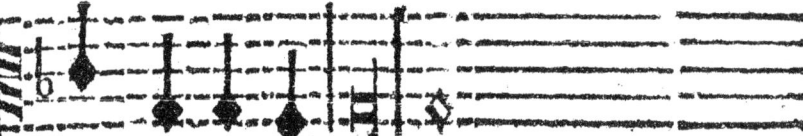

reux & craintif.
Trois fois abbatu,
Tu m'as combatu
  Esclaue en tes loix:
Mais ceste victoire
Seule a plus de gloire
  Que toutes les trois.

Vaincu des beaux yeux
Doux & gracieux
  D'vne dont l'ardeur,
Et la chaste flamme
Va bruslant mon ame,
  Et seche mon cœur

Or que i'apperçoy
Que ie n'ay de toy

Ny tresue ny paix.
Amour ie deteste
Ta flamme celeste,
  Ton arc, & tes traits,
Puis que ce doux feu
S'estint peu à peu,
  Qui chaud me brusloit,
Sain ie me retire
Du facheux martyre.
  Qui me traualloit.

Si ta cruauté
De ma loyauté
Triomphe à ce coup,
Amour, ie despite
Tes pas & ta suitte,
  Ta force & ton coup.

Plus ne me deçoit
L'œil qui me forçoit
  En mes ieunes ans.
Plus ie ne m'abuse
D'vne douce ruse,
  Qui trompoit mes sens,

Ce bel or frizé
Que tant i'ay prise
　Plus ne me tient prins,
Le lis & la rose
Sur ton sein esclose
　Me vient à mespris.

Ie quicte cest heur
D'estre seruiteur
　A ta Deité,
Pour faire vne eschange
D'vn seruice estrange
　A ma liberté

Tu n'es qu'vu trompeur
Effronté menteur
Qui traistre seduict.
Par douce finesse
La tendre ieunesse
　Qui folle te suit.

Tant que tu voudras
Tu te vanteras
　Estre fils des Dieux.

Mais au vray ie pense
Que telle semence
　Ne croist dans les ciéux.

Ton arc me desplaist:
Rien plus ne me plaist
　Qui vienne de toy.
Tes feuz ne me touchent:
Tes fleches rebouchent
　Mousses contre moy.

Mon œil preuoyant,
N'est plus larmoyant
　En tes vains plaisirs,
L'ame qui s'appaise,
N'est plus la fournaise
　De nouueaux soufpirs.

Va contente toy
D'auoir prins de moy
　Et sans raison.
Iamais ton enfance
N'aura de puissance
　Sur mon poil grison

Quand

DE VOIX DE VILLE. 93

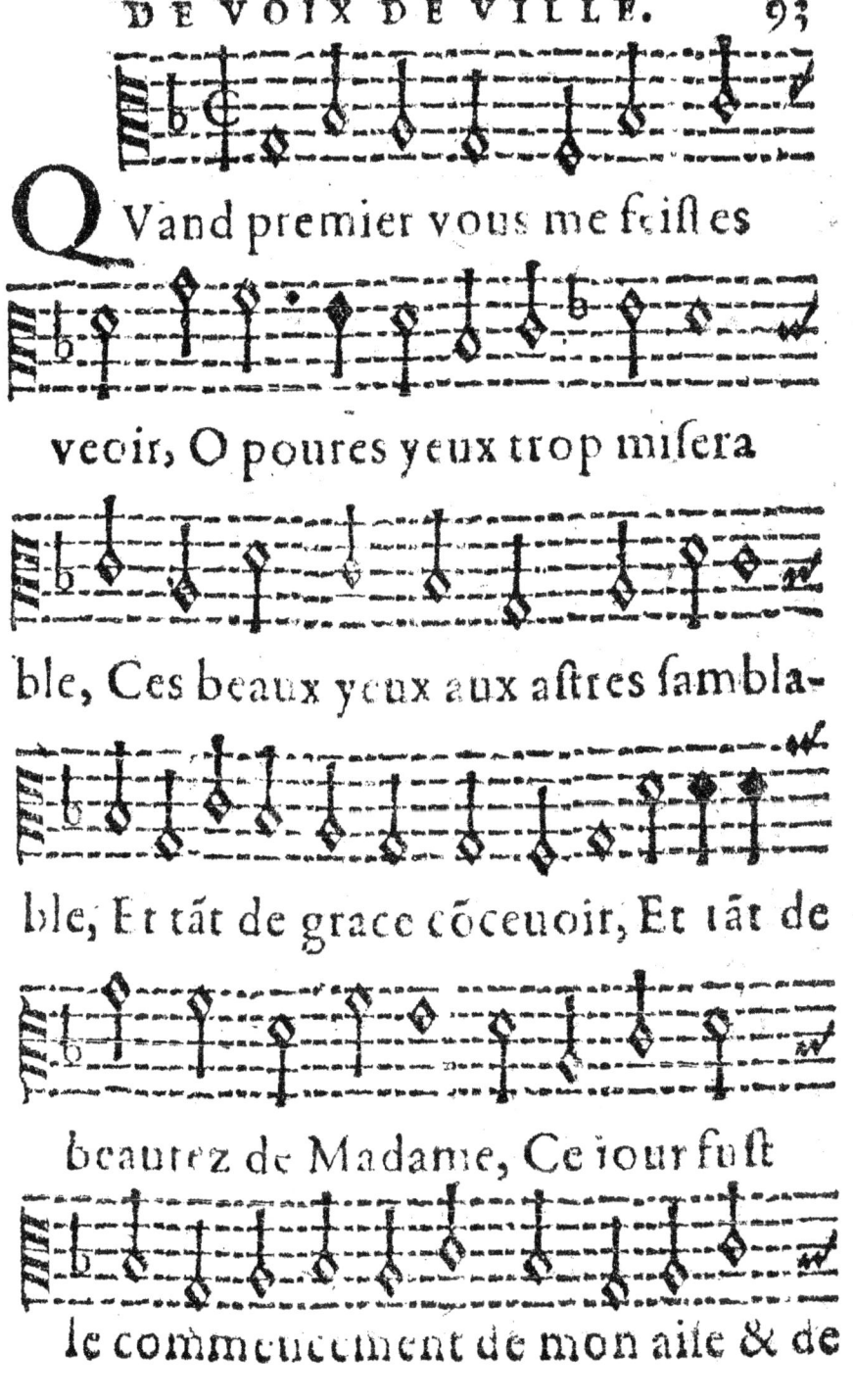

QVand premier vous me feiſtes

veoir, O poures yeux trop miſera-

ble, Ces beaux yeux aux aſtres ſambla-

ble, Et tāt de grace cōceuoir, Et tāt de

beautez de Madame, Ce iour fuſt

le commencement de mon aiſe & de

mõ tourmét, & la ruine de mon ame.

Frappe du trait de ses esclaires
 Transi tellement ie m'estonne
 Que ie tremble & que ie frissonne
Comme la fueille par les airs:
 Et comme tremble, tourne & vire
Parmi les verdissans rameaux,
La cheuelure des ormeaux,
 Meuë de souspirs de Zepire
Ia mon cœur bouillant tressailloit,
 Pour aller droit à ma cruelle,
 Et pour s'eschapper deuers elle,
De peur & d'aise sauteloit
 Ainsi qu'au giron de la mere
L'enfant bransle ses petis bras,
Eutre les langes & les draps,
 Pour se pendre au col de son pere
Ou comme les oyseaux petis,
 Qui s'esforcent en vain d'estendre
       Leur

Leur ailleron foiblet & rendre
Pour voller & quiter leurs nids,
Ou le poisson dedans la nasse,
Prisonnier, ou dans vn batteau
Se debat pour retrouuer l'eau,
 Sautelant vif dessus la place

Quand la preuoyante raison,
 De long temps ayant cognoissance
 De sa force & de sa puissance,
Se doutant de quelque eschoison
Assied mes yeux aux eschauguettes,
Dessus la porte de mon cœur,
Pour sentinelle, & croy de peur
 De quelque embusches secrettes.

Mais las mes yeux sans nul effort,
 Vaincus de douces mignardises,
 Ou de sommeil ou de surprinses,
Vous auez rendu vostre fort:
 Vous auez trahy vostre maistre,
Puis mon cœur est sorty dehors,
Laissent vuide ce poure corps.
 De cela qui le faisoit estre,

REC DES CHANSONS

Si bien qu'il n'y a rien dedans,
  A qui vous puissies satisfaire,
  Pour pleurer il vous faut retraire,
A celle dont les yeux ardens,
  Tiennent mon ame prisonniere
Et mon cœur puis vous la prierez
De les rendre & la flechirez,
  Si pouuez par humble priere.
Mais s'elle se va despitent
  Contre vous comme trop cruelle,
  Iettez vos rayons dessus elle
Et la regardez tant & tant,
  Qu'esblouys retourniez sans flame,
Aueugles & ne voyant rien.
Aussi vuides que le corps mien,
  Quelle à priué de cœur & d'ame

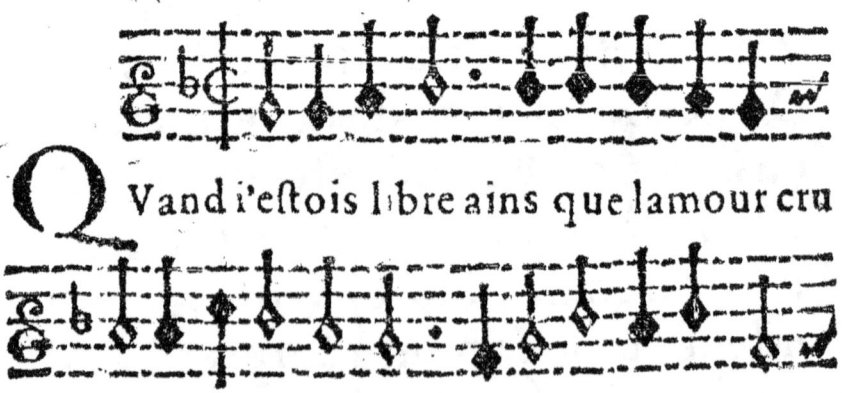

Quand i'estois libre ains que l'amour cruelle, Ne fust esprise encor' en ma mouelle

le, ie viuois bien heureux, De toutes

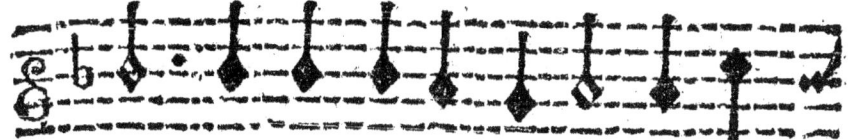

parts cent mille ieunes filles Se

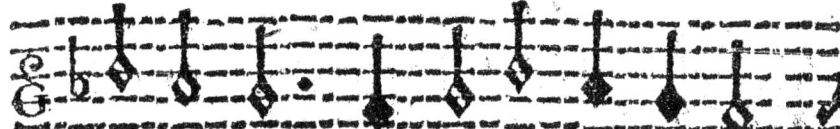

trauailloyent par leurs flammes gentil-

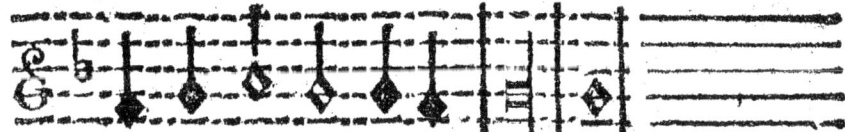

les, A me rendre amoureux.

Mais tout ainsi qu'vn beau poulain fa-
rouche,
Qui n'a senti le frein dedans la bouche
Va seulet escarté.
N'ayāt soucy sinon d'vn pied superbe

A mille bons fouler les fleurs l'herbe,
Viuant en liberté,

Ores il court le long d'vn beau riuage,
Ores il erre au fond d'vn bois sauuage
  Ou sur quelque mon thaut
De toute pars les poutres hannissantes
Luy fõt l'amour pour neant bládissates
  A luy qui ne s'en chaut.

Ainsi i'allois desdiagnant les pucelle,
Qu'ón estimoit en beauté les pl⁹ belle
  Sans respondre a leur vueil,
Lors ie viuois amoureux de moy mesme
Cõtẽt & gay sãs porter couleur blesme
  Ny les larmes à l'œil

I'auois escript au plus haut de la face,
Auec l'honneur vie agreable audace,
  Pleine d'vn franc desir,
Auec le pied marchoit ma fantasie
De ça de la sans peur ny ialousie.
  Viuant à mon plaisir.
Mais aussi tost que par mauuais desastre

Ie vey tō fein blāchiſſāt cōme albaſtre
Et tes yeux, deux Soleils:
Tes beaux cheueux eſpāchez parōdée
Et les beaux lis de tes leures bordées
De cent œillets vermeils.

Incontinent i'apprehendray ſeruice
Car liberté, de ma vie nourriſſe,
S'eſchappa loing de moy:
Dedans tes rets ma premiere frāchiſe
Pour obeir à ton bel œil fur priſe
Eſclaue deſſus toy

Et lors tu mis mes deux mais à la cheſne
Mon col au cep & mō cœur à la geſne,
N'ayant de moy pitié.
Nōplº helas qu'vn outrageux Corſere
O fier deſtin a pitiè d'vn forfaire,
A la cheſne lié,
Tu mis apres en figne de conqueſte
Comme vainqueur, tes deux pieds fur
   ma teſte,
Et du front m'as oſté
L'hōneur la hōte, & l'audace premiere

REC DES CHANSONS.

A couhardant mon ame prisonniere
    Serue à ta volonté,

Vengeant d'vn coup mille faultes cō-
mises.
Et les beautez qu'a grād tort i'auois mis
Parauant à mespris: (se
Qui me prioient en lieu que ie te prie
Mais d'autant plusque mercy ie tecrye
    Tu es sourde à mes cris.
Et ne responds non plus que la fōtaine
Qui de Narcis mira la face vaine,
    Vergeant dessus le bord
Mille beautez des Nymphes amou-
reuses,
Que cest enfāt p mynes desdaigneuses
    Auoit mises à mort.

        FIN.

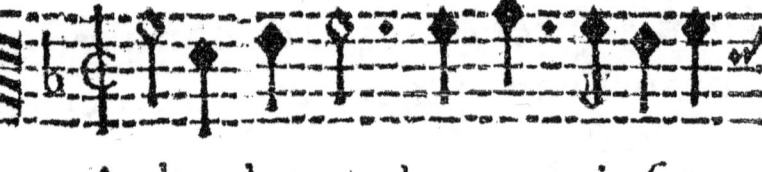

I Ay le rebours de ce que ie son-
l'ay conuerty en ioye contre

haite. Tout le plaisir que
faicte

perdre craignois tant, I'ay du mal tant

tant, Que le cœur me fend De voir l'a

mour deffaicte l'ay, &c.
Ma douleur n'est moins grande que
    secrette,
Mon bien perdu sans espoir ie regrette
Qui me souloit l'esprit rendre côtent,
    I'ay du mal tant tant. &c.
Pl° ie cognois l'amour seure & parfai-
te
                                    N

Pl' me desplaist de la voir imparfeicte
Si i'en ay ris i'en pleure bien autant,
   I'ay du mal tant tant. &c.

Vn cœur leger plus qu'vne girouette.
Qui ne tiét poīt promesse qu'il ait fai
A ruyner ma fermeté pretend   (&c
   I'ay du mal tant tant, &c.

Pour son plaisir changemét il accepte
De mon ennuy mort sera la recepte:
Car vraye amour ou vie ou mort attéd
   I'ay du mal tant tant, &c.
Pour suyute amour, & estre de sa secte
I'ay to⁹ ces maux sás que nul é excepte
Es tous ses biens passez vois regretant
   I'ay du mal tant tant, &c.

Fy des beaux chāts & des vers du Poëte
I'ayme trop mieux Ieremie Prophete.
Auec luy vois mourir en lamentant.
   Iay du mal tant tant, &c.

A Dieu amour que tant ie regrette.
A Dieu mon feu & ma flamme secrette

DE VOIX DE VILLE

Qui me côtrainct mourir é cest instãt.
J'ay du mal tant tant
Que le cœur me fend,
De voir l'amour deffaicte,

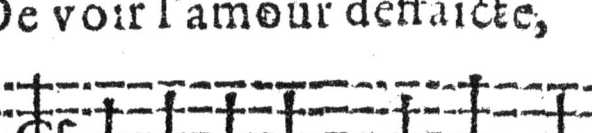

OR voy-ie bien quil faut vi-
Dans les liens de lamour

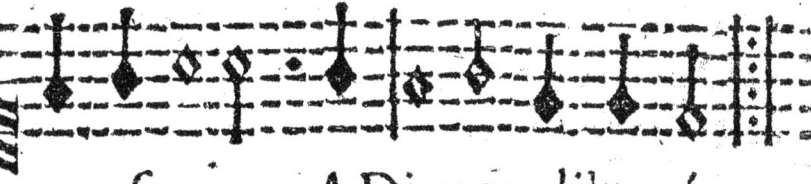

ure en seruage, A Dieu ma liberté,
reux cordage, Ie demeure arresté

Iay cognoissance, De la puissance,
D'vne maistresse, Qu'amour m'adresse

O combien peut sur nous vne beauté
N ij

J'ay veu le temps que si l'on m'eust dit (garde
    Amour te punira,
Turis de luy turis mais quoy quiltarde
    De toy il se rira,
    Alors dit i'eusse,
    Ains que ie susse
    De la sagette,
    Qnaux cœurs il iette.
Attaint au cœur, le monde finira.

Mais qu'ay-ie fait dema fiere arrogáce
    Ou est ce braue cœur:
Ie cognois tard ma sorte outtecuidácé
    Amour en ta rigueur.
    Je le confesse,
    Vne maistresse
    D'heur grand ornée
Tu mas donnée.
Vaincu ie suis & tu es le vainqueur,

He quel moyen ay ie oublie de faire
    Pour rompre ta prison:
He quel remede a mō grād mal cōtrai-
    Pour auoir guarison? (te

Mais toute peine
Ma esté vaine:
Il n'est plus heure
Qu'on me sequeure
Trop à gaigne dedans moy la poison,

J'ay bien voulu moy-mesme me contraindre.
De Francine hayr,
Pardó Frácine & mó mal m'é est moindre
Et ie veux obeir, (dre
Où que la liesse
De vertu vice.
Iay voulu faire
Pour m'en distaire
Mais c'est é vain qu'amour ie veux fuir

Mesme cuidant ô cuider execrable.
Mon tourment alleger,
J'ay bien ose par vn vers diffamable
La vouloit outrager.
Mais mon martyre
Ma faict desdire.
La vraye plainte

REC DES CHANSONS
Plus que la feincte
Peut de l'amour la peine soulager.

Ce qui enſuit eſt le reſidu de ladite chauſon,
mais en autre chant

Vous ieunes gens qu'amour deſ-
Fuyez ſon arc, courans de

ia menace Fuyez ce traiſtre archer,
place en place, Ne voꝰ laiſſez toucher,

Puis que la fleche, A faict ſa

breche, C'eſt grād'ſottiſe, Si lō s'aduiſe
Apres,

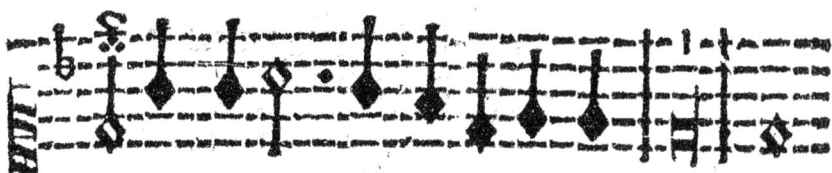

Apres le coup du tireur n'approcher.

Heureux celuy que d'autruy le domage
    A faict bien aduise,
Si i'eusse peu de bône heure estre saige
    Deuant qu'il eust vise,
  Plus sain ie fusse.
  De luy ie n'eusse
  Par auenture
  Ce que i'endure.
Et ne requise ainsi martirisé.
  Bien que mon mal me cause vn grād
  Et cruelle rigueur.   (martyre
Heureux vrayement de l'auoir mepuis
  Pour sa grande valeur.   (dire
    Ie reçoy gloire
    De sa victoire,
    L'honneur surmonte
    La foible honte,
S'ō est vaincu par vn braue vainqueur

REC. DES CHANSONS.

Puis que mon mal est si grand qu'il re-
    L'espoir de guarison: (fuse
Ie feray bien si doucement i,abuse,
    L'effect de sa poison.
L'accoustumance
Sert d'allegeance:
Quand on supporte
De vertu forte,
Ce qui na peut s'amender par raison.

FIN.

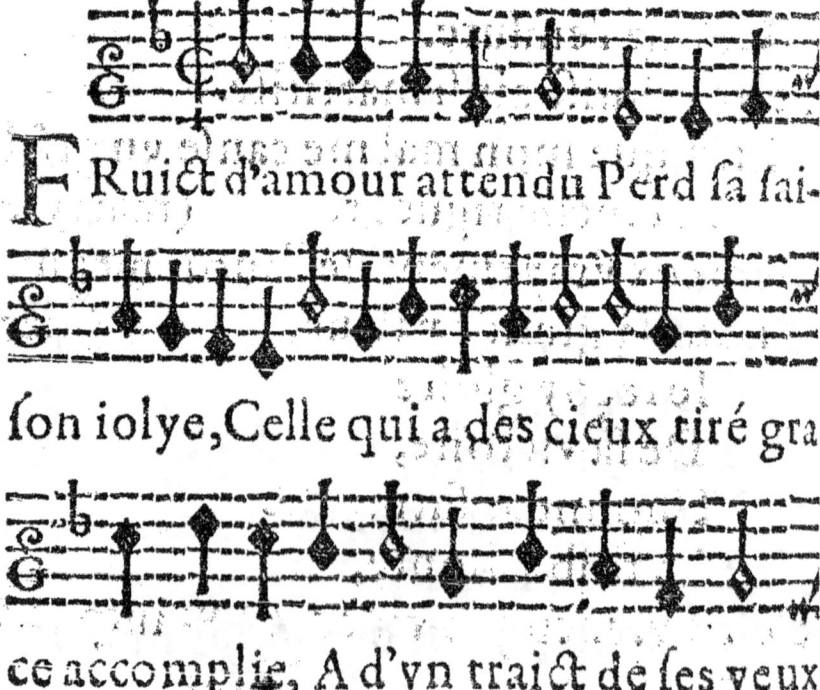

FRuict d'amour attendu Perd sa saison iolye, Celle qui a des cieux tiré gra
ce accomplie, A d'vn traict de ses yeux
Ma

Ma li ber té rauie. Fruict, &c.
Et depuis sur mon cœur
　Print telle seigneurie,
Comme fait le vainqueur
　Sur la troupe ennemye,
　　Fruict d'amour, &c.

O douce cruauté.
　Diuine tyrannié
Mourir pour sa beaute
　M'est plus doux que la vie.
　　Fruict d'amour, &c.

Et toutesfois mourant,
　A l'huis d'elle ie crie,
Venez moy secourant
　D'vn baiser ie vous prie.
　　Fruict d'amour, &c.

Baiser est vn grand bien,
　Mais pourtant fascherie.
A qui n'a le moyen

De louyr de s'amie,
  Fruict d'amour, &c.
Ainsi offrant mes vœux.
 Moy-mesme sacrifie,
A l'autel ou ie veux
 Ma priere estre ouye.
  Fruict d'amour. &c.
Parquoy doresnauant,
 Faut que mon chant varie,
Car ie suis poursuyuant
 D'vn bien qui trop m'ennuye.
  Fruict damour. &c.

M'ennuye: las ie faux.
 Car il me rassasie,
Masseurant que mes maux
 Augmenteront ma vie.
  Fruict d'amour, &c.
Doncques en concluant.
 Mon refrain, ie varie,
Fruict damour attendant,
 De iour croist l'enuie,
  Fruict d'amour attendu Perd sa &c
   Fuyons

DE VOIX DE VILLE. 102

Fvyōs tous damourt le ieu, Cōme le

feu. Ayme q̄ voudra les dames, Serue

qui voudra les femmes: Quāt à moy ie

n'en ay cure, Ny les procure, Iamais

on n'y gaigne rien. Ie le voy bien
Fuyons tous d'amour ie ieu
Comme le feu.

Si vous aimez vne femme,
Tout le monde vous diffame,
Et souuent elle est trop fiere
  Toute premiere,
Pour s'en seruir en tout temps
  De passetemps.
    Fuyons tous d'amour, &c.

  Vne femme d'auantage,
A le cœur leger volage,
Auquel n'y a de constance
  Ny d'asseurance,
Ne plus ne moins qu'a le veut
  Le plus souuent.
    Fuyons tous d'amour, &c,

Si par amour lauez quise,
Et qu'autre laye requise,
Qui luy soit plus agreable
  Ou delectable,
Soudain serez descogneu,
Et mal veneu,
    Fuyons tous d'amour &c,
Tant que vous aurez pecune,

DE VOIX DE VILLE. 103
Ne vous sera importune,
Mais si pecune s'estrange,
　Elle se change,
Hors du nombre serez mis
　De ses amis.
　　　Fuyons tous d'amour, &c.
Bref, pour cinq sols de liesse,
Cinq cens escus de tristesse
L'on voit estre en amourettes
　Les plus parfaictes,
Pour estre constant & fort,
　L'on prend la mort.
　　　Fuyons tous d'amour le ieu
　Comme le feu.

MAis que vaut d'entretenir Si

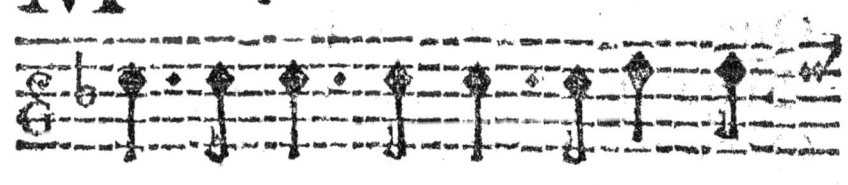

chement vn souuenir Qui

hoste de mõ cœur my ronge, Et tous-

jours me faict deuenir resueur cõme vn hom-

me qui songe.   Et tousiours, &c.
Ce nest pas moy, cest toy mou cœur,
Qui pour alonger ma langueur
Desloyal enuers moy te portes,
Et pour faire vn penser vainqueur.
De nuict tu luy ouure les portes

Tu ne te scaurois excuser,
Que tu ne viennes m'abuser:
Et qu'a tort ne me sois contraire,
Qui veux mon parti refuser,
Pour soustenir mon aduarsaire.

Mais

Mais en qui me doy-ie fier,
Quand chetif, ie me voy lier,
　De mes gens qui me vienne prendre,
Pour estre faict le prisonnier
　De ceux qui me doyuent defendre,

　Ce penser n'eust logé chez moy
Sil n'eust eu traffic auec toy,
　Sors, cœur de ta place ancienne
Puis que tu mas rompu ta foy,
　Ie te veux rompre aussi la mienne.

Sors donc si tu ne veux perir,
De la mort que lon faict mourir,
Le soldart qui rompt sa foy vaine,
Pour aller traistre secourir,
Lennemi de son capitaine.

P Lus ne veux estre à la suite D'vn a-
D'vn aueugle sans conduicte

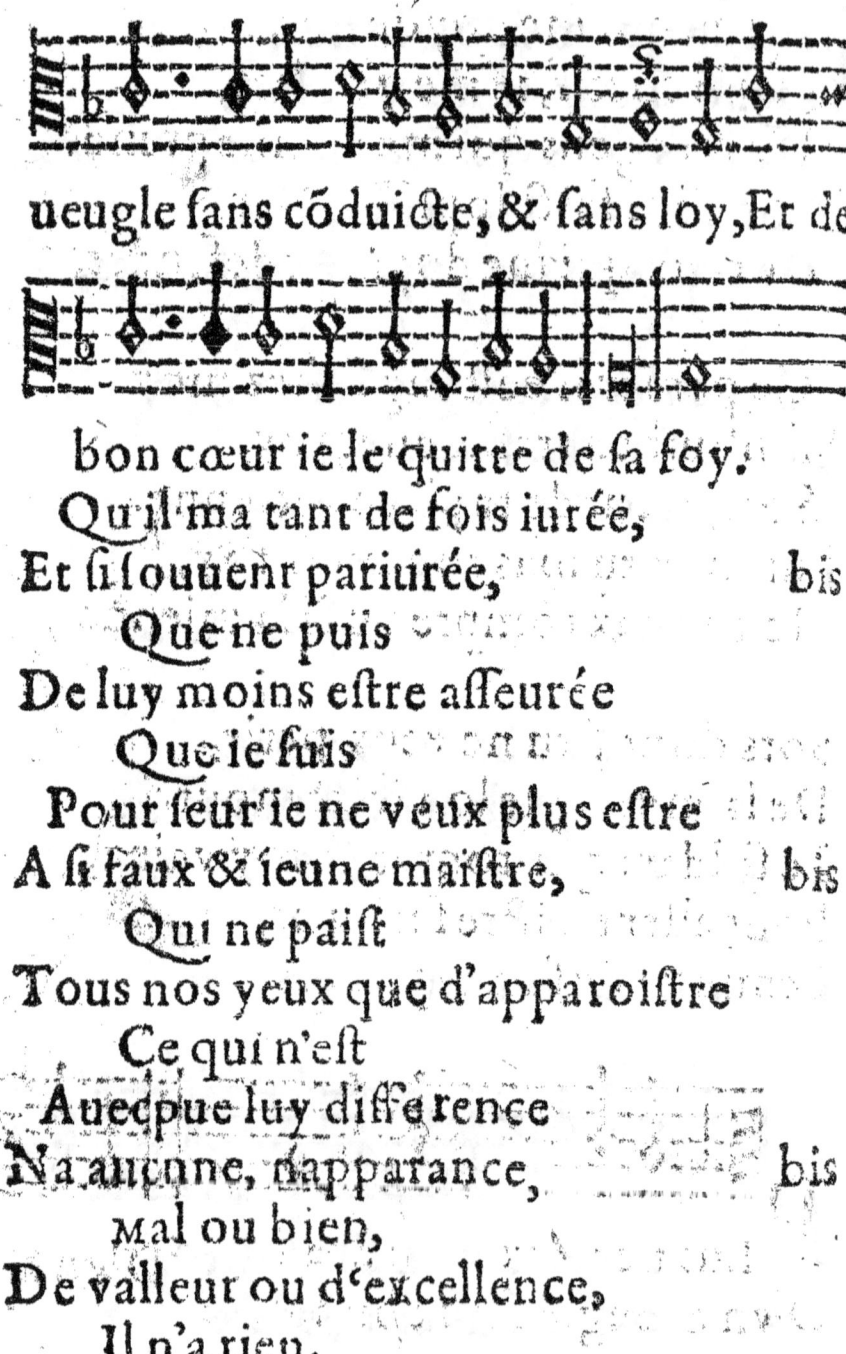

ueugle sans cõduicte, & sans loy, Et de
bon cœur ie le quitte de sa foy.
Qu'il m'a tant de fois iurée,
Et si souuent pariurée, bis
    Que ne puis
De luy moins estre asseurée
    Que ie suis
Pour seur ie ne veux plus estre
A si faux & ieune maistre, bis
    Qui ne paist
Tous nos yeux que d'apparoistre
    Ce qui n'est
Auecque luy difference
N'a aucune, n'apparance, bis
    mal ou bien,
De valleur ou d'excellence,
    Il n'a rien.

                             Sil

S'il est beau c'est en peinture,
S'il est bon tel il ne dure,   bis.
   S'il est doux
C'est pour cacher la poincture,
   De ses coups.

  Quand il va en quelque queste,
Et que son arc il appreste,   bis
   Pour tirer,
On ne le peut plus honneste
   Desirer.

Plus il a chere amoureuse,
Ou parole gratieuse,   bis
   Plus l'aigreur
De sa colere ennuyeuse
   Me fait peur.

 Alors que plus il desire
De mettre vn cœur à martyre.   bis
   Douloureux.
Il folastre & fait vn rire
   Gracieux:
Il fait lors le beau, le saige,

REC DES CHANSONS.

Ne mouſtrant à ſon viſaige
  Rien d'amer,
Ni rien, dont on peut volaige
  L'eſtimer.

Qui eſt exempt de ſottiſe,
Cognoiſt bien telle faintiſe,
  Et ne craint,
N'eſtime, n'ayme & ne priſe,
  Dieu ſi ſainct.

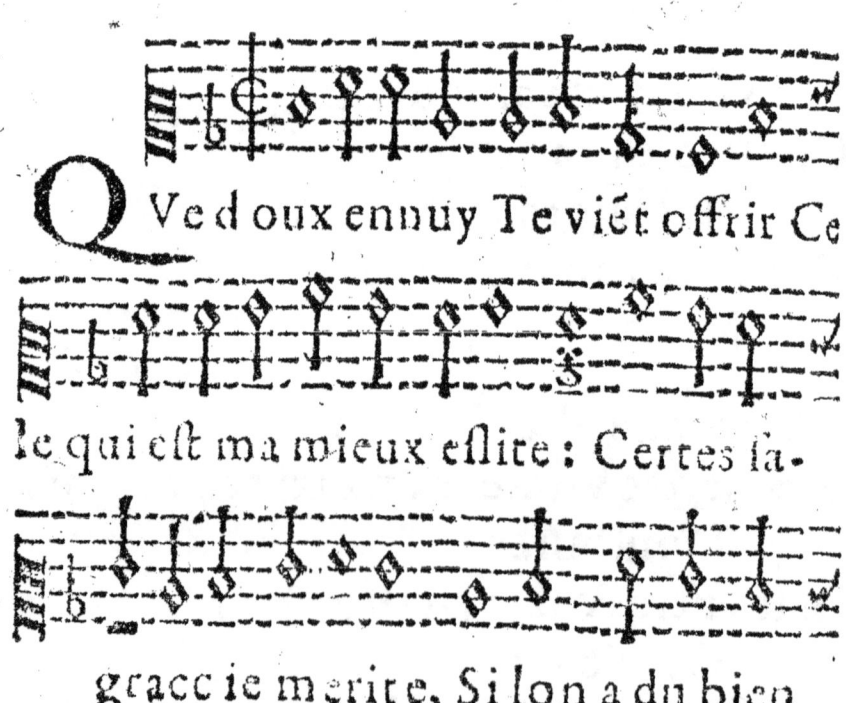

Que doux ennuy Te vient offrir Ce le qui eſt ma mieux eſlite: Certes ſa-
grace ie merite, Si lon a du bien
                                pour

pour souffrir
Quand plus est seraine la nuict,
Au ciel ne voy luire planette.
A qui ma fortune ie mette
   Ceste cy seule me conduit.

   Pour son beau teint consideres,
C'est pourpre fin sur blanc yuoire
Et n'ont les roses tant de gloire
   Qu'elles s'y peussent comparer.
   Quant à ses yeux estincellans.
Amour mesme les voulut peindre
Palas sa grace y voulut feindre
   Et Venus ses traits excellens,

   Voulez vous qu'elle semble amour?
Ostez luy son arc & sagette:
Ou biē qu'aux mais d'elle amour mette
Sa torche bruslant nuict & iour,
Sil perd la fleche dont il poingt
Qu'il vse des yeux de Madame,

REC DES CHANSONS

Et qu'amon cœur prenne sa flame
  Si d'auanture il n'en a point
Le grand tresor de sa beauté
  A fait mendier ma pensée
Qui n'est encor' recompensée
  Sinon de quelque priuauté.

L'autre iour elle me daigna,
  Regardant, mesler vn soubs rire,
La faueur telle n'est pas pire,
  Pour vray mon ame s'y baigna.
Vu baiser plus doux me seroit,
  Si ie le pouuois auoir d'elle.
Puis d'amour l'heureuse sequelle,
  O qu'alors aisse me feroit.

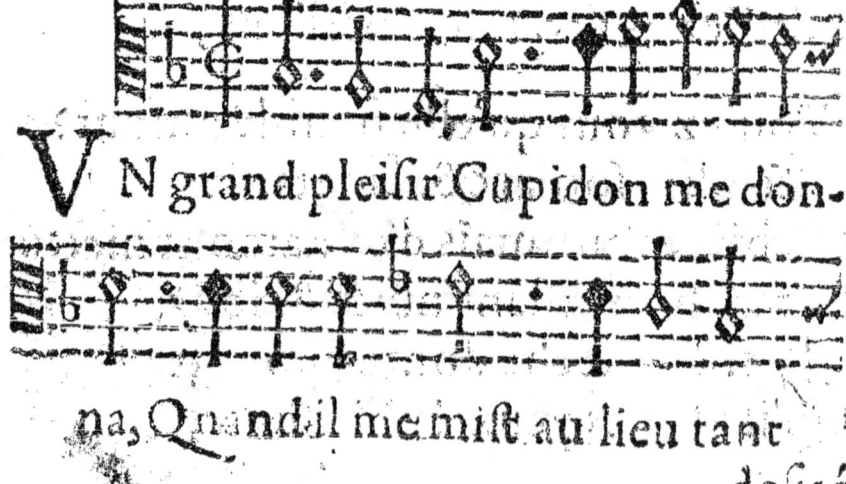

VN grand pleisir Cupidon me donna, Quand il me mist au lieu tant
desiré

DE VOIX DE VILLE 107

de firé, Mais faux rapoit le ialoux

amena, Qui fous la main du dáger

m'a liuré, Amour l'afceu qui m'ena

retiré comme fon fert de cœur, de

corps, & dame, Et n'eſt mó cœur à

prefent martiré, Fors du gref mal qu'é

O iij

a ma seule dame.
Vn temps durant Cupido ordonna
  Que iouirois du bien tant espere
Et pour m'aider du tous s'abandonna
Dont me sentois de mort tout respiré:
Mais ce ialoux à mal faire inspiré,
  Qui aux amans veut tousiours causer
  blasme,
Du tout en tout à mon mal empiré,
  Dōt peu s'en faut que mort mō cœur
  n'entame.
A detracter faux rapport s'adonna,
  Qui mon honneur à quasi deschiré
Et qui pis est, danger desordonna,
  Duquel ie suis ça & la detiré.
Si de Venus ie n'estois attire,
  En me gardant de cas vil, & infame
Fusse pieça transi & expiré
Et nostre amour mis du tout à diffame
                                    Long.

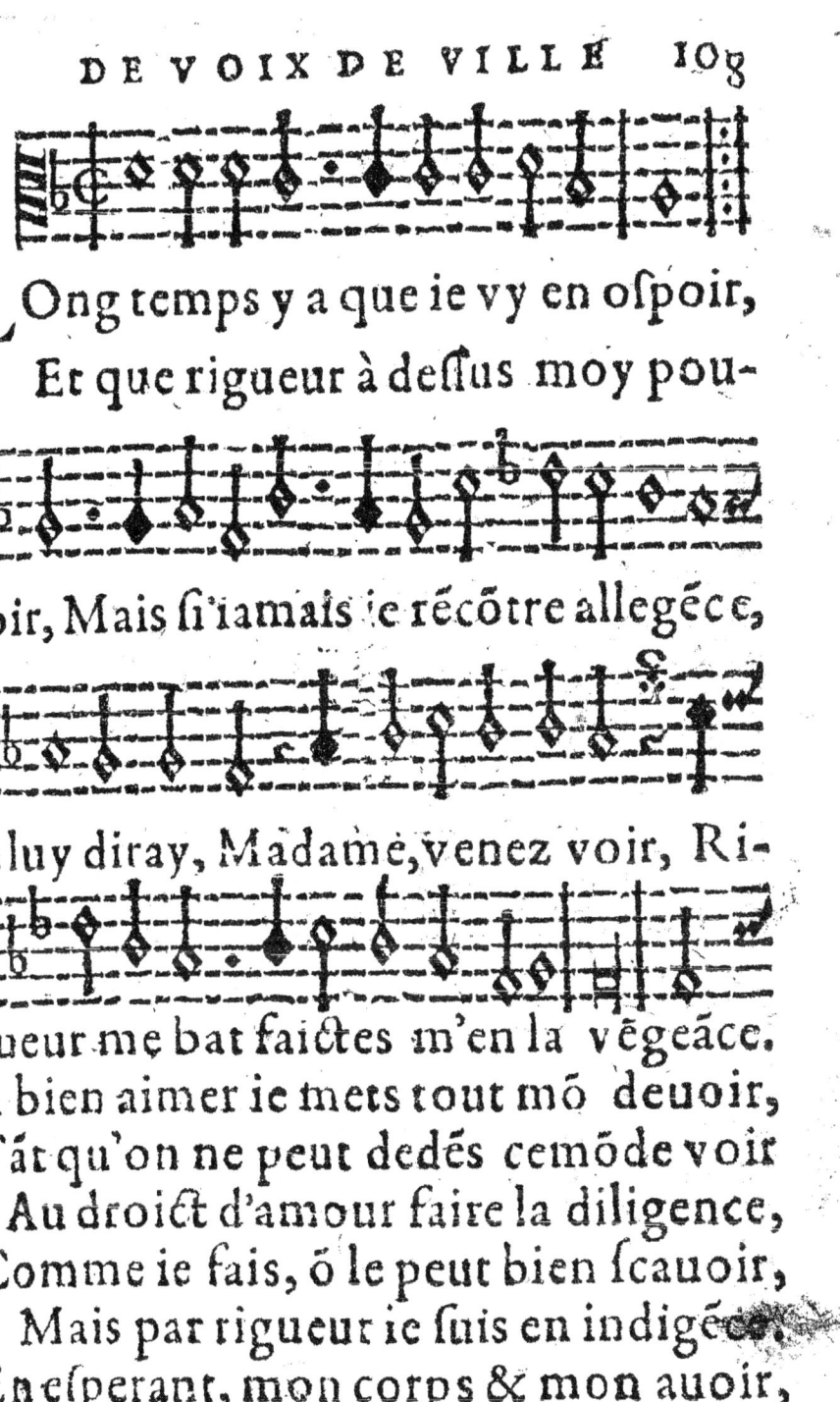

LOng temps y a que ie vy en ofpoir,
Et que rigueur à deſſus moy pou-
uoir, Mais ſi'iamais ie récõtre allegéce,
Ie luy diray, Madame, venez voir, Ri-
gueur me bat faictes m'en la vẽgeáce.
A bien aimer ie mets tout mõ deuoir,
Tát qu'on ne peut dedés ce mõde voir
Au droict d'amour faire la diligence,
Comme ie fais, õ le peut bien ſcauoir,
Mais par rigueur ie ſuis en indigéce,
En eſperant, mon corps & mon auoir,

O iiij

Voire mes sent & aussi mon sçauoir
De mõ pouuoir pour biẽ seruir i'agéce
Ce nonobstãt amour ne veut pouuoir
Le miem desir, que de sa negligence.

Hastez vous petite folle, Cõtentõs

nostre desir, Venez que ie voº accolle

Sº faites moy ce plaisir Vostre grãd beau
Vostre douceur

té m'affolle, Friande oyez mõ cry, Ie
me consolle si vous me refusez, Vous
vous

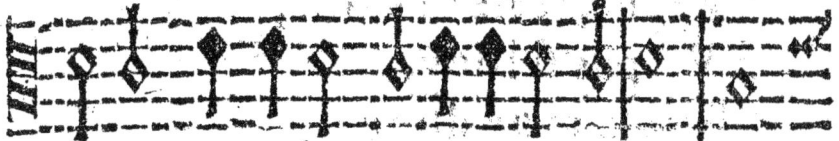

vous en pry, Ie suis marry encontre vous,
n'abusez. Mais appaisez vostre courroux

Faut il pas qu'amour soit doux.

Toute fille n'est point belle,
  Qui se faict fiere nommer
Si vous m'estes si rebelles
  Ie ne vous scaurois aymer
L'amour n'est point naturelle
    Qui fait comme martyr,
    L'amant souffrir
    Iusqu'au mourir,
  Sans estre absous,
Faut il pas qu'amour soit doux.

Venez donc douce pucelle,

Venez, ie ne vey onc,
Vn pas si long,
Baisez moy donc
Deux ou trois coups,
Faut il pas qu'amour soit doux

Ce friant baiser appaise.
Mon mal le plus vehement,
Ha vray Dieu que ie suis aise.
Ie ne sens plus de toutment,
Qu'encor vn coup ie vous baise.
Puis ie seray content.
Amour l'entend,
Ce n'est pas tant
Que craignons nous?
Faut il point qu'amour soit doux
Afin que mon mal me plaise.
Ayez tousiours douceur
En vostre cœur:
Car la rigueur
Desplaist a tous,
Faut-il pas qu'amour soit doux.
FIN.

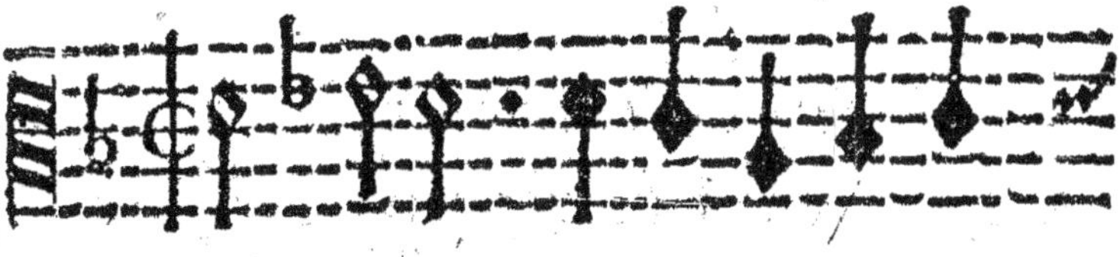

Nuicts & iours Me cherche Cupi-
dõ, q allume vn brádõ, Pour me faire 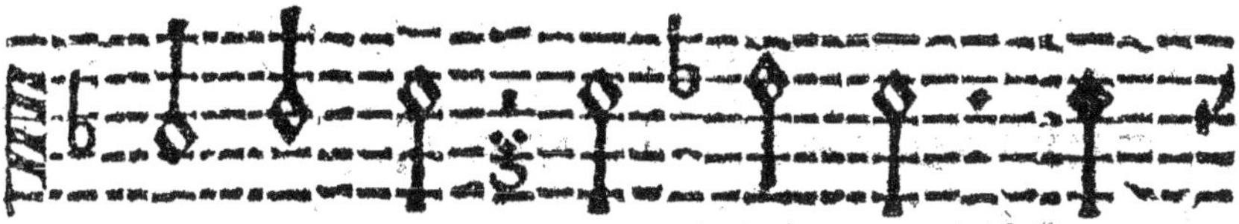
eschauffer d'amours De mon Cœur la
 I ay desir, Con-
chose est biẽ certaie, Que sãs peine, Tu
sentir au martyre, Qui t'attire, A 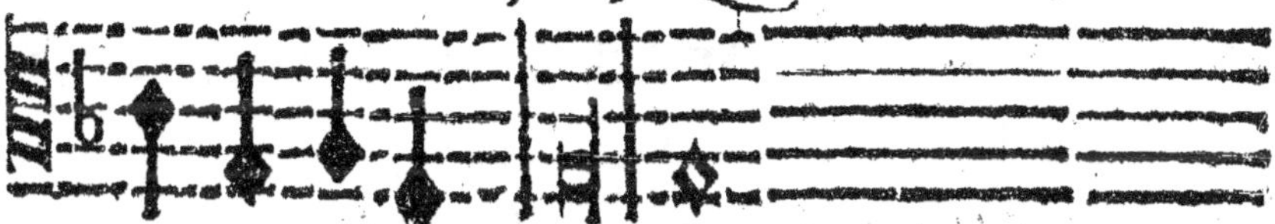
sera le vinqueur.
l'amoureux plaisir.

Ie ne veux poursuyure estre tant,
 Car pour certain le temps
 Causeroit beaucoup de haine
A vuë d'œil On iugeroit à l'heure
  Chose seure,
De mon amoureux vueil.
  I'ay desir consentir, &c.

L'amitié qui sans cesse me poingt,
 Fera venir au poinct,
 Pour iouir de ceste moitié,
L'amoureux qui sa fortune chasse
Il embrasse Son amante impoureux.
  I'ay desir consentir, &c.

Haste toy Reçoy contentement,
 Passe secretement,
 En observant d'amour la loy,
Mon honneur Sous ta foy se repose,
Ne sois cause lle mettre é des honneur
  I'ay desir consentir, &c.
Tout s'en va, Chacun se passe, & si
 De la mort sans mercy,
 Beauté nulle oncques ne sauua:
      Monstre

DE VOIX DE VILLE   III

Monstre toy Bon seruiteur & maistre.
Ce peut estre Mosteras hors d'esmoy.
  I'ay desir consentir, &c.
Mon dessein Est l'amour maintenir,
 Et me bien souuenir
 De celuy qui sera le plus fin
Car amour Cōtrainct faire merueille:
La pareille, Est faire pareil tour.
 I'ay dasir consentir au martyre, &c.

M Ou mary est riche, Et n'est
  D'amour il est chiche, Et i'en

qu'vn vilain,   Fi de la richesse, Qui n'a
meurs da fai

son plaisir, Ie suis féme fresche & n'ay

mon desir. O le gros lourdaut, Lequel

nentē d pas, Le plasir des dames, le sou

las du bas.

Quan il est couché Le villaī s'endort,
I'ay le cœur faché, Ie souspire fort,
Fort ieune ie suis Et il est trop vieux,
I'ay beaucoup dēnuis Quil n'est amou-
    O le gros lourdaut,   (reux
La nuict quād mesueille Le pése baiser
Me pousse de l'aesle, Et me veut frap-
    per,
Lors souspire & pleur, Et maudit le ior
Et la mauuaise heure q̄ luy feis l'amour
    O le gros lourdaur, &c.

Moy

Moy puis qu'il m'ennuye Ie pense es-
mouuoir,
Le taste & manie Pour plaisir auoir
Trouue son bagage Si mol & petit.
Que ie pers courage Et tout appetit.
 O le gros lourdaut, &c.

Des le poinct du iour me dit leue toy
Hors dicy autour va d'aupres de moy:
Et si quelqu'vn vient pour me visiter,
Quel propos on tient il veut escouter.
 O le gros lourdaut, &c.
Quãd il va aux chãps me laisse vn varlet
Le plº des meschãs, meschãt est & laid:
Soudain luy va dire mõ faict & mõ dict
Mon geste & mõ rire tout luy est redit
 O le gros lourdaut, &c.

Fille à marier gardez vous en bien
Viellard espouser, Car tout n'é vaut rié
Ils vous promettront de l'or & argent
Mais il vous feront lusnet du deuant.
 O le gros lourdaut &c,
a dame iolye feist ceste chanson,

REC. DES CHANSONS,
Maudissant sa vie d'estre en la façon,
Passát sa ieunesse & son beau printépt,
Pres de la vieillesse sans nul passetéps.
   O le gros lourdaut
    Lequel n'entend pas,
   Le plaisir des dames
    Le soulas du bas.

CE fust le iour à pitié tendre,

Que Venus feist pour son plaisir,

Au sien fils en main son arc prédre

Pour la liber té me saisir.

Si

Si tost qu'en ma pensée esprise
　Ses traits eut mis de part en part,
Incontinent Venus a prinse
　Mon amante & menée à part.

Puis pour le mien mal plus extreme,
　Rendre tousiours, & plus ardent
Elle luy mist sa forme mesme
　Et Palas son port euident.
Eux deux apres qui ma grand peine
Vouloyent cherir & mon esmoy,
Font que cest enfant me l'ameine
　Ainsi formée deuant moy.

Ce petit enfant peint aux aisles,
　Qui me vid sans sens & esprits
S'en rit, & deux flammes nouuelles
　Au cœur luy mist, & la espris.
Mais quand de mon amour friuole,
　Ie pensois auoir les plaisirs,
Aux cieux helas elle s'enuolle,
　Et me laisse en mes vains desirs.

Car dieu voyant ça bas en terre,

Vn si beau vis & gratieux,
Sa mort il enuoya grand erre
Pour la luy rauir aux hauts cieux

Ainsi depuis ma triste vie,
 Ie maine en souspirs, & mon tepts:
Pour la haute & celeste enuie
 Qui m'oste ce que ie pretends.

O doux espoir de mon entente.
 O de mon cœur doux sonuenir,
Tu vis aux cieux toute contente,
 Et moy que doy-ie deuenir?

O vous qui durant les nuicts sombres,
 Venez du haut du firmament,
M'apparoistre en vos claires vmbres
 Et me consolez en dormant,

Dites moy bande supernelle
 S'elle est auec vous ou n'est pas
Car nonobstant qu'ailleurs fust elle.
Son cœur vit auec moy ça bas.

FIN.

Heureuse

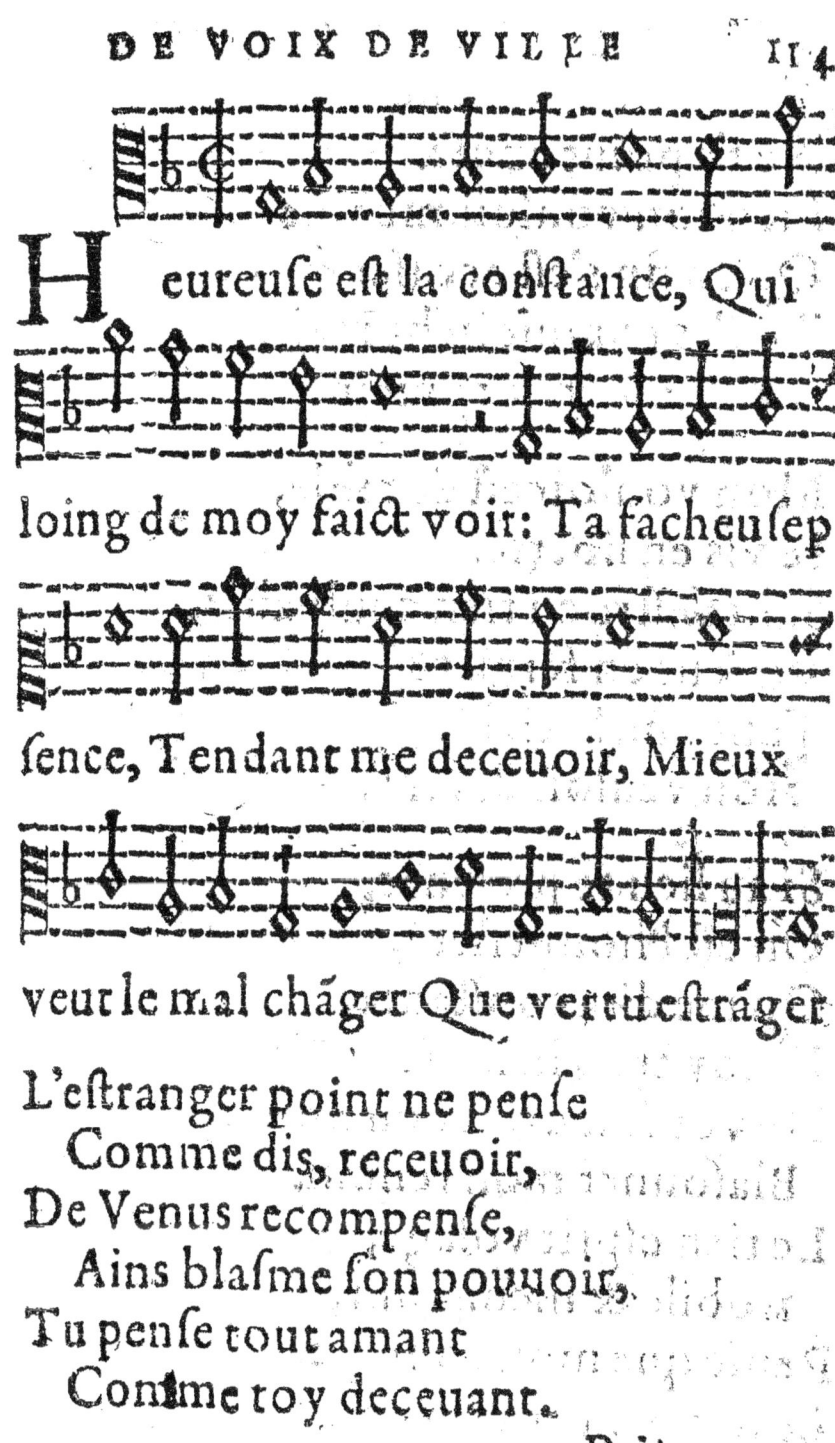

Heureuse est la constance, Qui loing de moy faict voir: Ta facheuse psence, Tendant me deceuoir, Mieux veut le mal cháger Que vertu estráger

L'estranger point ne pense
    Comme dis, receuoir,
De Venus recompense,
    Ains blasme son pouuoir,
Tu pense tout amant
    Comme toy deceuant.

Ma fermeté louable
Ne t'a point abusé.
Bien ton vouloir muable
Qu'en fin s'est accusé:
Tu t'es comme in humain
Mis à mort de ta main.

Mon vouloir est durable,
Ie vis en liberté.
Sans t'estre en rien coulpable,
Me tiens en fermeté
Tant que le ciel sera
Mon veuloir durera.

Si au lieu te presente,
Ou est l'honnesteté,
On me dira constante,
Et toy trop hebeté.
De vouloir droict ou non
Blasonner mon renom.
Le tien esprit volage,
Mobile & inconstant,
Pense que mon courage
Le soit par tout autant,

Comme tu as esté,
　Iugeant contre equité.

Selon tes demerites
　N'as este guerdonne:
Car peine tu merites,
　Et plaisir t'ay donné.
Tu reçois bien & heur,
　Au lieu de ton malheur,

Trainé n'as la charue,
　Ni autre en la moisson:
La brebis n'as tondue,
　Ni autre en la toison.
Plus exellent pasteur
　En fut le conducteur.

Plus nous plaist la science
Ioincte à ciuilite.
Que non pas la cheuance
　Sans nulle honnesteté
Vertu, & non l'argent
　Faict trouuer l'homme gent.
L'amour qui est volage,

Est sans discretion:
Inconstante & peu sage
  Pleine de passion:
Telle doit deslonger
Doù vertu doit loger,
Cent & cent fois peut estre
  En hyuer en este.
Autre ne peut paroistre,
Que tousiours as esté,
Fusses tu immortel,
A iamais seras tel,

Nouueauté delectable.
  Est au cœur vicieux
Non pas au ferme & stable
Constant & vertueux
Ou est aime l'honneur
Nouueauté n'a vigueur
L'amant qui ma conquise,
  Iamais ne me laira,
A luy me suis soubsmises
  De tous me garderas:
Point ne crains des humains

La

La langue ny les mains

Amans soyez plus sages
  Que l'ingrat n'a esté,
Ne soyez point volages
  Fuyez legerete,
Si paruiendrez vn iour
Au désir à seiour.

O response ennuyeuse,
  Fais fin en cest endroit,
Plus ne seuray soigneuse
  De defendre mon droit
Verité pres ne loing,
D'aduocat n'a besoin.

Qvi peut voir Ou peut sçauoir homme en ce monde amiable,

REC. DES CHANSONS.

Qui soit tant Dans conportant

Que moy pour vous variable
Dictes moy
Helas pourquoy,
Telle fust vostre inconstance,
De laisser
Si tost forcer
Vostre foy sans resistance.
De nous deux
Ou sont les vœux,
Le sacre iurement nostre,
D'vn penser
Seul, n'offenser
La foy deuë l'vn à l'autre.
O dieux
Veux estre aux dieux,

DE VOIX DE VILLE 117

Si depuis que ie suis vostre,
   l'ay esté
   En volontè
De vous changer pour vne autre.

   Quand mes yeux
   Voyent les lieux.
Ov ie feis la pacte telle.
   Lors mon cœur
   Plein de rancueur,
Desire playe mortelle,

   L'excuser
   Pour n'en vser,
Nesface la forfaiture,
   Car ie sçay
   Assez d'essay
Que vous m'auez faict iniure.

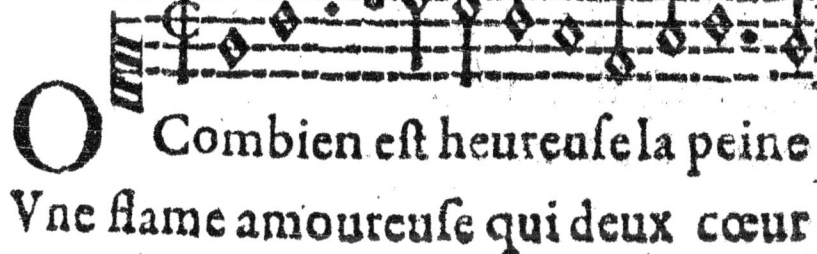

O Combien est heureuse la peine
Vne flame amoureuse qui deux cœur

REC. DES CHANSONS.

de celer,
faict brusler, Qand chacū deux s'at-

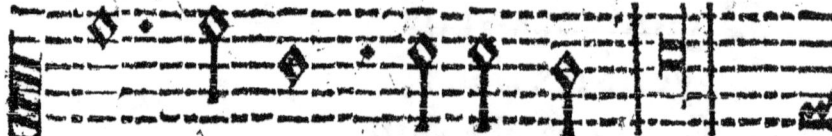

tend D'estre bien tost content.
Las on veut que ie taise
  Mon apparant desir,
En faignant quil me plaise
Nouuelomy choisir
Mais telle fiction
Veut mesme affection.

Vostre amour froiée & lente,
Vous reud ainsi discret,
La mienne volonte
  Nentend pes ce secret.
Amour nulle saison
Nest amy de raison
Si mon feu sans fumée

                        Est

Est euident & chaud
Estant de vous aymée
Du reste il ne me chaud:
Soit mon mal veu de tous
Et seul senty de vous,
Si femme en ma presence,
Autres vous entretient,
Amour veut que ie pense
  Que cela m'appartient,
Car luy & longue foy
Vous doyuent tout à moy

Que me sert que ie soye
  Auec princes ou Roy,
Et qu'ailleurs ie vous voye
  Sans approcher de moy:
La peur du changement
Me donne grand tourment.
Quand par bonne fourtune
Sera mien de tout point.
Lors parler à chacune
Il m'en chaudra point
Bien vous pry' cependant

N'estre ailleurs pretendant,

Helas Qu'il fut possible:
　Que puissiez lire en moy,
Pour voir le mal penible
　Que pour vous ie reçoy.
Vous auriez grand pitié
De ma ferme amitié,

Vous semble-il que la veuë
　Soit assez entre amis,
Ne me voyant pourueué
　De ce qu'on m'a promis:
C'est trop peu que tes yeux,
Amour veut auoir mieux.

De vous seul ie confesse
　Que mon cœur est transi,
S'il estois grand princesse
Ie le dirois ainsi
Si le vostre ainsi faict,
Monstrez-le par effect

FIN

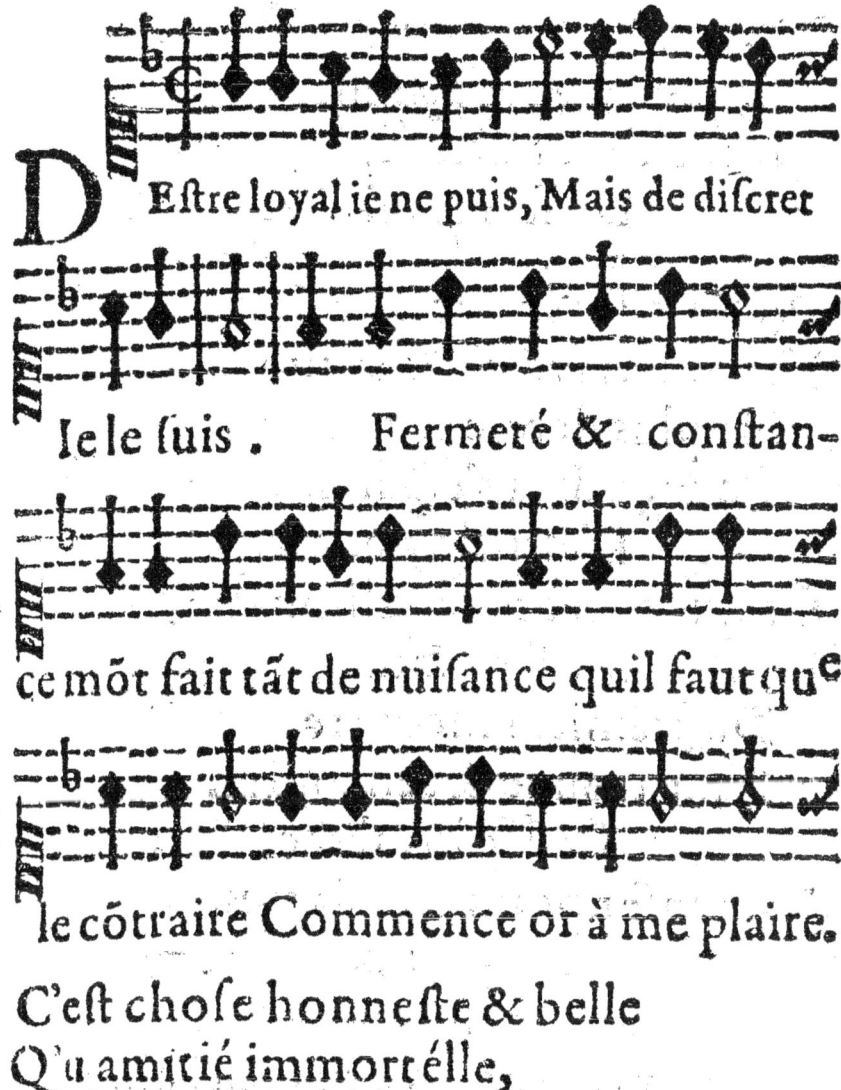

D'Estre loyal ie ne puis, Mais de discret ie le suis. Fermeté & constance mot fait tāt de nuisance quil faut que le cōtraire Commence or à me plaire.

C'est chose honneste & belle
Qu'amitié immortélle,
  Et ne voudrois point viure
Sans le Dieu damour suyure.
    D'estre loyal. &c,
Ie veux aymer sans cesse,

Comme aymer ie me laisse,
Et cest ce que t'appelle,
Amitié immortelle.
  D'estre loyal, &c.

Du Soleil la lumiere,
N'est moins forte & entiere,
Ne plus debile & tendre
Pour ça & la s'espandre
  D'estre loyal, &c.
Ce que cherche tant lhomme,
Et sa moitie il nomme,
De premier rencontre,
Il me trouue & rencontre.
  Destre loyal &c.
Ne pensez point mes dames,
Que froides soyent mes flammes
Mon amour est extreme
Quoy qu'en plus d'vn lieu i'aime
  Destce loyal, &c.
La loy est trop seuere
Qui veut qu'on perseuere:
Vne amour commancee

DE VOIX DE VILLE 120

Peut bien estre laissez.
  D'estre loyal, &c
Mon amirie secrette
Sera longué & parfaicte
 Et les faueurs receues
 Par moyne seront sceues,
  D'estre loial &c.

Chose de moy aimée.
Est tousiours estimée
 Pour cela ne m'estrange.
 Encores qu'on me change.
  D'estre loial, &c.

Doncques qu'on ne demande
En moy chose plus grande
 Qn'estre discret & saige
 En mon amour volage,
D'estre loyal ie ne puis,
Mais de discret ie le suis.

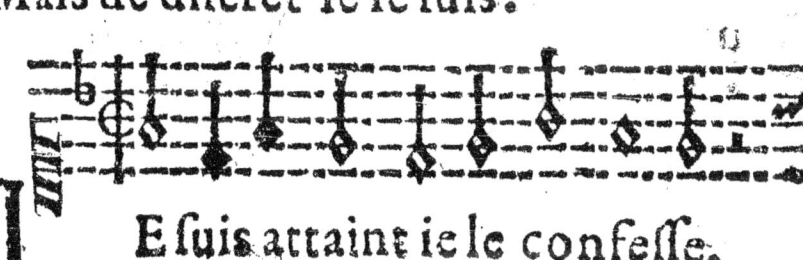

Ie suis attaint ie le confesse,

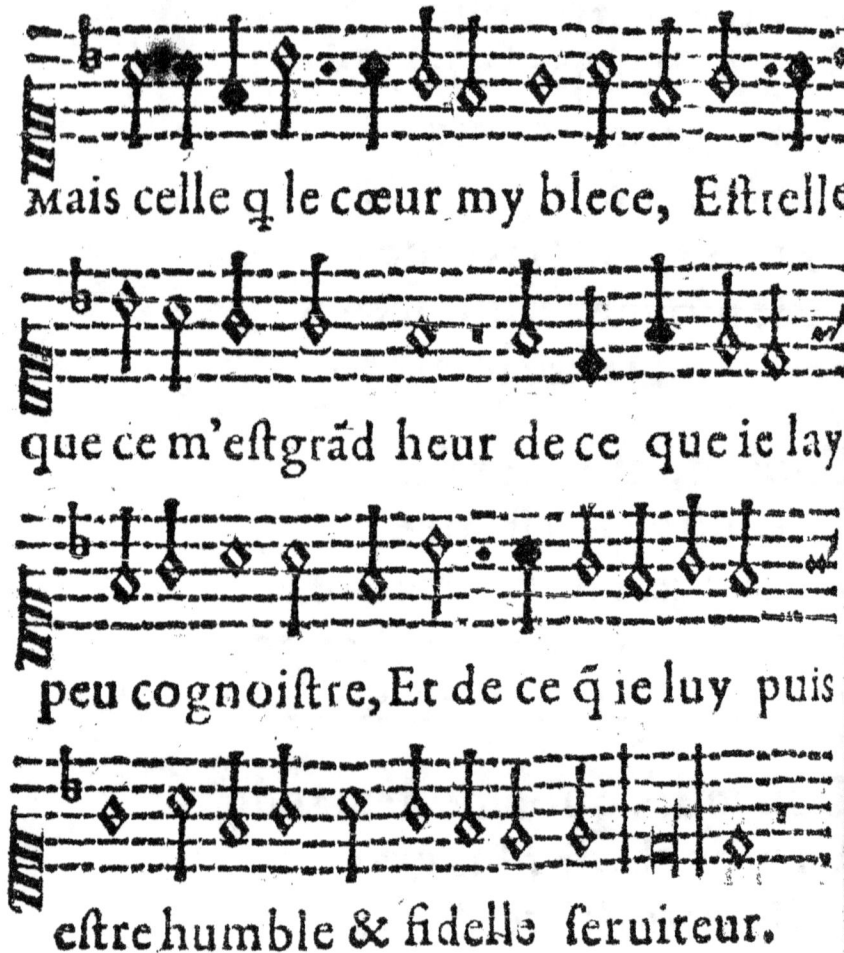

Mais celle q le cœur my blece, Est'elle
que ce m'est grād heur de ce que ie lay
peu cognoistre, Et de ce q̄ ie luy puis
estre humble & fidelle seruiteur.

Ie confesse aussi que iendure
Mais quoy que ma peine soit dure
Plus quon ne pourroit exprimer.
Telle peine vn grand heur m'ameine
Car tousiours heureuse est la peine
Que lon endure pour aymer.

Elle

Elle a beaux yeux, & belle face,
Et bon esprit, & bonne grace,
  Màis le petit archer vainqueur
Qui m'a rendu seruiteur d'elle,
Faict que beaucoup encor' plus belle,
  Ie la porte dedans mon cœur.

Mon amour vers elle est extreme,
Ma foy encor' est tout de mesme,
  Ma constance de mesme aussi,
Extreme est ma perseuerance,
Extreme mon esperance,
  Que i'ay dauoir quelque mercy.
Ie ne vey iamais chose en elle,
Pour la faire iuger cruelle,
  Aussi croy-ie bien que les cieux
Pour loger cruauté ne vice,
N'ont voulu faire vn edifice,
  Ne si beau ne si precieux.
Qui peut compter par les prayries,
Au printemps les herbes fleuries,
Nombrant leurs diuerses couleurs;
Celuy pourra compter encore

Q

Toutes ses vertus que i'honore,
Et ses beautez, & ses aleurs,

Amour loge en sa belle face,
Venus loge en sa bonne grace:
Et l,Aurore en son teint vermeil,
Son sourcil semble estre d'ebeine,
Et son œil qui cause ma peine,
Est beau comme le beau soleil,

FIN.

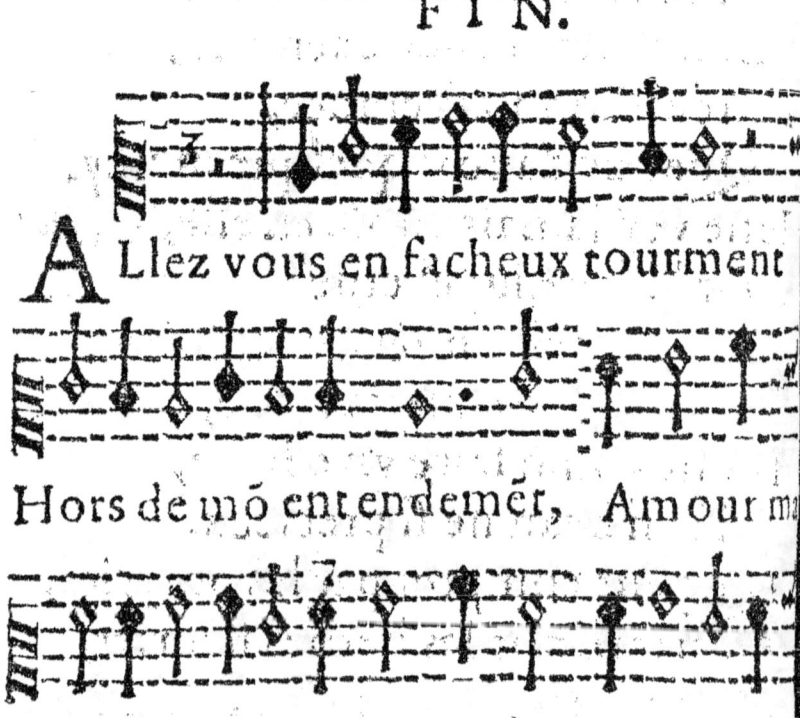

Allez vous en facheux tourment

Hors de mõ entendemẽt, Amour m

que retiēt mō ame, Toute à son cōmandemēt
  Allez vous en, &c.
Mais de quoy me sert ma vie,
 Viuant ie nesçay comment,
Puis que ie n'ay de m'amye
 Vn regard tāt seulement.
  Allez vous en &c.

Ie n'ay autre nourriture,
 A mon cœur triste & dolent
Fors vne douce poinctur o
 De son œil estincelant.
  Allez vous en, &c,
Tant plus ie m'approche d'elle.
 Plus va son regard baissant.
Et plus elle m'est rebelle,
 Plus va mon amour croissant.
  Allez vous en, &c.
Son œil à bien cognoissauce
 Que ie la vois poursuyuant.

REC. DES CHANSONS.

Mais le mien n'a la puissance
De la prier plus auant.
Allez vous en, &c,

Sa douceur est assez grande
Pour donner bon traictement:
Mais malheur qui me commande,
Meslongne d'vn bien si grand.
Allez vous en, &c.

Las le grief mal que i'endure
Quelque fois en murmurant,
Rend ma douleur trop plus dure
Quasi quel le demeurant.
Allez vous en facheux toutment
Hors de mon entendement.

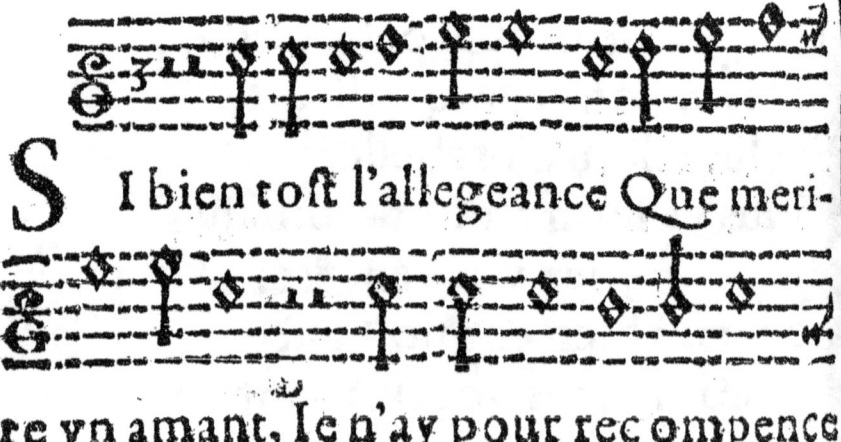

SI bien tost l'allegeance Que merite vn amant, Ie n'ay pour recompence

ce mon mal & tourment Ce m'est vn

grand plaisir Si mort me vient saisir
N'est-ce pas grand simplesse,
   Que i'ayme mieux mourir
Pour vous en grand destresse,
   Que d'vne autre iouir,
Tant i'ay de fermeté
D'amour & loyauté

Vous dites pour excuse,
   Quil tient à vos parens,
C'est vne pure ruse
   Par faits trop apparens:
Parens ne peuuent rien
A ceux qui eiment bien,
Ne soyez desplaisante,
Si vn chacun cognoist

Q iij

Mon amour vehemente,
  Qui d'heure en heure croist,
Pourroit on bien celer
Vn feu qu'on voit brusler?

Il n'est en la puissance
  Dvser de la rigueur,
D'oster l'obeissance
  De vostre seruiteur.
Car amour entre tous
Ma reserué pour vous.

Cognoissant mon seruice.
  Vouloir & amitié,
Ce vous est vn grand vice
D'vser d'inimitié,
Vn desloyal amant
A mieux le plus souuent.
Pleust à Dieu que ie n'eusse
En lesprit vos valeurs:
Ou au moins que ie peusse
Mettre fin aux douleurs,
Dont i'ay le cœur transi
Par faute de merci.

Tout ce qui me conforte,
C'est l'espoir de la mort,
　Car le mal que ie porte
N'a autre reconfort,
　Il est bien malheureux
Qui est tant amoureux.

Combien que le corps meure
　Amour à ordonné
Que le cœur vous demeure
Puis quil vous est donné
　ussi ie vous promets
Quil est vostre à iamais.

Dessus ma sepulture
　Vn chacun pensera,
Combien cruelle & dure
　Vous estes & dira :
Que vous auez grand tort :
De m'auoir mis à mort.

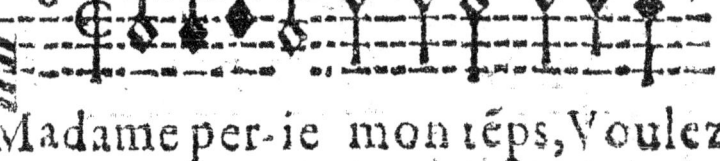

O Madame per-ie mon téps, Voulez

ij

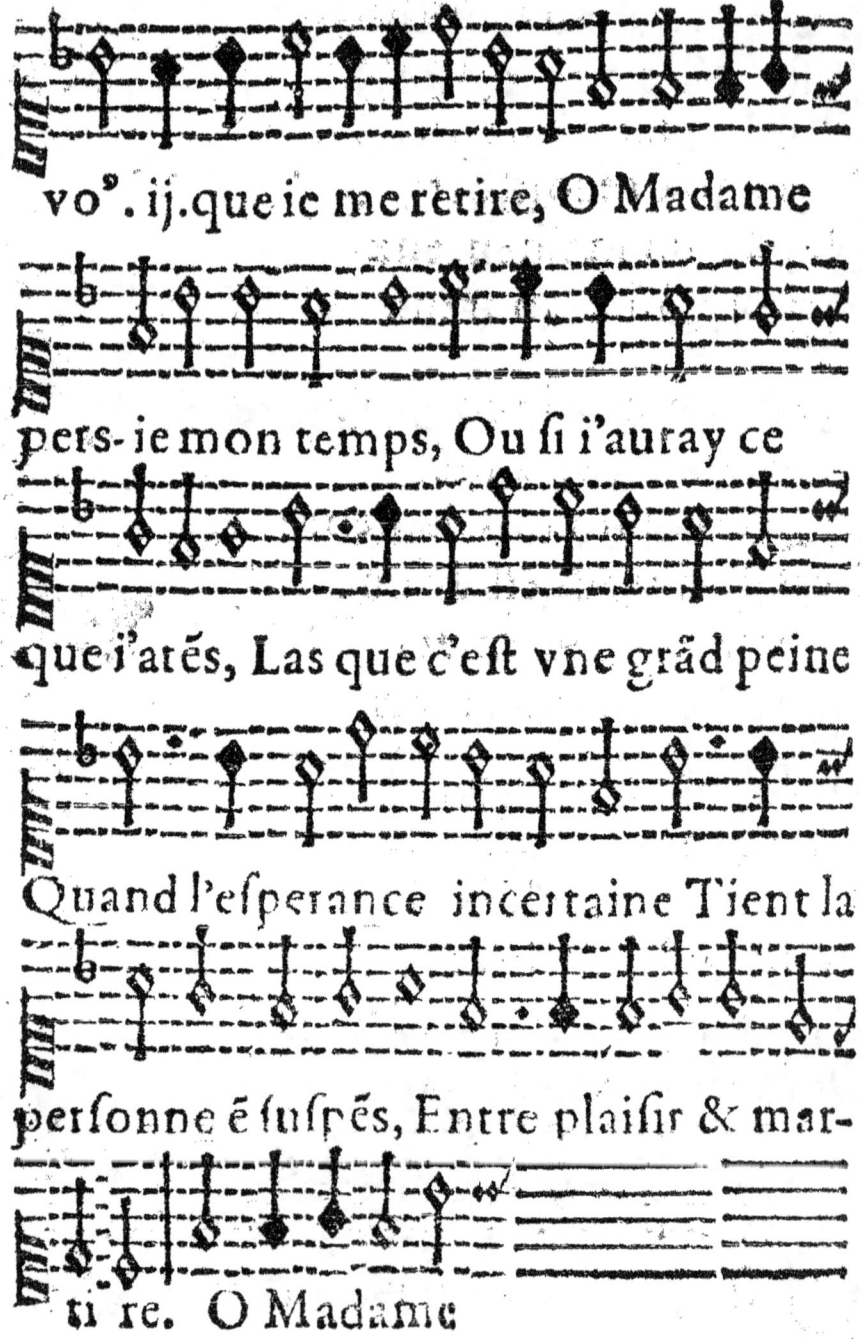

Las i'en eus lexperiance,
Poursuiuant vne allience
Dont tant douloureux me sens
Que mon cœur dolent souspire,
  O Madame. &c.

Ie lui ay dit ma pensee.
Dont elle semble offensée,
Et ses beaux yeux mal contens
Qui deuant me souloyent rire
  O Madame, &c.

Pourquoy n'estes vous coutentes
Que mon cœur ie vous presente
Tous les humains sont contens
Quand les seruir on desire
  O Madame, &c.

Ceste à qui amour ie porte,
Est parfaicte en toute sorte,
De corps, desprit & de sens
De cœur ie n'en sçay que dire
 O Madame pers-ie mon temps
Voulez vous. ij. que ie me retire,

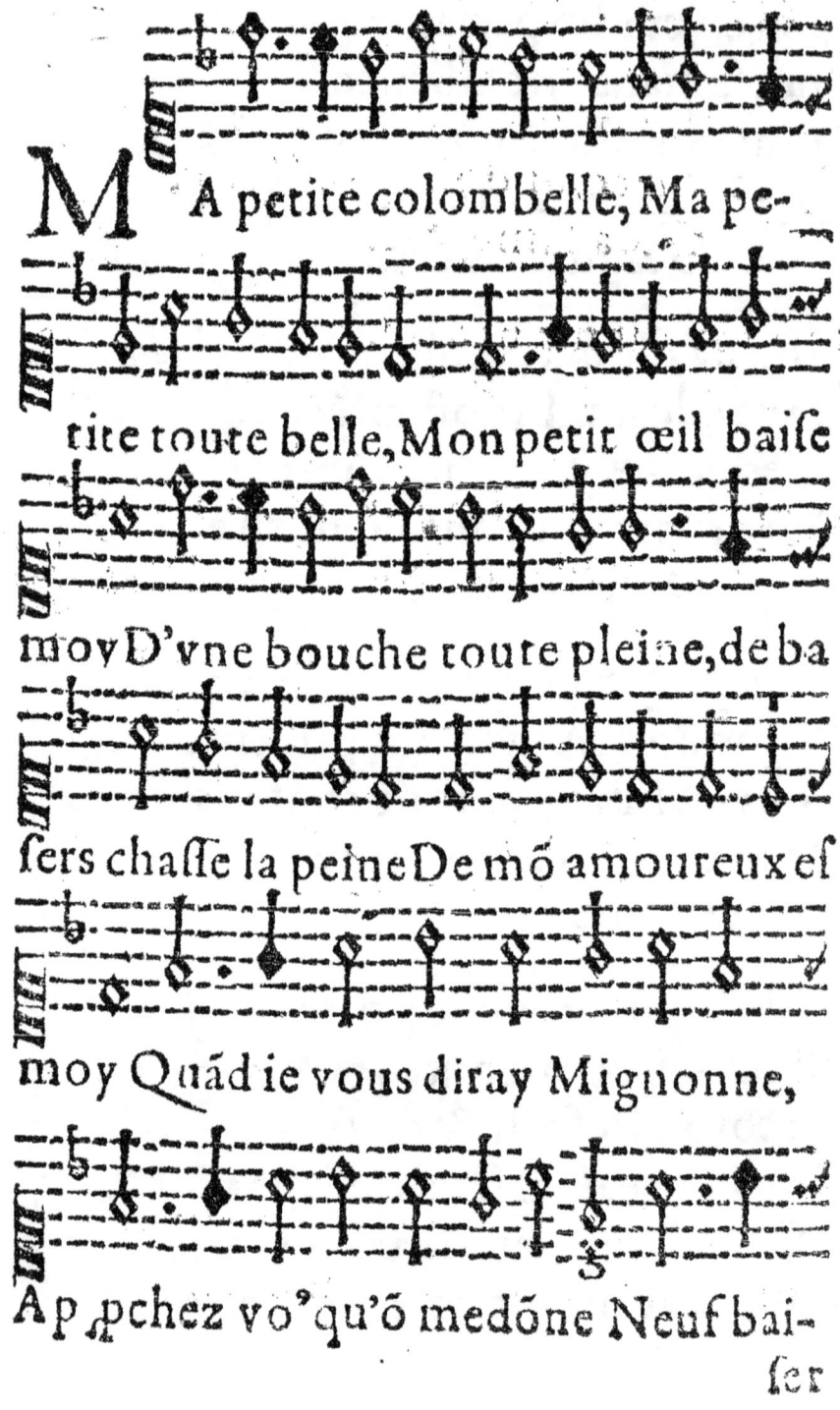

fers to⁹ à la fois . Lors ne m'ẽ dõne que trois

Telz que Diane guetriere
  Les donne à phebus son frere.
  Et l'Aurore à son viellard,
Puis recueillez vostre bouche
Pu bien loing toute farouche,
  Fruyez d vn pied fretillard,
  Comme vn taureau par la prée
  Court apres son amourée.
  Aiſi tout plein de courroux,
  Ie courray fol apres vous.

Et prinse d'yne main forte.
  Vous tiendray de telle sorte,
   Qu'vu aigle. l'oyseau tremblant
Lors faisant de la doucette,
De me redonner la reste,
   Des baisers ferez semblant
Mais en vain serez pendante
Tout a mon col attendante,

Tenant vn peu l'œil baiſſé,
Pardon de mauoir laiſſé.

Fils de venus l'amoureuſe Deeſſe,
Dōnez ſecours à ma grāde triſteſſe,

Et au mal que i'endure, Dōnez toſt la

legement, Ma douleur eſt trop dure,

A ſouffrir ſi gref tourment.

Doy-ie mourir pour eſtre de ta bāde?
Accorde moy à ce que ie demande,
Autrement en peu d'heure
Prendra

Prendra fin ce poure amant.
Il vaut mieux que ie meure
  Que souffrir si grief tourment.

Amoureux suis d'vne dame tant belle,
Elle m'a dit que iay la grace delle,
Toutesfois ne me donne
  Contentement ny plaisir,
Responds moy ma mignonne
  Quand tu auras le loisir

Depuis le temps que ie vous ay seruie
Autre que vous aimer ie n'eus enuie,
Ie vous ay retenue,
  Et vous ay promis ma foy:
Car souuent i'ay cogneue
  L'amour quauez énuers moy.
       LA DAME.
Vo9 sçauez bié que ie vous ay promise
La foy aussi sans aucune faintise
Vostre suis quoy qu'on die,
  Et seray tant que viuray,
Et à vostre fantasie,
Tousiours ie vous aimeray,

Mon doux ami que voulez que ie face
Soiez certain que vous auez ma grace,
Mais ie suis de court tenue
  Pour vous seruir ie suis pres.
Quand ie sors en la rue
L'on me vient suiure de pres.
        L'AMANT.

Puis qu'ainsi est que vous estes mamie
Ayez pitié de ma grand fascheri
Et donnez moy certaine
Guarison au mal secret.
Ostez moy hors de peine,
  Car ie suis en grand regret.
        L'AMANT,

Ami ayez vn peu de patience,
Car en bref temps vous auez allegéce
Puis qu'auez sans dourance
Le cœur dont vous aspirez,
Vous auez iouissance
  De ce que tant desirez.

            FIN.

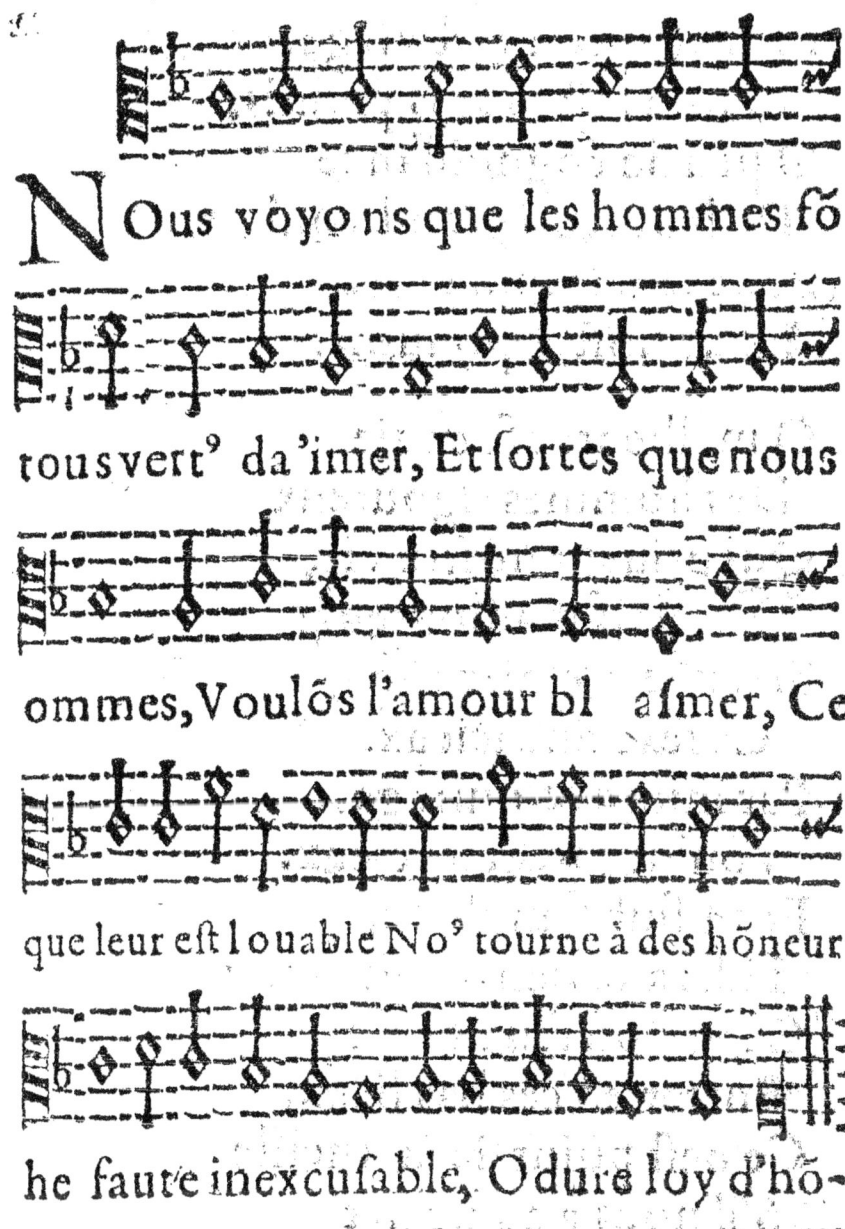

Nous voyons que les hommes sõ tous vert' da'imer, Et sortes que nous ommes, Voulõs l'amour blasmer, Ce que leur est louable No' tourne à des hõneur he faute inexcusable, O dure loy d'hõneur

Nature plus qu'eux sage:
Nous a en vn corps mis,

Plus propre à cest vsage,
　Et nous est moins permis.
O peu de cõgnoissance
　De leur trop grand vouloir,
Et de leur impuissance,
　Et de nostre pouuoir.

O malheureuse enuie
　Des hommes rigoureux
Qui priuent nostre vie,
　Des plaisirs amoureux:
Si des le premier aage,
　Ce sexe audacieux.
Par iniure & outrage.
　Voulut forcer les cieux.
Et sil fust si molesté,
　Iadis au Dieu des dieux,
Osant son feu cæleste
　Porter en ces bas lieux,
Ce nest point de merueille
　S'il nous a aussi faict
Presque iniure pareille.
　Saus luy auoir meffect

Ayant

Ayant par sa malice
  Introduict finement,
Qu'aymer ne seroit vice
  Qu'aux femmes seulement,
Si leur outrecuidance
  Sceurent punir les dieux,
Nous aurons esperance
  Qu'ils nous vangerons deux.
Et sera la vangeance
  Les vns mourans d'auoir,
Eu trop de iouissance,
  Les autres de le voir.

Ie ne veux plus à mon mal consentir

Mais du passé ie me veux repentir,

Ce qui a eu sur moy tant de pouuoir,

L'on ne verra plus mon cœur deceubir
Ie ne veux pl° estre au nombre de ceux
Qui mille rets ont tendu entour eux,
Et à clos yeux sans conduicte courans,
Cent mille fois en vne heure mourans

Ie ne veux pl° qu'ó me voye suiuant
Ce ieune Dieu qui est tant deceuant,
Qui paist noz yeux d'apparente beauté
Et tous noz cœurs de fainte loyauté.

Qui de noz maux s'est ouist tellement,
Que noz ennuiz luy sont conte nét.
Et n'a plesir qu'é noz pl° grás malheurs
Se sioüissant de noz larmes & pleurs

Iay trop apprins la faulse & dure loy
Et trop souuent fait preuue de sa foy
Iay trop apprins comme il veut vanité
Dissimuler soubz vne deité.
Que c'est d'amour trop ie say par ses
faits Et có-

Et côme enséble il fait & guerre & paix
Et puis soudain cóment en vn momét
Des volontez il fait grand changemét

Bien me souuient du iour tédre à pitié
Qnil commença ma trop gráde amitié
Qui vint émoy se defédre & se former
Pour en autruy apres me transformer.

Mon cœur il print & mon entédement
Il me priua de sens & iugement,
Et m'emflamma son feu dedans mes os
Tant que depuis ie n'euz aucun repos.

Mais bié tousiours é certaíes douleurs
Espoir doubteux & asseurez malheurs,
I'auois de luy, & peines & trauaux,
Pour mes desirs en amour trop loyaux

Bref ie say tant que c'est de só pouuoir
Que pl⁹ n'en veux apprendre ni sauoir
Et voudrois bié n'en auoir tant apprís
Cőme iey fait il men seroit mieux prís
FIN.
R ii

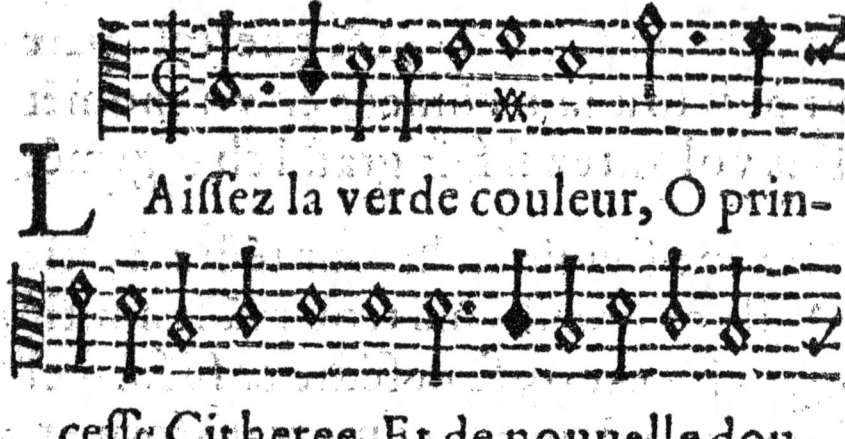

Laissez la verde couleur, O prin-

cesse Citheree, Et de nouuelle dou-

leur: Vostre beauté soit parée, Vostre

beauté soit parée
Plorez le fils de Myrrha.
  Et sa dure destinee,
Vostre œil plus ne le verra
  Car sa vie est terminée

Venus oyant ces propos,
  D'vn cry remplist la vallee.

Et

Et sans auoir nul repos.
  Droict au lieu s'en est allee,
Ou le gemil Adonis,
  Estendu sur la rosee,
Auoir ses beaux yeux ternis,
  Et de sang l'herbe arrousee,
Dessous l'ombre des rameaux
  Aupres de luy s'est couchée,
Et de ses doigts si tres beaux,
  Sa playe luy a touchée

O nouuelle cruauté,
  De voir en pleur si baignee.
La Deesse de beauté,
  D'amy mort acompagnee,
L'vn est blecé & transix,
  Aux flancs par beste insensee
Et l'autre l'est de son fils
  Bien auant dans la pensee,
Mais l'vn sa playe ne sens,
Personne ia trespasée
Et l'autre a le mal recent
  De sa douleur amassée.

Toutes fois de mort attainct
  Il n'a de rien empiree
La grand beauté de son teint,
  Des Nimphes tant desiree.
Mais comme vne blanche fleur,
  De poignante ongle touchee
Se panche & perd sa couleur
  Dessus vn autre couchee.

Ainsi le piteux amant
  Tenoit la teste appuyee
Comme il souloit en dormant
  Sur sa maistresse ennuyee
Et ne fust le sang qui sort
  De la partie entamee,
Lon diroit presque qu'il doit
  A sa grace tant aymee

Autant de sang qu'il espand
  Dessus l'herbe couloree
Autant les larmes respand
  La pauure amante esploree,
Le sang rougit mainte fleur,
  Qui blanche estoit au tournee

Et mainte est du large pleur
  En couleur blanche tournee
Ce tainct leur demeurra
  Pour enseigne de duree
Tant que le monde sera
De leur grand peine enduree.
La vindrent de tous les bois
Oyseaux par grande assemblee
Monstrant à leur triste voix
  Combien leur ioye est troublee.
Mais sur tout se faict ouir
  La pauure desesperee.
Qui pour d'Adonis iouir
  Se souhaicte estre expiree.
O cruelle deité,
  O vie trop ostinee.
Las que n'aye en limité
  Vne fin predestinee,
O demeure du Ciel tiers
  Par moy iadis tant prisee.
Combien & plus volontiers,
I'irois aux champs d'Helisee.

R iiii

A la fille de Ceres,
  Est ma ioye habandonnée,
O qu'heureuse ie serois
  Destre a sa place ordonnee.

Vienne le grand rauisseur,
  De l'infernalle contree.
Il pourra bien estre seur
  D'auoir faueur rencontree.
N'ayez plus sur moy courroux.
  Royne du ciel honnoree,
Puis qu'est mort mon amy doux,
  Peu vaut ma pomme doree.

Las tans ne me contentois,
  De lame voit adiugee,
Comme heureuse me sentois
D'estre en bon cœur logée.
Et vous pauures chiens lassez,
  Bestes d'amour asseuree,
Sans seigneur estes laissez,
  Moy sans amy demeuree,
Bien pourrez vous maistre auoir,
Aymant la chasse vsitee,

Mais mamour ne pouray voir
  En autruy reſſuſcitée,
De caurſe legere au vent,
  Suiuez la beſte lancee
Mais fortune pourſuiuant
  S'eſt plus que vous aduancee.

O violent animal,
  O fureur deſaduouee,
Comme ozas tu faire mal
A choſe à Venus vouee:
Et vous amy trop eſpris
De voſtre force eſprouuee,
Si mon conſeil euſſiez pris.
  Mieux ie m'en fuſſe trouuee,

Cerfs dains animaux fuyans,
  Eſtoyent mieux voſtre portee
Que les cruels & bruyans:
  Qui tant m'ont deſconfortee.
Ainſi faiſant triſtes pleints,
  Cypris d'eſpoit deſnuee,
Leua ſes yeux d'humeurs plains
Vers le crel ciel ſans nuee,

Et vid le Soleil couchant
Mettant fin a la iournee.
Si feist vn souspir trenchant
Et vers le mort c'est tournee
Disant or est le seiour
De la nuicteuse vespree
Que de la peine du iour
Chacun dormant se recree.
Mais pour moy les iours & nuict
N'ont point d'heure composee,
A terminer mes ennuiz
Et me trouue disposee.

Au son de ses cris piteux
Respond Echo tourmentee,
Et ses blanc Cignes tous deux
Chanson piteuse ont chantee.
Mais voyant l'obscure nuict
Estre ia presque arriuee,
Ont doucement & sans bruict
Leur maistresse en l'air leuee.
Plus elle approche des Cieux,
Plus tient la teste baissee,

DE VOIX DE VILLE 134

Et euſt volontiers ſes yeux
Et ſa veuë en bas laiſſee

Viuray-ie touſiours en triſteſſe:

N'auray-ie iamais recōfort, N'auras tu

point pitié, Maiſtreſſe de moy, q ſuis à

de my mort: Ie croy que nō: car cruau-

té Eſt maiſtreſſe de ta beauté.

Quand ie luy dis ma doleance
De ce que ie ne iouis point,
Me dit ami prens patience:
Vn iour viendra du tout à poinct
Alors me permist vn baiser,
Pensant pour cela m'appaiser.

Mon Dieu le baiser d'vne Dame
Ne pourroit-il mon mal guarir?
Nenni pluſtoſt croiſtre la flamme
Et mieux pour me faire mourir,
Las ie ſçay comme ie m'en ſens:
De trop aymer ie men repens.

Si ieuſſe cogneu ſa penſee,
Auant que de m'y adreſſer.
Ie l'euſſe pluſtoſt delaiſſee,
Sans iamais plus la pourchaſſer
Et ſi ne fuſſe pas ainſi.
Comme ie ſuis palle & tranſi.
Vous me dires bien. ie vous aime.
Du bon du cœur ie vovs promets;
Mais pourtant ceſt amour extreme
Ne giſt en aucun enttemets:

Comme si c'estoit vn grand bien
De dire ie vous aime bien.
Belle, si mon amour vous touche,
  De si pres que faictes semblant,
Pourqnoy este vous si farouche
  Enuers moy qui vous aime tant:
Faisant du iour au lendemain
Tousiours mon esperance en vain?

Cherchez donc qui vous entretienne,
  Doresnauant plus a loisir:
Celle qui voudra estre mienne,
  Me donnera plus de plaisir:
Ie ne fais point l'amour des yeux,
Sans esperance d'auoir mieux.
En loyauté ie l'ay seruie,

Pensant par la gaigner son cœur:
Mais oncqne en iour de sa vie
Ne m'a vsé que de rigueur.
Puis qu'autres bien las ie n'y voy,
Ie ne veux plus estre qu'a moy
Vrais amoureux prenez exemple,
Et mes passions regardez:

Chacun de vous mon mal contemple,
  Pour de trop aimer vous gardez,
Et voyez comment il en prend,
A qui trop aimer entreprend.

Vne ieune fillette de noble cœur,

Plaisante & ioliette de grand' valeur,

Outre son gre on l'a rēdu' nōnette Ce-

la point ne luy haicte, Dont vit ē grād douleur.

Va

Vn soir apres complie
  Seulette estoit,
En grand melencolie
  Se tourmentoit,
Disant ainsi, douce vierge Marie
  Abregez moy la vie,
Puis que mourrir ie doy.

Mon pauure cœur souspire
  Incessamment,
Aussi ma mort desire
  Iournellement.
Q'a mes parens ne puis mander n'es-
  Ma beauté fort empire, (crire,
Ie viz en grand tourment.

Que ne m'a ton donnee
  A mon loyal amy,
Qui tant m'a desiree
  Aussi ay-ie moy luy,
Toute la nuict my tiendroit embrassee
  Me disant sa pensee
Et moy la mienne à luy.

Dieu vous dy mon pere,

Ma mere & mes parens,
 Qui m'auez voulu feire
  Nonnette en ce couuent.
Ou il n'ya poins de resiouissance,
 Ie vis en desplaisance
 Ie n'attens que la mort.

La mort est fort cruelle
 A endurer,
Combien qu'il faut par elle
 Trestous passer.
Encor'est plus le grād mal que i'endure
 Et la peine plus dure
 Qu'il me faut supporter.

A Dieu vous dy les filles
 De mon pays,
Puis qu'en c'est Abbaye
 Me faut mourir,
En attendant de mon Dieu la sentence
 Ie vi en esperance
 D'en auoir reconfort.

FIN.

DE VOIX DE VILLE

AMour faict mal son deuoir, ij.

Qu'il ne me faict receuoir Vn plaisir

De celle qui faict mouuoir Mon de-

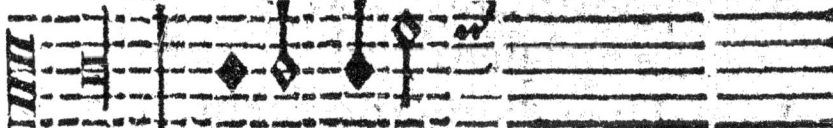

sir. Mon desir, &c,

Mon desir aspire au poinct,   bis
D'estre à ma maistresse ioinct
    A iamais:
Mais du desir qui me poingt,
    Ie me tais.
Ie me tais de mes desirs   bis

Qui ressemblent au souspirs
   De Dido:
Du nombre suis des martyrs
   Cupido.
Cupido ie te supply,   bis
On dit que tu es remply
   De douceur.
Que plus n'vse dessus luy
   De rigueur.
De rigueur plus n'vseras   bis
Quand Amour tu penseras
   Qu'il est tien.
Mais plustost allegeras
   Le mal sien.
Le mal sien & son tourment,   bis
Qu'il andure incessamment,
   Sens iamais
Receuoir allegement
   A son faix.
A son faix qu'il né peult plus   bis
Porter pource qu'au surplus
   Il se voit,

De son espoir ia foclas
    Quil auoit.
Qu'il auoit en te fuyuant,   bis
Comme ton humble seruant,
    O Amour.
Et son mal vas poursuiuant
    Nuict & iour.
Nuict & iour tu ne luy fais,   bis
Que luy aggrauer son faix,
    S'il te plaist,
Pouruoy au mal desormais
    Ou il est.

Ou il est fort courousse,   bis
D'estre si mal caresse
    En aimant:
Et de se voir oppresse
    De tourment.
De tourment & de rigueur,   bis
Sans pouuoir flechir le cœur,
    Dont luy vient
Tout le mal & la rigueur
    Qui le tient.

Qui le tient de si long temps, bis
Ie ne say que tu pretends,
Par tes faicts:
Plus ne veux tels passetemps,
Sans effects.

Sans effects mon temps perdu. bis
Et mon espoir suspendu
Aux liens,
Dont ie m'estois pretendu
Quelque biens,

Quelques bien ie pense auoir bis
Et de m'amie receuoir
Vn bon tour:
Car ell' a fort bon vouloir
Vers l'amour.

FIN

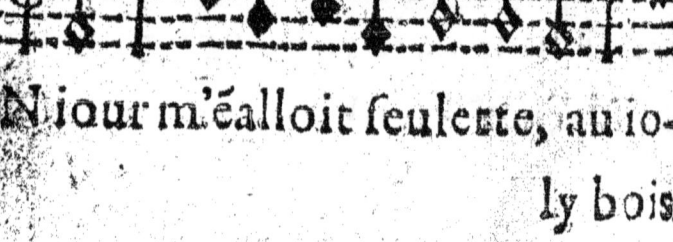

Vn iour m'éalloit seulette, au ioly bois

DE VOIX DE VILLE. 139

ly bois sous les sauls, En cueillāt la vio-

lette, Gardant mes petits aigneaux,

Aux chāps gratieux, delicieux Et amou-

reux du rossignol sauuage, Me fist à lou-
ir Si resiouir du grād plaisir, qu'il m'y cō
uint dormir,
Ie m'assi dessus l'herbette.
Pensant vn peu sommailler

S iij

De ma blanche genouillette.
I'en ay fait vn oreiller,
Lors vint arriuer
Vn cheualier
Prompt & leger
Qui m'y trouua seulette,
Tant il mé baisa
Et m'accolla
Et m'embrassa,
Qu'a la fin m'esueilla.

Et quand ie fuz esueillee,
I'aduisay ce cheuallier.
Lors ie me suis escriee,
Qu'est ce que fait vous m'auez?
Las mon doux amy
Ie vous supply
Deffaictes my,
La chose qu'auez faite.
Si mon pere sçait.
Ou apperçoit
Ce qu'auez fait,
Il m'en sera messaict,

DE VOIX DE VILLE 140

Ne vous souciez m'amie.
 Ie vous le deffray bien,
Vous en serez plus iolye,
 Et si on n'en sçaura rien:
Lors il l'empoigna
 Et l'embrassa,
 Et luy leua
Sa cotte & chemisette,
Tant il luy a faict,
 Et puis refait,
 Ce qu'auoit faict,
Qu'a la fin l'a deffaict,

FIN.

N'A dõqs peu mõ amitié, Roger t'es
mouuoir à pitié: Ny mes regrets, ny
S iiij

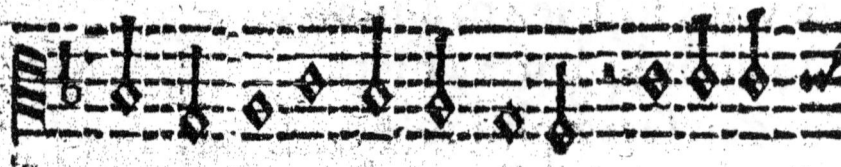

mes douleurs, N'y celle rage. q ternist

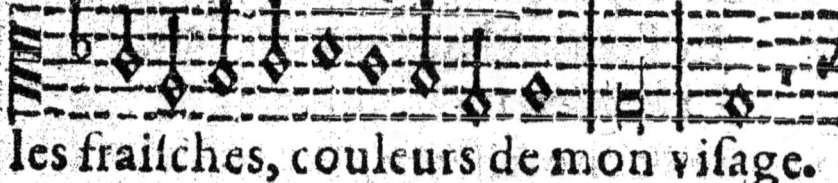

les fraiſches, couleurs de mon viſage.

Le Ciel, pour rompre ton depart,
S'eſt tout noircy de part en part,
  L'hiuer, de pitié deſpourueu,
    Roulle ſes pluyes,
Mais de rien ne te chaut, poutueu
    Que tu me fuyes.

D'vn meſme vol au vent ie voy
Emporter ta nef, & ta foy:
  Et ſuis en ſoupçon ſi les Dieux.
    En toute iniure.
Nont point ainſi troublé les cieux,
    Pour ton pariure.
Vueillent les Dieux te pardonner,
La mort que tu me viens donner,
                   Facent

Facent les Cieux en ma faueur
  Cesser l'orage.
Sois tousiours suiui du bon heur,
  En ton voiage,

Quand florette eut chante ces vers,
L'on vid en paix tout l'vniuers:
  Lors vous prindrent trefues entr'eux
    Cessant leur guerre,
  La pluie & Soleil radieux,
    Dessus la terre,
Roger, las de plus demeurer,
Seul la peut ouir sans pleurer,
  Et la voir, à son partement.
    Pasmee, & morte.
  D'vn seul adieu tant seulement
    Il la conforte.

Fais encores icy seiour,
Amant cruel, pour ce seul iour.
Si d'amour n'a peu le flambeau
  Piteux te rendre.
Aide au moins à mettre au tombeau.
  Ma froide cendre.

A ce coup, d'vne mesme fois,
S'en fuit sa vie. & sa voix.
La mort les yeux luy esblouit,
　　Ternis. & sombres,
L'ame gemissante s'en fouit
　　Dessous les vmbres.
Ie voy desia sur l'Acheron.
Voguer vers moy le vieux Charon,
Qui m'aguignant de son batteau
　　Pres de là riue,
M'attend que telle du tombeau,
　　Vers luy iarriue.

FIN.

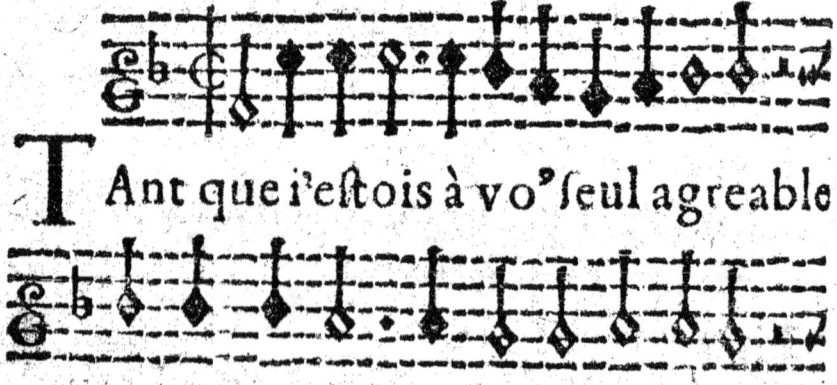

TAnt que i'estois à vo' seul agreable

Et d'autre amy n'auiez pl' q̃ moy cher,
vostre

DE VOIX DE VILLE 142

Vostre blanc sein ne se laissoit toucher

Chacun iouist mō heur incōparable.
L'amye.

Tant que n'auez vne autre àmie aimee,
Et que n'estiez par l'amour d'Anne pris
Dont maintenant vous estes si esprins
I'auois par tout grād los & renommee
L'amy.

L'vne pour vray m'a si tres bien rauie
Qu'elle à gaigné dess' moy tel pouuoir
Que ie voudrois de bon cœur receuoir
La mort pour elle en la laissant enuie,
L'amye.

Zerbin me plaist aussi suis-ie é sa grace,
Et ne croy point qu'on é puisse choisir

REC. DES CHANSONS.
D'autre plus gay, ny plus à mon desir
Dôt chose n'est que pour luy ie ne face

L'Amy.

Que direz vous si l'amitié premiere
Nous reioignoit inseparablement,
Et vous aimant alors parfaictement,
Veissiez de moy Anne misé en arriere?

L'Amie.

Bien que Zerbin i'eusse daimer enuie
Lors vous voyát m'aymer en fermeté
Sans plus vser d'vne legereté
Viure & mourir ie voudrois vostre amie.

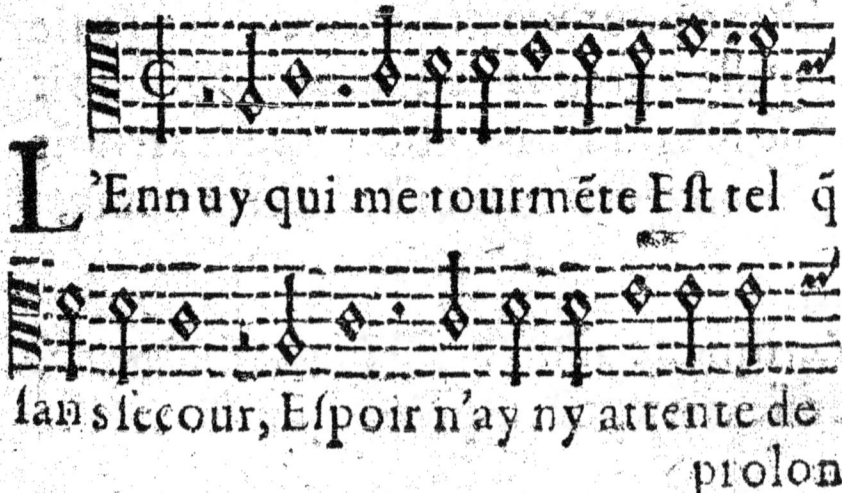

L'Ennuy qui me tourméte Est tel q̃ sans secour, Espoir n'ay ny attente de prolon

prolonger mes iours, Et si n'ay asseu-

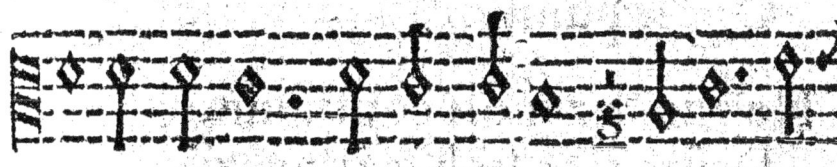

rance d'auoir aucū cōfort, Toute mō

esperance, Gist en la seule mort.
Mort des autre fuye,
    Attendue de moy,
Venez rendre finie
    Ma peine & mon esmoy,
Plus propre à la vangence
    D'vne grand cruauté,
Serez la recompense
    De foy & loiauté.
Mieux vous à desseruie
    Celle qui constament
I'ay iusque icy seruie

Guerdonné de tourment,
A son mal & dommaige,
Si n'ay ie intention,
I'aime mieux mon outrage
Que sa punition.

Ne vueillez mort contraindre,
D'estre clos ses beaux yeux.
Ny leur lueur estaindre,
Auant que ie sois d'eux.
Veu mort & mis en terre,
Et sur ma tombe leu
Qu'a leur cruelle guerre,
I'ay par eux mort esleu.

Alors parauanture,
Esmeux de mes malheurs,
Dessus ma sepulture
Respanderont quelque pleurs,
Et ma fosse arrosee
De leurs larmes sera
Mais plustost que rosee
Ce dueil se passera,
Et bien qu'il soit durable

Qu'en sera le repos,
Plus ou moins agreable,
A ma cendre & mes os?
Et n'en seras perdue
Ma celeste amitié.
Mais bien trop tarde vuë
Cera ceste pitié.

FIN.

L'Esté chaud boulloit Et l'œil de ce
Encor' ve mouilloit Sa peruque
monde,
blonde, Dans la mer profonde,
Mais au haut seiour de sa sphere

ronde faisoit le my iour,
Au lict me posay,
Pour fraischement estre,
Et me reposay
Pour mon aise accroistre,
Tant fust la fenestre
Propre à mon deduict,
Qu'on n'eust sceu cognoistre
S'il fust iour ou nuict.

Fermee à demy,
A demy ouuerte,
Mesloit nuict parmy
Clarté descouuerte
La forest couuerte
D'vn fueillage frais,
Monstroit l'herbe verte
En tel ombre espais,

Voicy arriuer
Mamie autant' blanche,

Qu'on

Qu'on voit en hyuer
Neige dessus branche
Sa seincture franche.
Sa vesture ouuroit.
Monstrant vne hanche
Que rien ne couuroit.

Son poil long doré
Depuis la racine,
Pendoit esgaré
Dessus sa poictrine,
Qui luisant crespine
Sur son blanc tetin
Plus poignant qu'espine,
Plus lis que satin,

  D'elle m'approchay
Soubs amoureux signe,
Et luy arrachay
Sa chemise fine,
Elle d'vne mine
Honteuse à louurir,
Sa beauté diuine
S'efforçoit couurir,

T

Mais en debattant
Comme ia battue.
Fut du combattant
Bien tost abbatue.
Qui sera nue,
Dens doulce prison
Aisement vaincue
Par vifue raison

Au combat nouueau
Ne feist ouuerture.
De son corps tant beau
Nud sans couuerture,
Tant l'auoit nature.
Formé par compas,
Qu'il nauoit laidure.
Du hault iusqu'au bas,

Mon Dieu quelle alors
Espaule touchay-ie,
Quel bras beaux & forts
Tins ie & empongnay-ie
Quel tetin cachay-ie
Tout dedans ma main,

Quelle blanche neige
Vey-ie sur son sein.
  Quel ventre arondy
Sans ride ne plisse
Quel bat rebondy,
Quelle dure cuisse,
Quelle hanche propice.
Quel ferme costé
Pour iouster en lice
Du Dieu de beauté.

  Mais qu'est il besoing
Que tout ie raconte?
Ie fus iusqu'au coing
Vergongneux de honte.
Et pour fin de compte,
La pressay si fort,
Quelle me surmonte
De semblable effort.
Que diray ie plus?
Chacun peut entendre
Quel fut le surplus
De ce combat tendre.

T ij

Contrainct fus me rendre
 Lassé du combat.
Or Dieu me doint prendre
 Souuent tel esbat.

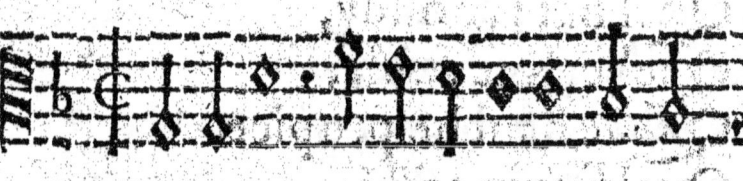

Puis que viure en seruitude Ie de-
Bien hereux ie me repute, D'estre

uois triste & dolent,   Mon mal est bié
en lieu si excellent,

violent, Mais amour l'ordonne ainsi Vueillez

en auoir merci, Vueillez en auoir mercy
 Voſtre

Vostre beauté sans pareille
Ne doit prendre à desplaisir,
S'a laimer ie m'appareille,
Car on ne peut mieux choisir
Si i'ay par trop de desir,
I'ay beaucoup de foy aussi,
Vueillez en auoir mercy,

Autre bien ne veux pretendre
Pour mes pleinctes & clameurs.
Sinon que vueillez entendre,
Que c'est pour vous que ie meure.
En mes yeux n'a plus de pleurs,
Et mon cœur est ia transi,
Vueillez en auoir mercy.

Vous seule estes ma fortune,
Qui va mon bien mesurant.
Si vous m'estes opportune,
Peu me chaud du demeurant.
Sans vous ie vis en mourant.
Et m'est le iour obscurcy:
Vueillez en auoir mercy.

Si lon pourroit la pensee
Au front comme on fait les yeux:
M'amour seroit dispensee,
De son office ennuyeux.
Vous mesme cognoistriez mieux
Mon trauail & mon soucy,
Vueillez en auoir mercy.

Au cœur des bestes sauuaiges
Rigueur loge proprement,
Mais sur les humains couraiges,
Amour a commandement.
Et toutes fois en tourment.
Me tient le vostre endurcy,
Vueillez en auoir mercy.

Ce vous est peu de conqueste
D'eller ma fin poursuinant.
Bien vous seroist plus honneste
Sauuer le vostre seruant:
Luy qui pouroit en viuant
Vostre nom rendre esclaircy,
Vueillez en auoir mercy.
FIN.

MOn œil aux traicts de ta beau-
Feist rapport à ma liberté,

té Esblouy par affection,   Dont elle
De ta grande perfection,

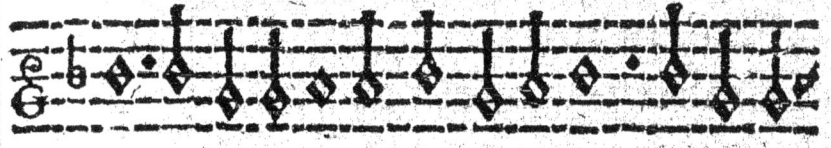

tout soudaï rauie, Ayāt de te seruir en-

uie, Se mist en ta subiection Se mist en

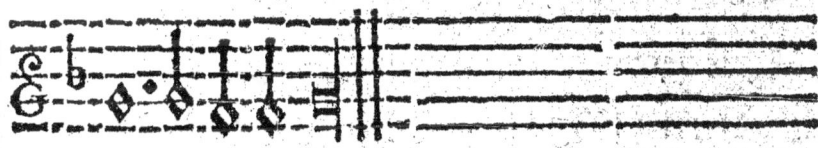

ta subiection.

T iiij.

Alors mes pensers coustumiers
De discourir plus librement
Ie sentis vaincus les premiers,
Quand mon vouloir tint seurement
Qu'en toy seule estoit la puissance
De me donner la iouissence
   De tout heurex contentement

Mais cognoissant le but trop haut,
  Ou mon vouloir veut aspirer
Ie fuys ce que suiure il me faut,
  Pensent hors d'erreurs me tirer
Combien que desir m'y attire
Ie crains le bien que ie desire,
  Desirant ne le desirer.

Toutes fois lu maine douceur
  Estincellant en tes beaux yeux
permet mon miserable cœur,
  Se nourrit d'espoir gracieux
Ainsi ie me trompe moymesme
Comme fait tout homme qui ayme,
  Esperant en fin d'auoir mieux
L'vne de tes perfections.

Me peut plus de faueur prester,
Que toutes mes affections
Ne sceurient iamais meriter:
Mais mon amour sans fin ny terme,
En son seruice ardent & ferme,
A pitié te doit inciter.

La force du tourment souffert,
N'empeschera doresnauant,
Que le cœur que ie t'ay offert
Ne soit à toy tout mon viuant,
Et ne soit tu douce ou cruelle
Mon amour est tant immortelle
Que mort ie seray ton seruant.

Estce pas mort quád vncorp froid &
palle, Aueugle & sourd, transi & pl' ne

parle de q̃ le cœur & l'ame vit aillaurs,

Amour pẽse que ie dors, mais ie meurs
Est ce pas mort quand vn autre à sa vie
Qui fuit son bien qui force son enuié,
Qui veult & n'oze appaiser ses douleurs
Amour pense que ie dors mais ie meurs

Est-ce dormir quãd sant cesse ie veille,
Et que l'amour en dormãt me resueille
Pour me transir en regrets & en pleurs
Amour pense. &.

Est-ce dormir, quãd vn desir me rõge.
Toute la nuict & que tousiours ie sõge
Que ie le baise, helas songes menteux,
Amour pense, &c.
Certes c'est mort ou pl⁹ mortel martire
Puis que les morts ne souffrãt riẽ de pi
(ré.

que de finir par la mort leurs malheurs
Amour pense, &c.
Mais moy ie meurs & ie vis tout ésemble
Et las mourir morte tousiours ie treble
Pour ne iouir des biés qui me sõt seurs
Amour pense que ie dors, &c.

I'ē sés mõ cœur i'ē sés mõ cœur si triste
Que toꝰ mes sēs õt pris vers luy la fuite
Faisant pallir le vif de mes couleurs:
Amour pense que ie dors. &c.

Dõques pour viure il faut que ie iouisse
Mais las l'hõneur ne veut que iacõplisse
L'heur plꝰ heureux du plꝰ grãd de mes (heurs
Amour pense. &c.

Mortel honneur las la precognoissãce
De me voir morte en fuyent iouissãce,
Me fait souffrir mil autre deshonneurs
Amour pense, &c.
Las qui me voit plus mouráte que viue
Iuge fort bien ma voulonte craintiue
Et que la peur refroidist mes chaleurs,

Amour pense &c,
O vie o mort o peu de hardiesse,
Quãd folle n'oze éployer ma ieunesse,
Et que l'hiuerne en beau prītemps mes (fleurs
Amour pense que ie dors, &c.

O bras trõpez q durãt les nuits sõbres,
N'allez au lict accollãt que les ombres
Voz doigts ne sont fidelles seruiteurs.
Amour pense, &c.

Las que celui qui fait que ie pallisse,
Me feroit bien plus que vous de seruice
Mais las ie n'oze approcher ces grands (heurs,
Amour pense que ie dors &c

Il m'est aduis si tost que i'en approche,
Que desia lors vn chacun me reproche
Que i'ay iouy du bien de mes douleurs
Amour pense que ie dors &c.

Mais donc aussi la peur & l'amour forte
M'endormiront bien tost de telle sorte
Qu'vne autre mort finira mes malheur
Amour pense que ie dors &c,

Lors finirōt cent mille morr par vne
En triumphant du bien de la fortune,
Et du malheur de mes mortelles pleurs
Amour pēse que ie dors, mais ie meurs

A Vril l'honueur & des bois, & des

mois, Auril la douce esperance.

Des fruicts qui sous le cotō De bout ō,

Nourrissent leur ioune enfance.

Auril l'onneur des prez verds,

Iaulnes, pers.
Qui d'vne humeur bigarree,
Esmaillant de mille fleurs,
De couleurs.
Leur perente diapre,

Auril dont le mouuoir doux
Meur le poux,
Dont la nature desserte,
Vne moisson de senteurs
Et de fleurs.
Embasmans l'air & la terre,
Auril l'honneur verdissant
Florissant.
Sur les tresse blondelettes,
De madame & de son sein
Tousiours plein
De mille & mille fleurettes.

Auril la grace & le ris
De Cipris,
Le flair, & la douce alleine:
Auril le parfun des Dieux
Qui des Cieux

Sentent lodeur de la pleine
Auril coutrois & gentil
  Quid exil,
R'ameine ces paissaigeres
Arondelettes, qui vont,
  Et qui sont,
Du printemps les messaigeres.

Cest à ton heureux retour
  Que l'amour,
Souffle à doucette haleines,
Vn feu croupy que couuet
  Feist l'hyuer,
Le resserrant dans nos veines.

Le gentil rossignolet
  Oiselet.
Par toy chante soubs lombrage,
Faisant chacun de l'ouir
  Resiouir.
Au donx chant de son ramaige

L'aubespine & laiglantin
  Et le thin,

Lœillet, le lys & les roses
En ta si belle saison,
  A foison
Moustrent leurs robes descloses,
Puis on voit de toutes pars
  Lors espars,
L'esseing des douces auettes,
Volletant de fleur en fleur,
  Pour l'odeur
Emporter en leurs ruchettes.

Bref tu as ô gentil mois,
  Doux, courtois,
Grace sur terre & sur l'onde,
Et semble qu'a ton retour
  Vient l'amour,
Et la beauté naistre au monde,

Il m'est aduis de te veoir
  Tant auoir
De bonne grace accomplie,
Que ie voy de tous costez
  Les beautez
Dont ma maistresse est remplie.

      Quand

Quand ie voy tant de couleurs
    Et de fleurs
Qui esmaillent vn riuaige,
Ie pense voir le beau teinct,
    Qui est peinct
Si vermeil en son visaige,
Quand i'entends la douce voix
    Per les bois
Du doux rossignol qui chante,
Il me semble de iouir
    Lors d'ouyr
Sa douce voix qui m'enchante.

Quand ie voy dans vn iardin
    Au matin
S'esclorre vne fleur nouuelle,
Il me semble du bouton,
    Le teton
De son beau sein qui pommelle.
Quand le Soleil d'Orient,
    Tout riant
Nous monstre sa blonde tresse,
Il me semble que ie voy

V.

Pres de moy
Leuer ma belle maistresse.

Et quand ie sens par les prez
Diaprez,
Les fleurs dont la terre est pleine:
Lors ie fais croire à mes sens
Que ie sens,
La douceur de son alleine.

Bref ie fais comparaison
Par raison
Du printemps & de m'amye.
Il donne aux fleurs la vigueur,
Et mon cœur,
D'elle prend vigueur & vie.

Ma maistresse mon soucy
Vien icy.
Vien comtempler la verdure,
Vien receuoir de ses fleurs
Les odeurs,
Que ce beau moys nous procure.
FIN.

DE VOIX DE VILLE 154

PEndant que ce mois renouuelle,
D'vne courſe perpetuelle, La vielleſſe & 
le tour des ans: Pédãt que la tédre ieu-
neſſe Du ciel, remet en allegreſſe, 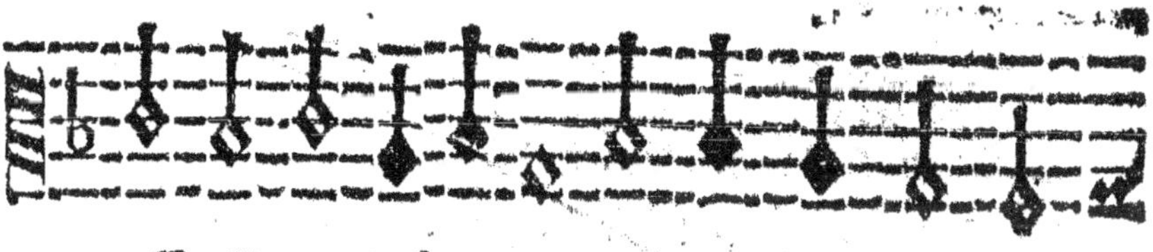
Les hommes, la terre & le temps. 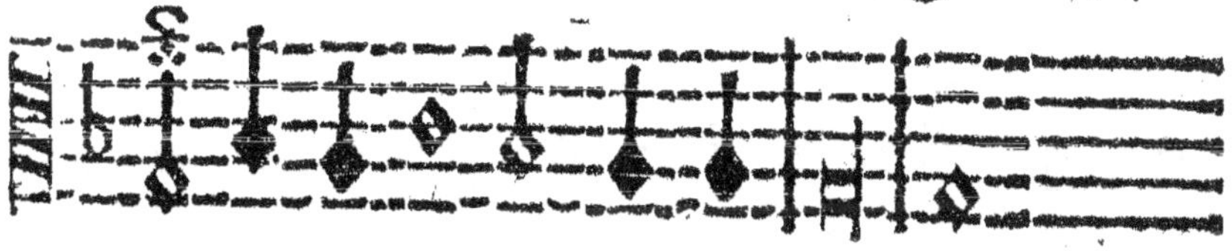
Pandant que l'humeur printaniette
Enfle la mammelle fructiere,

V ij

De la terre & ses plus beaux iours,
Et que sa face sursemee,
De fleurs & dodeurs embasmee,
Se pare de nouueaux atours,

Pendant la terre arrosee
D'vne fraische & douce rosee,
 Commance à bouter & germer:
Pendant que le vent doux Zephire,
De son haleine douce attire,
 Le repoussement du semer,
Pendant la vigne tendrette
D'vne entreprinse plus secrette
 Forme le raisin verdissant,
Et de ses petits bras embrasse
L'orme voisin qu'elle entrelace
 De pampre mollement glissant.
Et que lers brebis camusettes
Tondent les petites herbettes.
 Et le cheureau à petits bonds
Eschauffe sa corne & sautelle
Deuant sa mere qui broutelle
Sur le roc les tendres geçons.

Pendant

Pendant que la voix argentine
Du rossignol dessus l'espine
 Desgoise cent fredons mignards
Et que lauette mesnagere
D'vne æsle tremblante & legere
 Volle en ses pauillons bruyards.
Ce pendant que les tourterelles.
Les pigeons & les colombelles
 Font l'amour en ce moys si beau.
Et que leurs bouchettes bessonnes
Contractent les amours consones,
 Frayans pres le coulant d'vne eau.

Et que la tresse blondissante
De Ceres soubs le veut glissante
 Se frise en menuz crespillons,
Comme la vague redoublee
Ply sur ply s'aduance à l'emblee
 Du galop dessus les sablons.
Bref pendant que la terre & l'onde,
Et le flambeau de ce bas monde
 Se resiouissent à leur tour:
Pendant que les oyseaux se iouent
                V iij

Dedans l'air & les poiſſons nouent
Soubz l'eau pour les feuz de l'amour
Car ores Venus la ſuccrée,
Amour & la troupe ſacree
Des graces des ris & des ieux:
Vont t'allumant dedans noz veines,
L'ardeur des amoureuſes peines,
  Qui gliſſent en nous par les yeux.

Qu'il te ſouuienne ma chere amie
De ta moictie ta ſainte flamme,
  Et de ſon ſoucieux eſmoy,
Que du iour & nuict il endure
Pour ceſte beauté qui peu dure.
  Que tu laiſſe oiſiuer en toy.

Qu'il te ſouuienne que les roſes,
Du matin iuſqu'au ſoir eſcloſes
  Perdent la couleur & l'odeur.
Et que le temps pille & deſpouille.
Du printemps la doucé deſpouille,
Les fueilles le fruict & la fleur.
Souuieune toy que la vielleſſe
D'vne courbe & lente foibleſſe,

Nous fera chanceller le pas,
Que le poil grison & la ride,
Les yeux cauez, & peau vuide,
Nous traineront tous au trepas.

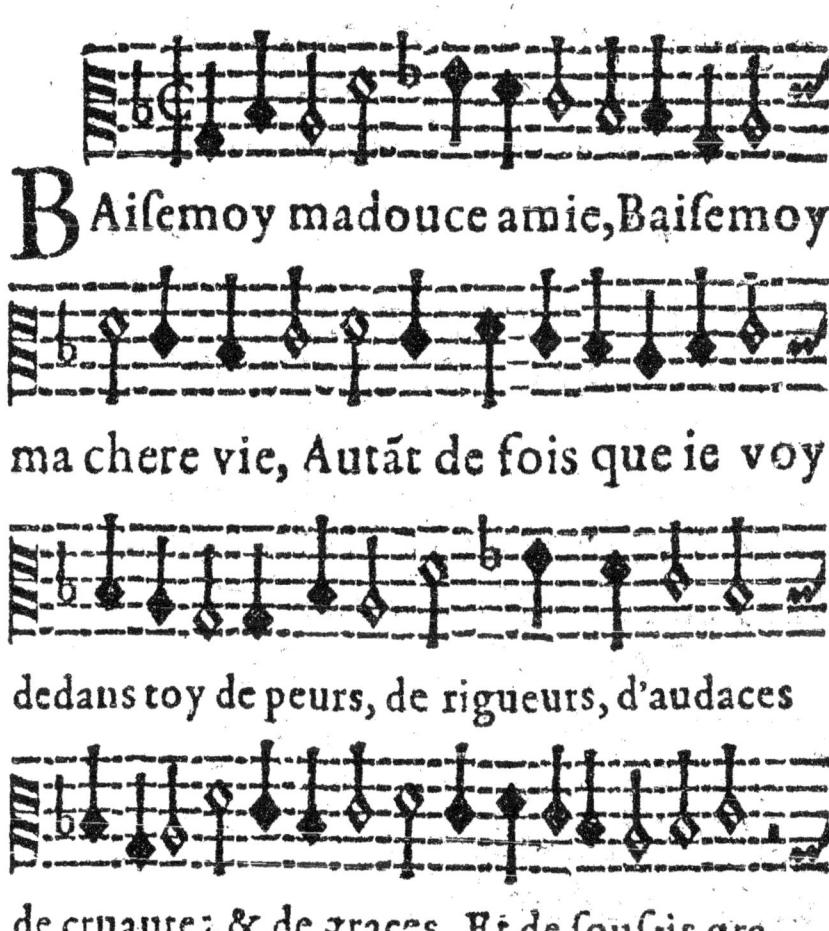

Baisemoy ma douce amie, Baisemoy ma chere vie, Autát de fois que ie voy dedans toy de peurs, de rigueurs, d'audaces de cruautez & de graces, Et de soufris gracieux.

REC DES CHANSONS

D'amoureux & de Cyprines, Dessus tes

leures pourprines, Et de mors de-

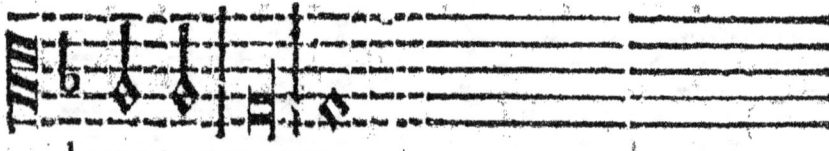

dans tes yeux.
Autant que les mains cruelles
De ce dieu qui a des aisles
Ont fiché de traits ardens
      Au dedans
De mon cœur autant encore
Que dessus la riue more,
Y a de sablons menus
Autant que dans l'air se iouent
D'oyseaux & de poissons nouent
Dedans les fluues cornus.
Autant que de mignardises

                De

De prisons, & de franchises,
De petits mords, de doux ris,
  De doux cris.
Qui t'ont choisi pour hostesse,
Autant que pour toy maistresse,
I'ay d'aigreur & de douceur,
De souspirs d'ennuis, de craintes,
Autant que de iustes plaintes.
Ie couue dedans mon cœur.

 Baise moy donc ma sucree,
Mon desir ma Citheree,
Bayse moy mignonnement ?
  Ton amant,
Iusques à tant que ie die,
Las ie n'en puis plus ma vie,
Las mon Dieu ie n'en puis plus
Lors ta bouchette retire,
Afin que mort ie souspire,
Puis me donne le surplus.

 Ainsi ma douce guerriere,
Mon cœur, mon tout, ma lumiere,
Viuons ensemble viuons,

Et suyuons
Les doux sentiers de ieunesse,
Aussi bien vne vieillesse
Nous menasse sur le port.
Qui toute courbe & tremblante,
Nous attraine chancellante,
La maladie & la mort.

FIN.

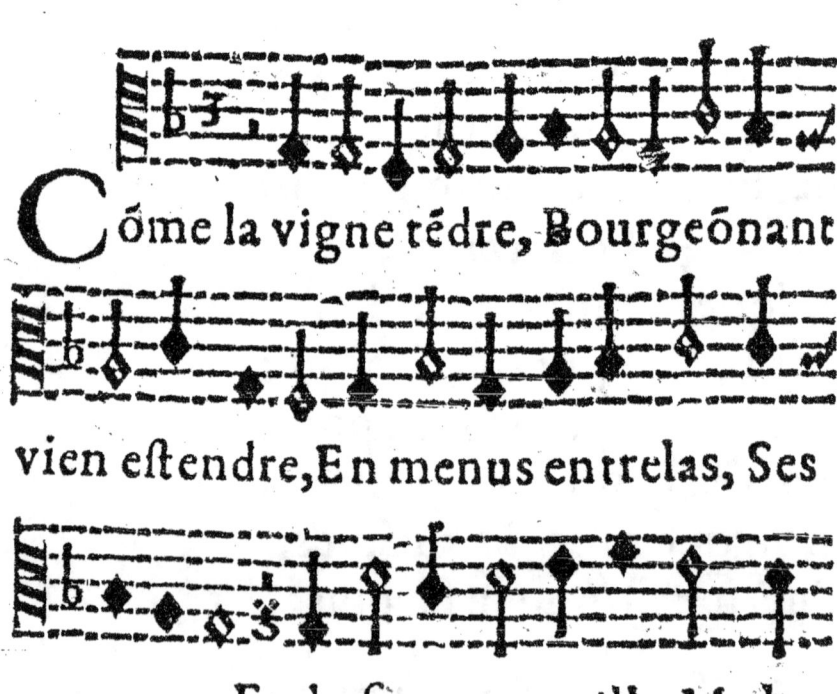

Côme la vigne tédre, Bourgeônant
vien estendre, En menus entrelas, Ses
petis bras, Et de façon gentille, Mol-
Apetits nuds glissante, Sùr
lette

lette s'entortille à l'en tour
le ventre ranpante des prochains

des ormeaux.
arbrisseaux

Ou comme le lyerre
En coulourant se serré
  De maint & maint retour,
    Tout alentour
Du rigé & du branchage,
De quelque bois sauuaige
Espandant son raisin
Dessus la cheuelure
De la verde ramure.
  Du chesne son voisin.
Ainsi puisse-ie estreindre
Ton beau col & me ioindre

Contre l'yuoire blanc
　De ton beau flanc,
Attendant l'escarmouche.
De ta langue farouche,
　Et la douce liqueur
Que ta leure, mignonne.
Liberalle me donne
Pour en-yuer mon cœur,

Sus donc que ie t'embrasse
Auant, qu'on entrelasse
　Tout autour de mon col
　　Le marbre mol,
De tes long bras maistresse:
Puis me baise & me presse.
Et me rebaise encor'
D'vn baiser qui me tire
L'ame quand ie souspire
　Dessus tes leures d'or
De moy, si ie t'approche
Ie nteray sur ta bouche
　Vn baiser eternel
　　Continuel,

Puis en cent mille sortes
De bras & de mains fortes
　　Sur ton col me liray
D'vn neud qui long temps dure
Et par qui ie te iure,
　　Qu'en baisant ie mourray.

Si i'ay c'est heur ma vie,
Ny la mort, ny l'enuie,
Ny le somme plus doux,
　　　　Ny le courroux,
Ny les rudes menasses,
Non pas mesmes les graces,
　　Les vins, ny les appas
Des tables ensucrees,
De tes leures pourprees
　　Ne m'arracheroyent pas.

Mais sur la bouche tienne,
Et toy dessus la mienne,
Languissans nous mourrions.
　　　　Et passerions
Deux ames amoureuses,
Les riues tortueuses

Par dessus la noire eau,
Courans dedans la salle
De ce Royaume palle.
En vn mesme batteau.

Là par les verdes prees,
De couleurs diaprees,
En ce Royaume noir
Nous yrions voir,
Les terres parfumees,
Qui sans estre entamees
Par le coutte trenchant,
Des fecondes mammelle
Les moissons eternelles,
Sont tousiours espanchant

Là tousiours y souspire,
Vn gratieux zephire,
Qui d'vn vent doucelet,
Mignardelet,
Se ioue & se brandille.
Se branche & se pandille,
Daillerons painturez
Soubs la forest mitthine,

Et la verdure crespine
  Des beaux lauriers sacrez,

La les lis & les roses
De leurs robes descloses
  Font renaistre en tout temps,
    Vn beau printemps.
L'œillet & l'amaranthe.
Le narcisse & l'acanthe
  Cent mille & mille fleurs
Y naissent dont l'alleine
L'air, les bois & la plaine
  Embasme de senteurs

La sur la riue herbeuse,
Vne troupe amoureuse,
  Rechante le discours
    De ses amours,
Vne autre soubs l'ombraige,
De quelque autre sauuaige,
  Lamante ses beaux ans.
Mais la en ce lieu sombre,
Ce n'est plus rien qu'vne ombre,
  Des ymages viuans,

Ie ſçay bien qu'a lentree,
Vne ttoupe ſacree
Clinera deuant nous.
 Et deuant tous,
Nous fera ceſte grace
De choiſir noſtre place
Deſſus les verds gazons,
Tapiſſez de veruaine.
De thin, de marioleine,
 Et d'herbeuſes toiſons,

Ie ſçay qu'il ny a dame,
Non celle dont la flamme,
Vint la flamme tenter
 De Iuppiter,
Qui s'offençaſt crualle,
De nous voir deuant elle
Nous mettre au plus haut lieu,
Ny celle qui la guerre
Alluma dans ſa tetre,
Fille de ce grand Dieu

FIN.

Mon

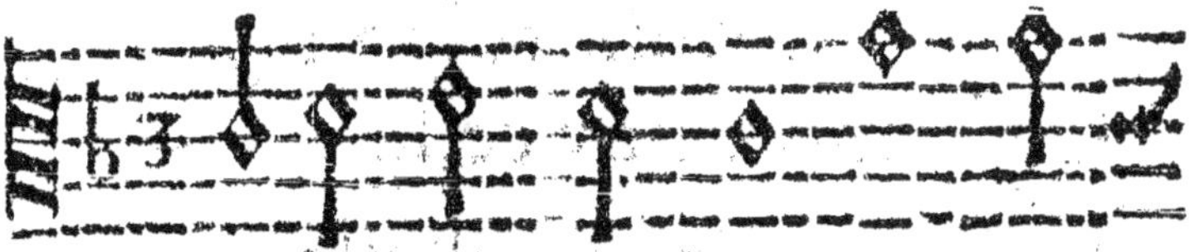

DE VOIX DE VILLE 161

MOn seul bien voicy l'heure
Car ta longue demeure,
De iour à loisir 
Me viés à deplaisir Sus donc passons la
nuit En l'amoureux desduit, A coup ne 
laissons point Perdre ceste auéture, Seu 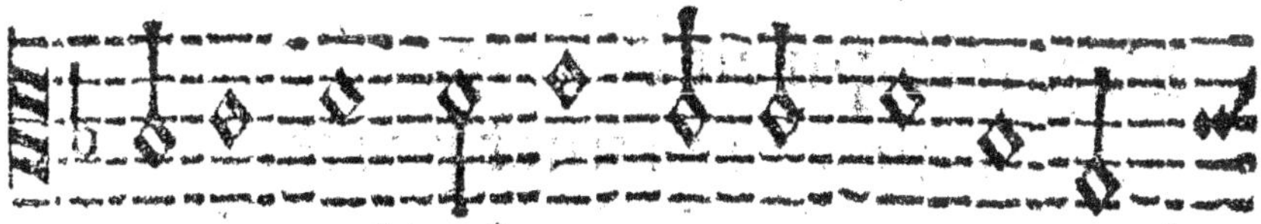
lemét aóys cure De paruenir au poinct

L'Amie respond.

Cesse mon amy cesse
  D'enter en cest ardeur,
M'as tu pas fait promesse,
  De garder mon honneur,
Hellas quelle foy,
  Ostez vous laissez moy,
Ha, trop hardye trompeur
  Est ce l'amitié faincte
Que long temps tu as faincte
  Contemnent mon malheur.

L'Amant.

Pense tu ma mignonne
  Contre amour resister?
L'amitié qui est bonne,
  Doit quelque fruict porter.
Sans mal se plaindre tant
  C'est le fait d'vn enfant,
Tu guariras de main
  Ma petite cousine,
Ne fais donc plus la mine,
Consens à mon desaing,

L'amie,

O la gloire immortelle
  D'vn honneur genereux.
Qui par force & cautelle,
  Se saisist de mon mieux,
Et se rid de mon mal,
  Pariure & desloyal.
Ha, ha vous me blecez:
  Que me voulez vous faire?
Ce qui ne me peut plaire,
  Las n'est ce pas assez?

L'amant,

Rien ie ne pense faire,
Et ne voudroit mon cœur.
Chose aucune parfaire
  Qui touchast ton malheur
Mais laisse faire à moy,
  Tost seray hors desmoy:
Laisse donc acheuer
La chose commence,
Et sans estre blecee
  Me verras allegee,

Lamie.
Vn homme ne desire
Que dauoir son plaisir,
Au lieu de l'esconduire
Nous nous laissons saisir:
Le plaisir dure peu,
Tel sera vostre feu.
Au moins soyez secret,
Si vous aymez ma vie:
Los de ma fleur rauie,
J'auray moins de regret.

L'amant.

Mignonn'en'ayez doubte.
De moy car tout mon sang
Sortira goutte à goutte,
Parauant de mon flanc,
Que lon ne puisse veoir
Faillir à mon deuoir
Reiterons encor'
Ceste double meslee.
Qui rend l'ame affolee,
Plus que de nul thresor.

DE VOIX DE VILLE 163

L'amie.

Ha dure est ceste alarme
Or est il adoucy.
Helas sans quelque cherme
Ie ne serois icy
Au fort le mal est doux
Apres deux ou trois coups.
Or sus donc mon cousin,
Passons ainsi nostre aage,
Mesprisans le langage
De ce peuple mutain.

FIN.

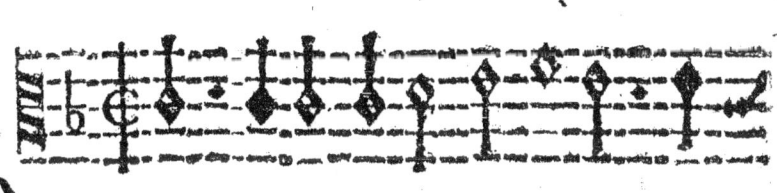

Vis que partir ie m'en vois, Puis q̃
Chanter en piteuse voix Chanter

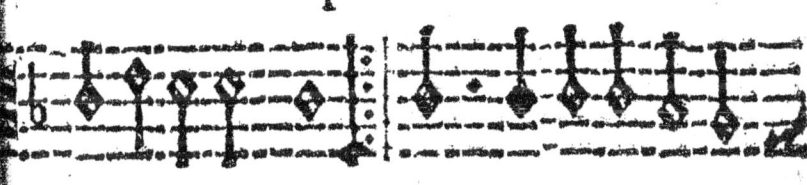

partir ie m'en vois,   Le regret de ma mal
en piteuse voix,

REC. DES CHANSONS.

stresse, Ie veux sans cesse, Ou que

ie face seiour, Iusqu'au retour.

Ou que ie, &c.

Chanter veux le triste sort,　　　　　　bis
Qu'esloigner me faict à tort,　　　　　　bis
　　D'elle, qui rauist mon ame:
　　　Las ie me pasme.
　Mon cœur de douleur se fend
　　　En cest instant.
　Vn iour auant mon depart,
　Amour me feist de son dard
　　Sentir au cœur la poincture,
　　　Si aspre & dure,

Que

Que nauré suis sans repos,
Jusques aux os.
Quand ie la voulu laisser,
Ie ne me peus pas laisser,
　　Darroser de pleurs ma face:
　　　Las ie trespasse,
　　Disant adieu à ses yeux,
　　　Tant gratieux.

Adieu ma chaste moictié,
Sois ferme en ton amitié:
　　Car par ceste departié,
　　　D'estre amoindre,
　　La mienne ne permetteray
　　　Tant que viuray

Certains partir de ce lieu,
Ie te veux bien dire à dieu:
　　Mais auant baise moy ores:
　　　Rebaise encores,
　　Pour appaiser mon esmoy,
　　　Las, baise moy

FIN.

X iiij

Responſe de la precedente chanſon.
L'amie.

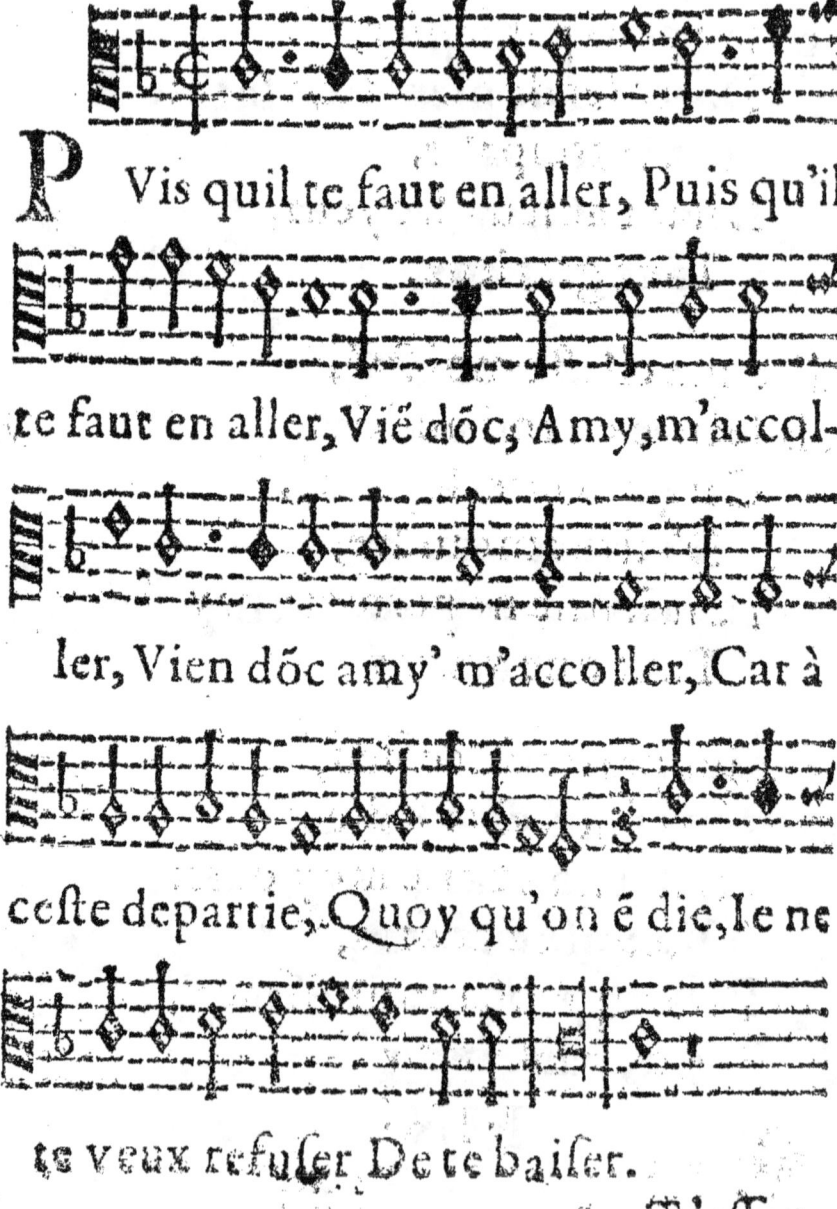

Puis quil te faut en aller, Puis qu'il te faut en aller, Vien donc, Amy, m'accoller, Vien donc amy' m'accoller, Car à ceſte departie, Quoy qu'on é die, Ie ne te veux refuſer De te baiſer.

T'aſſeu-

T'asseurant dessus ma foy, bis
  Que iamais autre que toy bis
N'aura dedans mon cœur place,
    Quoy que lon face.
Nul ne me pourra renger.
    A te changer.

Soyez donc Amy constant, bis
  Pour rendre mon cœur content, bis
Et ferme en l'amitié seure.
    Attendant l'heure
Qu'il se voye du tout mien
    Et tu sois sien.
    L'Amy
Mais si mort me vient saisir
Auant qu'auoir ce plaisir,
  Que de receuoir mignonne?
    Voila i'ordonne,
Qu'on engraue en mon tombeau
    Cest escripteau,

Cy gist le corps d'vn amy,
Qui ne viuoit qu'à demy,
Pour l'amitié de sa dame,

REC DES CHANSONS
Qui à son ame
Rauie d'amour si fort,
Qu'il en est mort,

BIEN VIVRE, ET SE RESIOVIR

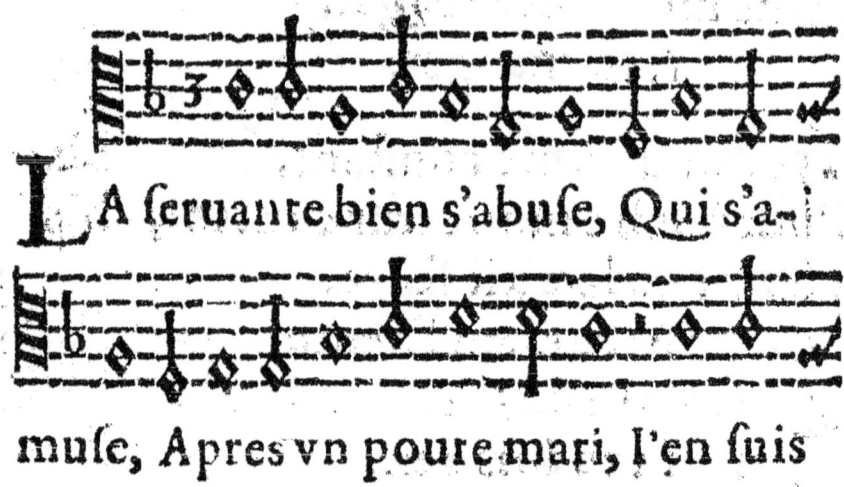

LA seruante bien s'abuse, Qui s'a-

muse, Apres vn poure mari, I'en suis

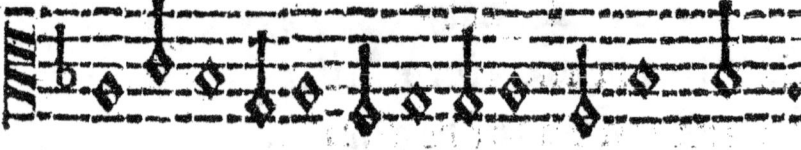

quasi deuenue Toute nue, Dont i'en

ay le cœur marry
Nuict & iour ie maudis l'heure,
Crie & pleure,

Regret-

Rogrettant le temps passé
Las si ie fusse seruante
Ie me vante,
Que i'eusse plus amasse.

Ie viuois chez ma maistresse
Sans tristesse,
Ayans des biens à foyson,
Maintenant ie suis coquine,
Et famine
Par tout regne en ma maison,

Ma bourse en vne semaine
Estoit pleine
Des presens qu'on me faisoit:
De sorte que ma practiqne,
De boutique,
Ou de tente me seruoit.
Maintenant ie n'ay pas maille,
Et la paille
Me sert de bon lict mollet.
En fin serons contrains d'estre
Chez vn prebstre
Moy seruante & luy varlet,

Las si iestois en seruice,
Ou nourrice
I'aurois plus desbattement
En vne seule iournee,
Qu'en l'annee.
Auec ce pauure qu'ayment.

Depuis que suis mariee,
Et liee
A ce Iobelin parfait,
Ie n'ay bien fait ma besongne.
Car il grongne,
Et de deux mois ne l'ay fait
Plus la fille est à son aise
Plus mauuaise,
Et plus fiere elle deuient,
Et pensent que cela dure,
Point n'endure,
Voila d'ou pauureté vient.

On se gaste de bien estre.
Ayant maistre,
Qui trop donne d'abandon,
Voulant deuenir maistresse,

On s'abaisse,
Voyla d'orgueil le guerdon.

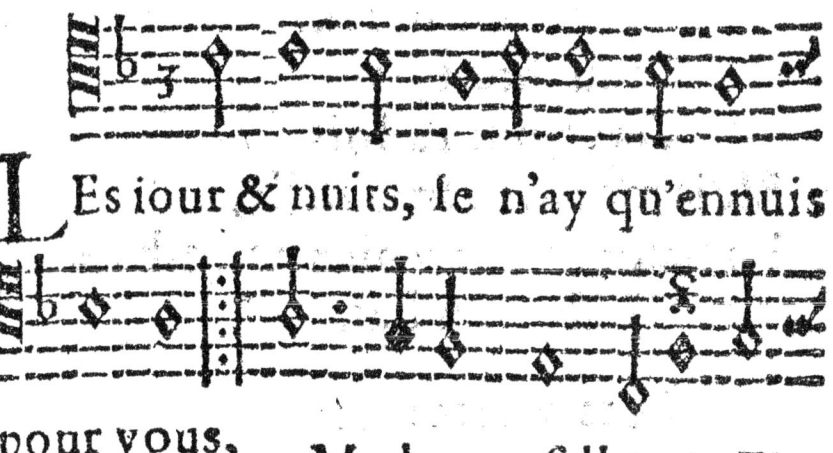

Les iour & nuits, Ie n'ay qu'ennuis pour vous,
Pour vous Madamoyselle, Et peu de contentement De mō tourmē

 Iay tant fonce,
 Et debourcé
Pour vous Madamoyselle:
Trop me couste la moytié
 Voſtre amitié.

 Ie n'ay plaint rien
 De tout mon bien,

Camment Madamoyselle,
Tout ce que i'ay despendu
Est donc perdu.
Souuentesfois
Vers vous i'allois
Mais mot Madamoyselle,
En hault vous preniez vox esbatz
Ie stois en bas.

Lors vn trottant
Me frotta tant
Mon lard Madamoiselle,
Que quicter me feist le lieu
Sans dire adieu.
Ainsi froté.
Et bien crotté
Fuyois. Madamoyselle.
Dont tristes apres long temps
Du passe temps.

De mes amis,
Mes ennemis
I'ay faict Madamoiselle,

Par trop

DE VOIX DE VILLE 168

Par trop souuent emprunter
    Pour vous porter.

  Ie fuz trompé,
  Et attrappé
Alors, Madamoiselle,
Que fuz de donner argent
    Trop diligent.

  C'estoit le mieux
  A voz fins yeux
Moustrer, Madamoiselle,
Le present pour guerdonner,
    Sans rien donner,

  L'amy de soing
  Faict au besoing
Plaisir, Madamoiselle,
Le ieu deuois commencer
    Sans aduancer.

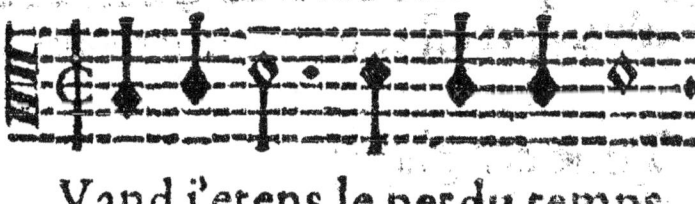

Q Vand i'etens le perdu temps

REC. DES CHANSONS.

de plusiuers qui sont à moy, Ie me ris

d'eux bié marris, Et me baigne é leur el-

moy, Ie ne me pais, De rompre paix,

En leur esprit tourmenté, Pour le bié

d'vn qui est mié, Rédre beaucoup aug-
menté

Toit ces plains
Des amans plains

De

De dissimulation
N'ont pouuoir,
De faire veoir
  A ma foy mutation.

Car ie veux,
Que tous mes vœux
  S'adressent au seul endroit,
Qui vainqueur
Est de mon cœur
  Non moins seur que le sien doibt.
Si par fois,
En luy ie fais
  Essay de dur traictement
Non pourtant
Son cœur constant
  En prend aucun changement.

Or amis.
De moy desmis,
  Cherchez alleurs amitié.
Tout le bien
Ne seroit rien
  Vous aymant pour ma moictié

Mais ô vous
Aimé sur tous,
  Iouisse de leur desir,
Et de leur
Bien grand malheur
Comme moy prenez plaisir,

Leurs ennuiz
A vous ie puis
  Bien compter par les menuz:
Vous rirez.
Quand vous orez
Lez propos qu'ils mont tenue.
L'on me dit,
Que le credit
  Dont vous auez herité
Estoit deu
Au temps perdu
  De son infelicité

L'autre fait
Son cas parfaict.
Et me peinct sa loyauté.
Cependant

Qu'il est tendant
De vaincre vne autre beauté.

Trots i'en sçay.
Qui font esay
  D'auoir grace en plus d'vn lieu,
Mais aussi
Tout mon soucy,
  N'est que de leur dire : adieu

Adieu donc.
Menteurs, qui ont
  Neustes foy ny seureté,
Et uenez
Vous qui tenez
  Iusques icy fermeté.

Mais à l'œil
Voyez le dueil,
  Auquel ie mets tous ceux cy:
Car si mieux
Ne faictes qu'eux.
  Ie vous feray tout ainsi.
    La responfe ensuit.

IE cõsens, Que tout leur sẽs õt perdu

ces amoureux, Qui espris Sont des es-

prits, Qui les font si malheureux,

Pour estat Guerre & debat Vo' prenez

legerement, Et vous plaist Ce qui des-

plaist A tout bon entendement.

Tel

Tel se pleinct,
  Qui son mal feinct,
Pour vous mettre en passion,
Et au cœur
  Ne sent douleur,
Si ce n'est par fiction.

Tous ces veux
  Estimer veux,
Vouez à vn seul amy
Mais souuent
  Ne sont que vent,
Et n'ont d'amour qu'a demy
Mais combien
  Que vostre bien
Soit accompli en tout heur,
Nonobstant
Ne blasmez tant
Ceux qui ont quelque valeur.

Pour auoir
  Parfaict sauoir
D'vne vraye loyauté,
Il ne fault

Voller si haut,
Ny vser de cruauté.
Vous chassez
Et effacez
Tels du reng de voz amis,
Qui apres
Ne seront prests:
Quand voudrez qu'ils soient mis.

N'estimez
Les plus aymez
Estre tousiours plus herreux.
Muable est
Ce qui nous plaist.
Et mesme au fait amoureux.
Les trauaux
Des plus loyaux
Vous sont esbat & plaisir,

Mais tousiours
N'aurez les iours
A vostre gré & desir,
Qui mesdit
De ce qu'on dit,

De cœur & d'affection,
A bon droit
A tel on doit
　Faire reprehenſion.
Chacun fait
Son propre fait
　Tel qu'on le puiſſe eſtimer,
Et s'il peut.
Celle qu'il veut
　Il induit à bien l'aymer.

Plus de trois,
Plus d'vne fois
　En plus d'vn endroit i'ay veu
Pour chaſſer,
Autruy chaſſer,
　Et eſtre en ſon lieu pourueu.
Tels, adieu.
Viennent d'vn lieu,
　Ou neſt mon cœur arreſté,
Deſmouuoit
N'ont le pouuoir
　Diceluy la fermeté.

　　　　Y iiij

Seruiteur
   Ayant cest heur
D'estre aymé loyallement
Ia ne craint
   Qu'on soit contraint
De le traitter rudement.

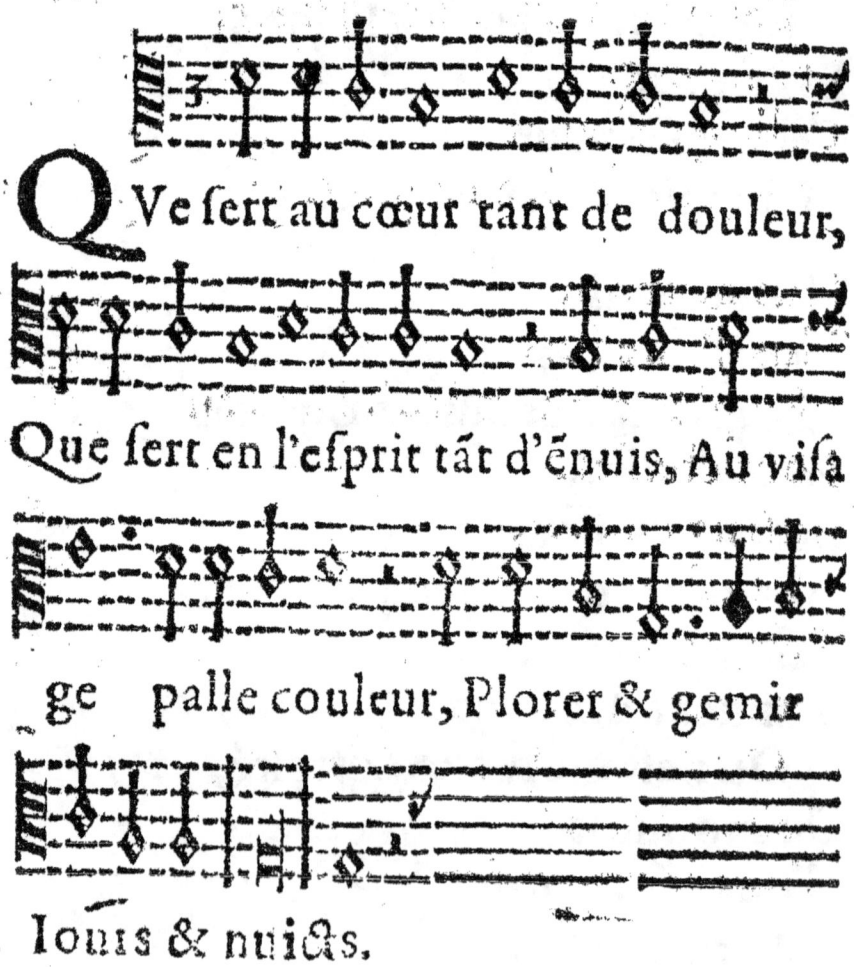

Que sert au cœur tant de douleur,
Que sert en l'esprit tāt d'ēnuis, Au visage palle couleur, Plorer & gemir Iours & nuicts.

Que

Que sert pour Amour tant veiller
Que sert de la mort le desir,
Que sert de tant se trauailler,
  Veu qu'a ton mal on prend plaisir?

Que sert de Venus inuoquer,
  Que sert se plaindre par escript,
Pour en fin se faire mocquer?
  Car du tout la femme s'en rit.
Si tu veux plaire en bien parlant,
  En tes discours seras repris,
Et receueras en t'en allant,
  Au lieu de louage mespris.

Le present que tu luy feras,
  Deuant toy sera bien prise,
Mais absent, chiche tu seras,
Et le don du tout desprise.

Ainsi te fera languissant,
  Ne cessant de martyrer,
Et point n'en seras iouissant
  Pourtant il s'en faut retirer,
Volupté ieunesse deçoit.

REC DES CHANSONS

Son chemin ne faut pas tenir,
Honneur & louange reçoit,
 Qui d'elle se peut abstenir.

Le corp à la mort est liuré
 De puis qu'elle a le cœur attaint,
Le sain iugement enyuré,
 Et le meilleur esprit estaint.

C'est aloës succré dessus,
 C'est vn arsenic feminin,
Dont les plus rusez sont deceuz,
 D'amorce trempee en venin.

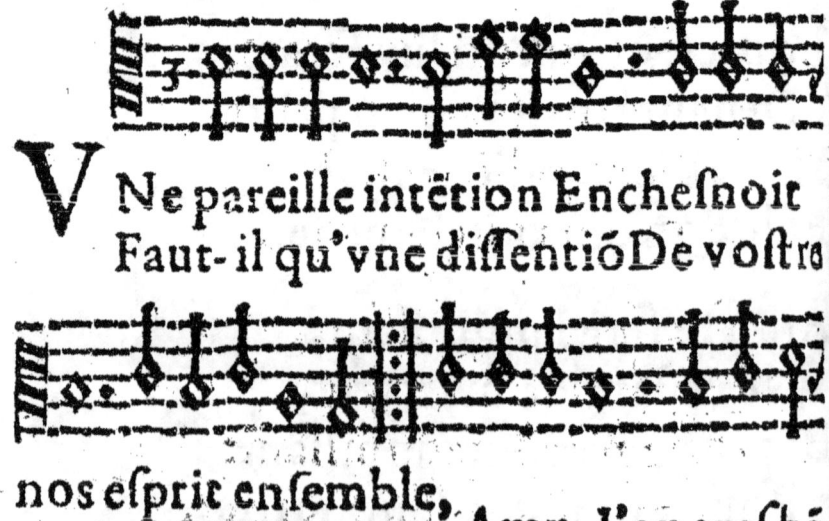

Vne pareille intētion Enchesnoit nos esprit ensemble,
Faut-il qu'vne dissentiō De vostre par les dasassemble, Amy, l'ay tresbō droict

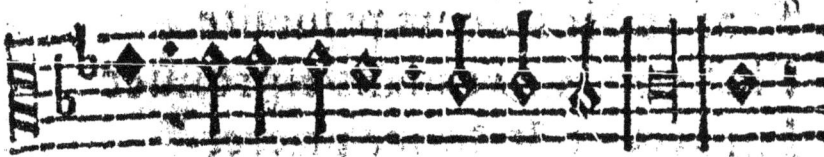

droict de me cõplaindre é cest endroit.

Car vous me causez tel esmoy,
   Que mõ cœur par l'œil fond é larmes:
Auez vous trouue mal en moy,
   Qui vous contraigne à tels alarmes?
O que celuy faict sagement.
Qui ne croit point legerement.

Le ciel m'a donné ce bon heur
   D'auoir chacun iour de l'annee,
Au deuant des yeux mon honneur:
   D'abondant ie serois damnee,
Si en cela qu'auez pensé,
Tant soit peu i'auois offense

Nay-ie pas vne ame à garder?
   Nay-ie pas vne conscience?
Ne me faut-il pas garder
   Entent iuement la science,
D'entretenir ma loyauté

Sans auoir ailleurs priuauté
Plusieurs me voulans esprouuer
Par argent & douce priere,
 Autre faueur n'ont sceu trouuer,
Sinon se retirer arriere,
  Vous estes seul desoubs les cieux
  Que i'honore & i'ayme le mieux.

Aussi par vostre grand bonté,
Sauoir, & grace pretieuse,
Tout viuant auez surmonté
Seroist-ie pas donc malheureuse,
  D'auoir pensé vous decepuoir,
  Pour vn autre amy receuoir?

Plustost la cruelle Atropos
Rompre le fil qui me fait viure,
 Que vueille changer mon propos
Ferme comme le mur de cuyure,
Lequel encor' qu'il soit battu
Resiste sans estre abbattu.
   FIN.

       Helas

DE VOIX DE VILLE

HElas mõsieur ostez vo9 tost, é da ie
La dame icy viẽdra tãtost, p̃ ma fi
ous chatouilleray, Escoutez là quel-
e vous picqueray,
qu'vn i'entés. mõsieur vous perdez vo
stre temps.

Ostez la main de cest endroict,
Apres vous n'y auez rien mis:
e di soir bien que lon viendroit.
Ne me touchez soubs mes habits:
Cessez donc de me garsouiller,
Et pensez de vous en aller
utre m'estimez que ne suis,
Ne me venez plus herceler,

REC. DES CHANSONS

Non, Monsieur ne fermez point l'huis
   Cela ne se pourroit celer:
Le bel honneur que ce seroit,
Quád quelqu'vn nostre faict sçauroit.

Laissez moy Monsieur ie vous prie,
   Vn autre que moy vous faudroit,
Laissez moy mercy ie vous crie,
   Car quelqu'vn icy suruiendroit.
Puis des honnorée en serois,
Et plustost mourir ie voudrois.
Laissez moy donc icy seulette
Et vous en allez vistement.
Ne destachez vostre aguillette,
   Ainsi vous estes proprement:
Monsieur ne vous destachez poinct.
Vous estes tresbien en ce poinct.

Cognoistre faut deuant qu'aymer,
   De ce mor la soyez content,
Vous ne vous faictes qu'enflammer,
   Monsieur ne me tastez point tant:
Ie vous prye vous deporter
Car d'vn doux il vien vn amer,

Mais qu'est-ce que tant barboullez,
Ie n'entens point ce ieu icy,
Vous dites que vous vous iouez,
Ie ne cognois rien en cecy
Arrestez vous quelqu'vu i'entens,
Sainct Iean quel ieu il est dedans

Comme la corne argentine, De la 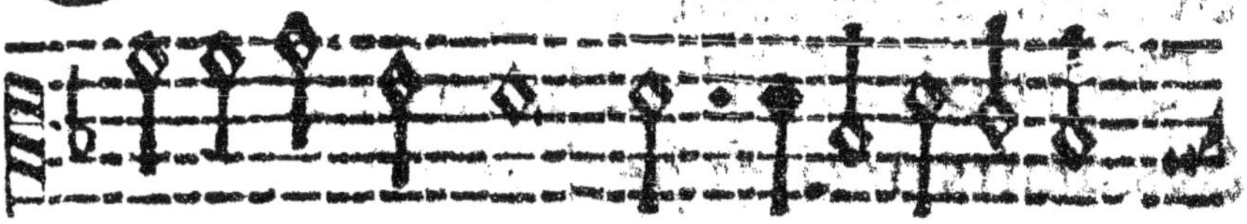 lune é sō croissāt, Belle & disposte chemine, Sous le voyle brunissant, Parmy 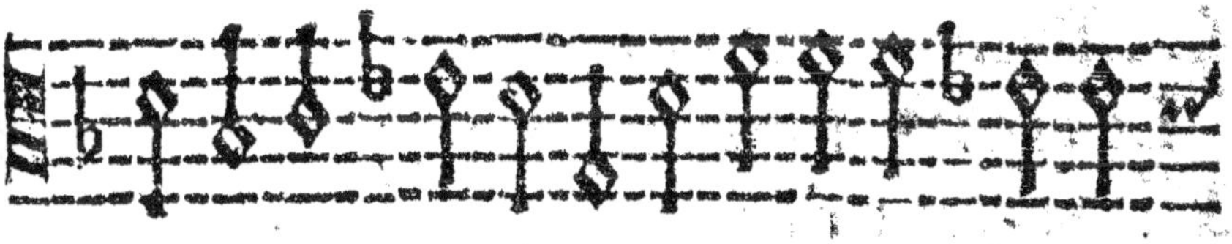 la gémeuse presse, Des autres feus q̄lle

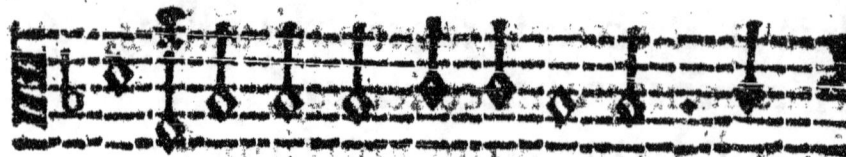

suit, Ainsi la grace reluist des beau-

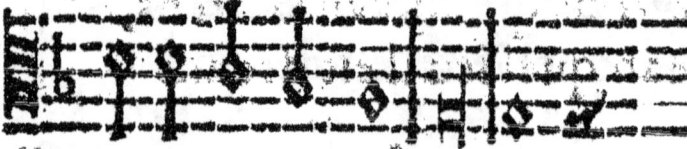

tez de ma maistresse.
Ce ne sont que fleurs escloses
  Sur son ieune & tendre sein:
Ses leures ne sont que roses,
  Qu'yuoire sa blanche main:
Ses dents petites perlettes:
  Ses yeux deux astres iumeaux
Où mille & mille amoureaux,
  Trempent de miel leurs sagettes.

C'est vne douceur benigne
  Son ris & sa bouche aussi.
C'est vne voute ebenine
  Le croissant de son sourcy.
Elle retient de son pere
  Le port & la maiesté.

Les

Les vertus & la bonté,
Et les graces de sa mere.
Et comme la branche tendre,
 Qui prend racine du bas
Du laurier se veut estendre,
 Et croistre ses petits bras:
Et rien que le ciel n'aspire,
 Monstrant son sein verdoyant,
 Et son beau corps ondoyant
Au doux souspirs de Zephire:

Ou comme la grace belle
 D'vn bouton à demy cloz,
Monstre sa robbe nouuelle,
 Et son pourpre au fond encloz,
Ne luy restans que l'entente
Des rayons d'vn beau soleil.
 Pour espandre le vermeil
De sa beauté rougisante.
Tout ainsi vient en croissance
 Ceste vierge, qui de soy,
La porte assez d'asseurance
Qu'elle est fille d'vn grand Roy,
                    Z

Sans plus reste vne rosee,
Ou quelque douce chaleur,
Pour faire espanir la fleur
   De sa ieunesse espousee.

Ie voy le Soleil qui lance
   Desia ses raids dans les eaux,
Ie voy la nuict qui s'aduance
   D'allumer ses clairs flambeaux,
Ie la voy quelle s'appreste
   De faire luire feu
Du vespre qui peu à peu
   Ia nous descouure sa teste.

Ie voy desia la nuict sombre,
   Qui sur la terre s'espand,
Ie voy l'espais de son ombre,
   Qui par l'air ia se respand:
Vien donc l'heure est opportune,
   O nuict & si tu reçois
Les doux accens de ma voix,
   Monstre nous ta face brune.
Or sus la nuict est ia close:
L'auant conteur est au ciel,

Sur ceste bouche desclose
  Il vous faut cueillir le miel:
Il vous fault doucement ioindre
  A ce tetin nouuelet.
Comme vn bouton verdelet,
  Qui ne fait ores que poindre

Comme la branche tortisse
  De la vigne aux verds rameaux,
Se pend, se noue, & se plisse
  Du bras des ieunes ormeaux,
Ou comme alors que fleuronne
La terre au raids d'vn beau iour.
Les pigeons se font l'amour
  De leur bouchette mignonne:

Ainsi l'estoille qui guide
  Les petits amours dorez,
Auec hymen qui preside
  A ces festins honorez,
Vous appelle & vous conuie
  Tous deux au col vous saisir
Pour sauourer le plaisir
Le plus doux de nostre vie.
            Z ij

Sus donc auant que lon forte,
  Pages oftez la clarté,
Nymphes, qu'on ferre la porte,
  Or fus ceft affez chanté:
Prenez la ceincture belle,
  Que vous pourrez fur le flanc,
Et ferrez l'iuoyre blanc.
De cefte efpoufe nouuelle.

Voftre ceincture ou les graces
  Sont empraintes à l'entour,
Et les plaifantes fallaces
  Du cruel enfant Amour:
Voftre ceincteure ou font mifes
  Les amorces & les trais,
Et les amoureux attraits
De cent & cent mignardifes.

La boucle eft d'or eftoffee
  De fleches & d'vn carquoys,
Et l'entour eft d'vn trophee
  Lecé de deux arcs Turquois,
Les bouts font faits d'vne poincte,
Qui porte vn nouueau croiffant.

D'vn lyerre verdiſſant
Autour de ſes flancs eſtrainte,
Atant les Nimpes ſacrees,
　Les Nimphertes aux yeux verds,
De leurs bouchettes ſuccrees
　Au lict chanterent ces vers,
Prenans la boucle fatalle
De leur belle & blanche main,
La bouclerent ſoubs le ſein
De ceſte Nymphe Royalle.

Couple d'Amans amiable,
　Que puiſſiez vous ſans ennuys,
D'vn amitié perdurable
　Paſſer les iours & les nuits,
Sans que iamais ny le'nuie,
　Ny le ſoing ny le couroux
　Rouille ſes yeux deſſus vous,
Pour tourmenter voſtre vie.
Dieux faictes que de leur race
Puiſſe neiſtre vn enfant beau,
Qui au front porte la grace
Du pere des le berceau.

Et qui de beauté reſſamble
A la mere, & de pouuoir,
A ce roy qui s'eſt faict voir,
Eſgal à vous tous enſemble.

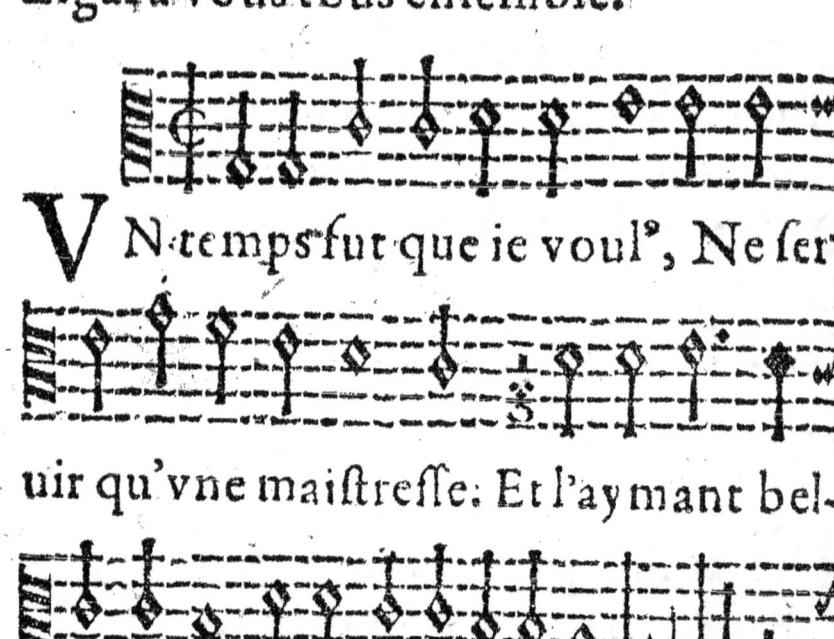

VN temps fut que ie voulº, Ne ſeruir qu'vne maiſtreſſe: Et l'aymant belle ſãs plº, I'y contraignois ma ieuneſſe
Mais apres ie m'addreſſay

A vne autre trop plus belle,
Qu'auſſi toſt ie delaiſſay,
Que ie la trouuay rebelle,

Puis ie me mis à aymer

vne

Vne infinité de Dames,
Et fans plus me confumer
　Toutes heures de mes flammes
L'vne me fceut embrazer,
　Pour auoir parfaire grace,
L'autre me fceut abufer,
Soubz le beau teinct de fa face

Seulement en moeilladant,
　Vne tour fien me feift eftre
Et l'autre au bien me guydant,
L'heur des heurs me feift cognoiftre.

L'vne de mefme douceur,
　Me rauit & a mattire
L'autre de contraire humeur,
Me donne vn plaifant martyre.

Cefte cy pour fa beauté,
　Puis pour fa vertu encore:
L'autre pour fa priuauté,
l'entretien i'ayme & honore.
Cefte cy ma loyauté.
　Fuit tyrannife & mefprife.
　　　　　　　Z iiij

L'autre immole en cruauté,
　　Ma foy qu'elle martyrisé.
L'vne pour auoir beau front
　　Lautre la taille bien faite.
Et l'autre vn tetin bien rond,
　　Font que les trois ie souhaitte.

L'vne me plaist pour sa voix,
　　Pour son parler & bien dire,
L'autre pour ses ris courtois,
　　Et l'autre pout plus i'admire
L'vne pour auoir beau sein,
　　Et l'autre belle charnure
Et l'autre vne belle main,
　　Font que pour elles i'endure.

Caprif aussi m'ont rendu.
　　D'vne le menu corsaige,
Et l'œil proprement fendu,
　　D'vne autre & son brun visaige.
L'vne me plaist pour auoir
　　Petite & vermeille bouche,
L'autre ayant vn sourcil noir,
Iusques à l'ame me touche.

L'vne ayant le nez traitis,
　　Et lautre vne ferme ioue,
Et ses membres bien sortis,
I'ayme i'honore & ie loue

L'vne pour son grand esprit,
　　Et pour sa rare nature,
I'ayme & l'autre qui mesprist,
　　Me monstrant sa cheuelure.
L'vne pour vn trait gentil,
　　L'autre pour estre accomplie,
L'autre pour son sens subtil.
Et lautre pour moins me lye,

Comme Amour n'a point de loy,
　　Est n'est subiet à personne,
Aussi est libre ma foy
　　Qu'vn sexe ne passionne.

Plus d'vne perfection
　　Dedans mon cœur est escripte,
Bref ie porte affection
La ou ie voy le merite.
Plus qu'on voit qu'au plus loyal.

REC. DES CHANSONS.

Fortune est peu fauorable,
Suyuant son destin fatal,
Ie seray donc variable.

Par ou faut il, pauure, que ie com-
Mon triste chant de ma si grāde of-
mence, Et des regrets que i'ay de
fence,
dans mon cœur, O pauure ou est mai-
tenāt tō honneur, O pauure ou est, &c
He

Helas il faut pluſtoſt que ie m'amuſe
A larmoyer, qu'a prendre mon excuſe
D'vn tel forfait qui cauſe ma douleur.
  O pauure ou eſt maintenát tō hōneur

Helas ie ſtois par tout tant eſtimee
Mais i'ay perdu ma bonne renomee,
Par vn lequel i'aimois de tout mō cœur
  O pauure ou eſt maintenát tō hōneur

Diray-ie donc ce qui me rend ſi palle
C'eſt que ie fuz de moy trop liberalle:
A l'endroit d'vn qui m'eſtoit ſaruiteur
  O pauure ou eſt maintenát tō hōneur
Puis que ie ſuis deſormais exemplaire,
D'auoit voulu pour à l'autruy cōplaire,
Perdre l'odeur du bouton du bonheur
    O pauure ou eſt. &c.

Or veux ie donc ſeruir de teſmoignage
Que i'ay eſté peu diſcrette & mal ſaige
D'auoir preſte l'oreille à ſa grandeur
    O pauure ou eſt. &c.
Poṙ quelque téps ſeruiteur voulu eſtre

Mais à la fin voulut rendre maistre,
Et par dessus mon mary gouuerneur
O pauure ou est maintenãt tõ hõneur.
Donc vn chacũme blasme & me prise,
D'auoir esté si forte & mal apprise
De n'auoir sceu de luy estre vainqueur
  O pauure ou est maintenant. &c.

Mais vn tel fuit iamais sõlieu ne treuue
A se cacher qu'en fin ne se descouure,
Dieu le permet qui n'est en riẽ mẽteur
  O pauure ou est &c.
Fẽmes de vous que chacune contẽple,
Mõ grãd forfait quibiẽ vo' sertdexẽple
Que ne tombiz en vn tel deshonueur,
  O pauure ou est maintenant &c.

Puis que ie suis pauure & deshonnoree
Ie viz, helas comme desesperee,
Pour mon grand mal qui m'assault de
  O pauure ou est, &c.   (fureur
I'ay donc perdu vne si belle chose,
C'est de mon corps la florissante rose,
                  Adieu

DE VOIX DE VILLE. 183

A Dieu l'amour, l'hōneur & la faueur,
O poure ou est maintenāt ton hōneur

Vien tost, ô mort de toutes gens haye,
Naurer mō cœr pour abbreger ma vie,
Et qué mourāt meure aussi ma douleur
O poure ou est maintenāt tō honneur.

Or mes amis apres ma mort finie,
Ie vous supply' finissiez vostre enuie,
Sans plus parler de mō ꝛ tiste malheur,
O poure ou est maintenāt ton hōneur

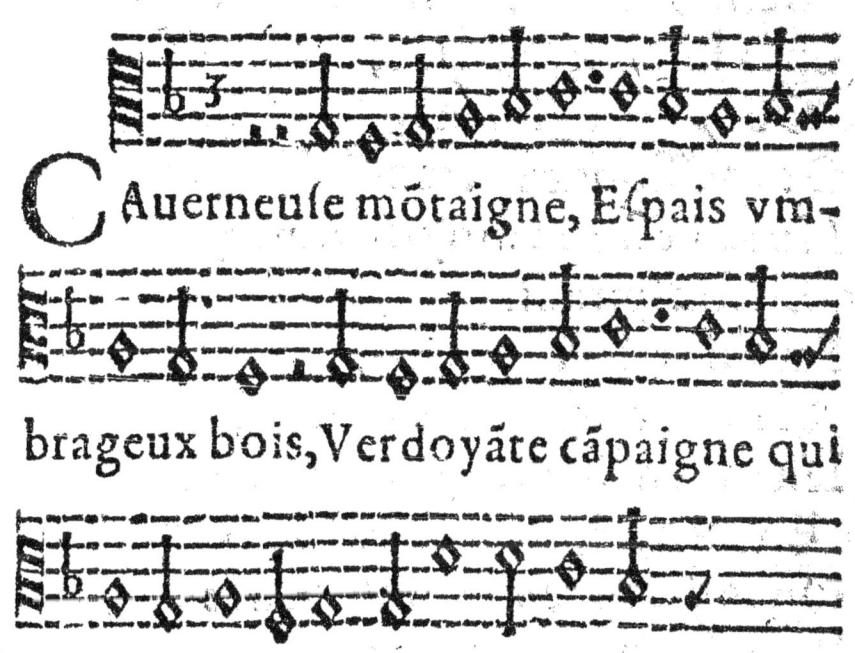

Cauerneuse mōtaigne, Espais vm-
brageux bois, Verdoyāte cāpaigne qui
souuét plaīdre m'ois, D'vne ardeur vio

lente, En voix piteuse & lente, I'ay veu semer

Le dueil qui m'accompaigne Mon ennuy
(trop amer.

Ma ioye fuigitiue
  S'en volle & à pas lent,
En la suiuant, i'arriue,
  Ou l'effort violent
Des passions extremes,
Me fait dire en moy-mesmes,
  En souspirant,
Faut il ciel que ie viue.
  Si long temps en mourant,
Du gref mal que i'endure,
  En pleurs ie vois fondant,
Quand doucement murmure
Vn russeau descendant,
Qui de ce mont s'assemble,

Tellement qu'il me semble
  Voyant les eaux,
Que ceste roche dure
Va pleurant mes trauaux.

Ah complaintes piteuse.
  Allegrez le soucy,
Des passions honteuses
  Que me tiennent icy.
Ou nul est qui me fasche,
Fors qu'allors que ie lasche
  Soulpirs trenchans,
Les doux sœurs despiteuses
  Me plaignans en leurs chants.

Ie plains pleure & soulpire,
Mais las trop vainement,
Car mon tourment empire,
  Au lieu d'allegement,
Au son de ma priere
La cruelle en arriere,
  Fuyt ie voy,
Pour rendre mon martyre,
Ainsi comme ma foy.

Qu'elle nuez obscure,
Me cache mon soleil:
Qu'elle siere aduenture.
Lessongue de mon œil?
Ah ma douce lumiere
Desclairer coustumiere
Les tristes nuicts
La mort si le temps dure,
Finira mes ennuits.
FIN.

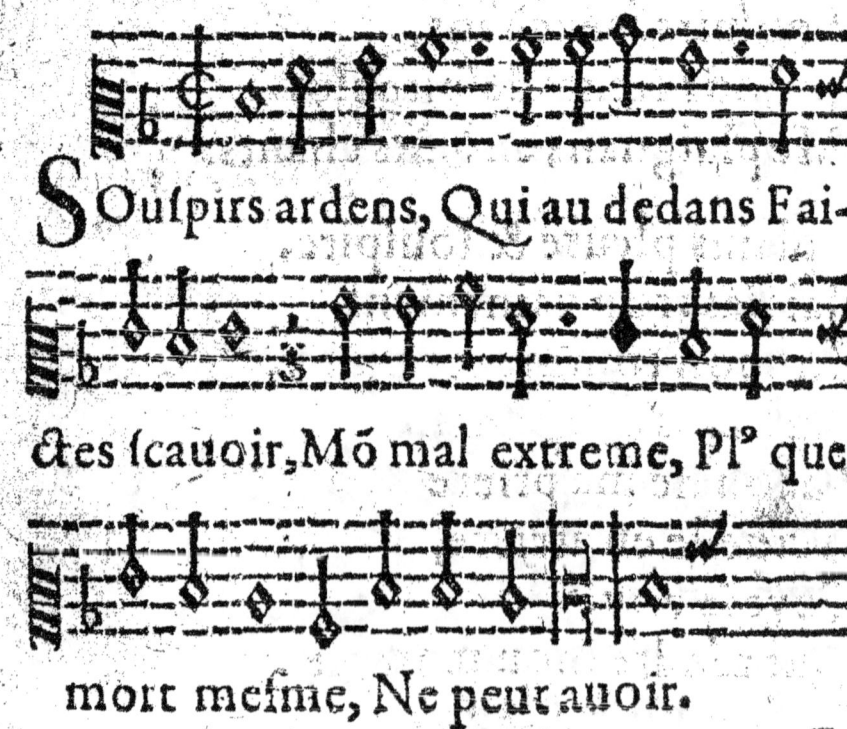

Soupirs ardens, Qui au dedans Faictes sçauoir, Mō mal extreme, Pl⁹ que mort mesme, Ne peut auoir.

Et

Et toy mon cœur,
Qui de liqueur
　Et ia forclus,
Pour tant de larme,
Et forts alarmes:
　Tu n'en peux plus.

Toy & mes yeux,
A qui mieux mieux,
　Pleurez souuent
Tous deux ensemble,
Sus, qu'on assemble
　D'oresnauant,

Toutes vos eaux,
Et voz ruisseaux
　En vn voyez,
Affin que celle,
Qui m'estincelle,
　Vous y noyez.
Et puis des dards,
Que ses regards,
　Vous ont dardez:
Faictes moy mesme

Aa

La barque & rheme,
Pour vous garder.

Que t'ay-ie faict
Qu'ay-ie meffaict
  Encontre toy
Dy moy mamie,
Qui sur ma vie
  Mets tel el esmoy?

Vengez moy donc
Celuy qui onc
  Ne feist faux tour,
Si n'est qu'il l'aime
D'amour extreme,
  D'extreme amour.

Car quand au fond
Du plus profond
  Noyer s'yra,
Parauenture
Sa rigueur dure
  Abolira

RESPONSE.

Las

DE VOIX DE VILLE 186

LAs tu te plains
Et te complains,
 Amy, à tort,
Pour ton amante,
Qui s'en tourmente
 Iusqu'à la mort.
Ce n'est pas moy
Qui ton esmoy
 Te va causant:
Mais faulse enuie,
Qui sur ma vie
 Va deuisant.
Prens bon espoir,
De mieux auoir.
 S'il plaist à Dieu,
D'vne asseurance
A l'esperance
 Ie te fais lieu.

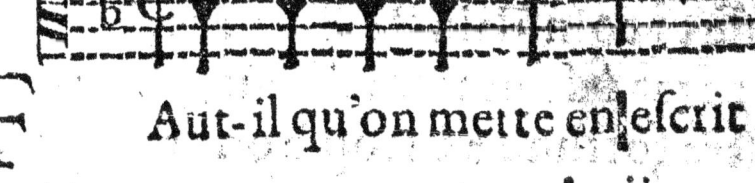

F Aut-il qu'on mette en escrit

Aa ij

Faut-il qu'à to9 ie reuele, la douleur de mon asprit, Et sa cruauté nouuelle

Et sa cruauté nouuelle,
Parler ne puis de mes maux,
Sans souffrir peine trop grande:
Celer ne puis ton cœur faux,
Sans que le mien ne le fende.   bis.

Trop mieux me vaut toutesfois,
Qu'en me complaignant i'endure,
Que par moy celé tu sois,
Et qu'en te celant ie meure.   bis.

Cesse Philis ta douleur,
Cesse ta complainte Enonne,
Au regard de mon malheur,
Vostre fortune est trop bonne.   bis.

Voz

Vos deux amis seulement
Vous osterent leur presence,
Mais le mien cruellement
Me tourmente en son absence.   bis

Plustost la mer ie boirois,
Plustost nombrerois l'areine,
Que la moitié ne dirois
De mon mal & de ma peine,

La montaigne d'Eolus
Qui en soy tous les vents garde,
N'a de sa tempeste plus,
Que la mienne que ie garde.

Ainsi que tout pesant corps
Tire au centre de la terre,
Ainsi ennuiz & discords
Font à mon cœur forte guerre.

Comme on voit au Ciel des prés
Les estoilles attachees,
Ainsi douleurs & regrets
Sont dedans mon cœur fichees,

Compteray ie les ennuiz,

Compteray-ie la destresse
Qui me tient & iours & nuits,
Qui iour & nuict tant moppresse,

O Cupidon cruel Dieu,
Pourquoy mis tu ma pensee
En luy? maudit soit le lieu,
Ou l'amour fut commencee,

O male natiuité,
Que ie ne perdis la veuë,
Ou bien que la deité
De Cupidon fust perdue.

Mais de ma veuë ne vient
Ceste fortune facheuse,
Aussi d'amour ne prouient,
Ains de ta langue menteuse.
O langue teincte en venin,
Que ne fuz tu lors couppee,
Quand par ton parler bening,
Ie fuz deceue & trompee.
Quantesfois m'auois tu dit,
Nostre amour n'est terminee,

Ains

Ains ha pouuoir & credit,
 Iusques à la mort finee.

Plustost la mer seichera,
 Disois tu, que ie te laisse:
Plustost le ciel tombera,
 Que nostre amour se rabaisse.

Or tombe le Ciel en bas,
 Et la mer soit assechee:
Car tu ne me cherche pas,
 Autre Dame as tu cherchee.

Las, dy moy en verité,
 Que t'ay-ie fait en ma vie,
Parquoy i'aye merité
 Tant de rigueur & d'ennie,

Si pour faire honneur & bien,
 On dessert ta male grace,
Certes ie confesse bien
 Q'ua bon droit mal i'embrasse.
Si pour auoir mis mon cœur
 En la chose mal cognue,
On desir si grand rigueur,

Aa iiij

REC. DES CHANSONS,
Ceste peine m'est bien deuë,

Mourir veut & si ne puis,
Et si suis en viuant, morte:
Ie n'ay vie & vifue suis,
Pour le mal qui me transporte.

Outre le mortel soucy
Qui pour toy si fort m'opresse,
La vie & la mort aussi,
Font à mon cœur forte presse.

Or ay-ie le baston faict,
Par le quel ie suis battue,
Or ay-ie forgé le traict
Lequel à present me tue.

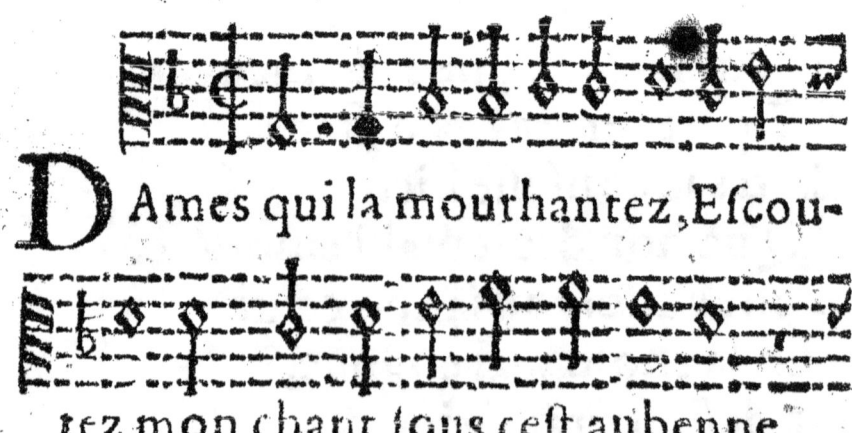

DAmes qui la mourhantez, Escoutez mon chant tous cest aubenne

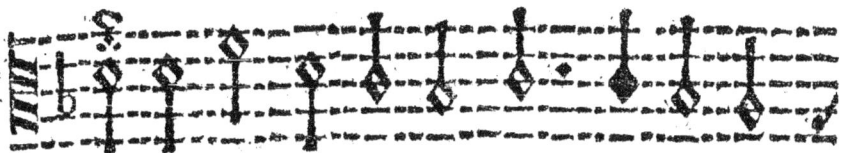

Car vostre dueil n'est q̃ ioye, Mais qu'õ

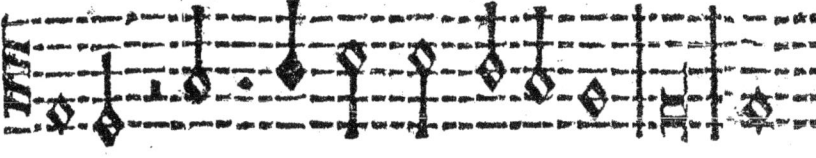

oye Ceste dolente orpheline,

O royalle malheuree
   Esploree,
Qui vais par monts & campaignes,
Et vague la nuict paoureuse,
   Dangereuse,
Auec ennuis mes compagnes,

Echo respond à ma voix,
   Par les bois.
Ou esgarree demeure,
Et tel son que ma voix rend,
   Elle prend.
Disant qu'a pres moy à lheure
Di moy Iason s'il te plaist,

Qu'ay-ie faict,
Qu'ainsi nostre amour finisse?
Ie croy que ton cœur leger
A changer,
Prend mon trop aymer pour vice.

O malheur qu'encor' ne soit
Verd & droict.
Se sapin sur sa racine
Dont fut bastie la nef.
Au meschef
De mon malheur & ruine.

I'ay laisse en desarroy
Pere & Roy
Poursuyure ta nef & voyle,
Obstinee que ie suis,
Qui en suis
Contre moy ma dure estoille,
Chacun aussi vient blasmer
Mon aimer.
D'vne amour trop violente.
Tellement que i'ay le fais
De tes faicts.

Comme coupable & nocente
Ie t'ay choisi pour espoux
Entre tous
Ceux qui la toison insigne
Sont de bien loing venus voir
Pour l'auoir.
Et d'elle ie tay faict digne.

Mais le iour que ie te vis,
Ie vesquis
Trop d'vne seule iournee:
Car malheureuse pour toy
Ie me voy,
Ores trop infortunee.
Iay par art & par engin
Mis à fin.
Des taureaux le feu horrible,
Mais ton vouloir endurci,
Sans mercy.
Est par charmes inuincible.

Tu as eu par mon moyen
Heur & bien,
I'en ay mal pour recompense.

Pour le moins quand me hayras.
Aymeras
Le parfait de ma constance
Tu as ma virginité.
Ma beauté
Et ta vie pour douaire
Et mon cœur à toy voué,
Tant noué,
Que ie ne l'en puis distraire

Au moins si de moy ne veux,
A qui vœux:
Tu as fait par grand courage,
Pren ces deux tiens fils iumeaux
Si t es-beaux.
Fais au vif à ton image,

Ces petits pleurent d'esmoy,
Quant & moy,
De me voir en si grand plainte,
Et puis en mon sein se cachent,
Sans qu'il scachent
Le mal dont ie suis attainte.
Mais i'ay espoir que les cieux

Et les dieux
De toy prins en tesmoignage,
Si iuste pouuoir ils ont
Vengeront
Ma douleur & mon outrage.

Tu as violé la loy,
Et ta foy,
Abusant de ma creance
Si tu n'es puny pourtant,
A l'instant,
C'est pour mieux punir l'offense
Doux ennemy pense vn peu.
Si i'ay peu
Vainqueur & sauf te conduire
Iay donc pouuoit au contraire
Te meffaire:
Encor' ne t'ose-ie nuyre,

Celle qui de mes ennuys,
A les fruits,
Pourra si ie puis entendre,
Qu'on ne doibt sur l'amour faint,
Et non faint.

REC. DES CHANSONS.
De deux amant entreprendre.
Ie men vais sans plus chomer,
Vers la mer,
Ou au soir le soleil tombe:
La croist vne fleur petite.
Qui suscité
Les ames hors de la tombe,

Dictes moy ames piteuses,
Amoureuses.
Si l'amour apres mort dure,
Au surplus si mort me blece
Cest liesse,
Veu le tourment que i'endure
FIN.

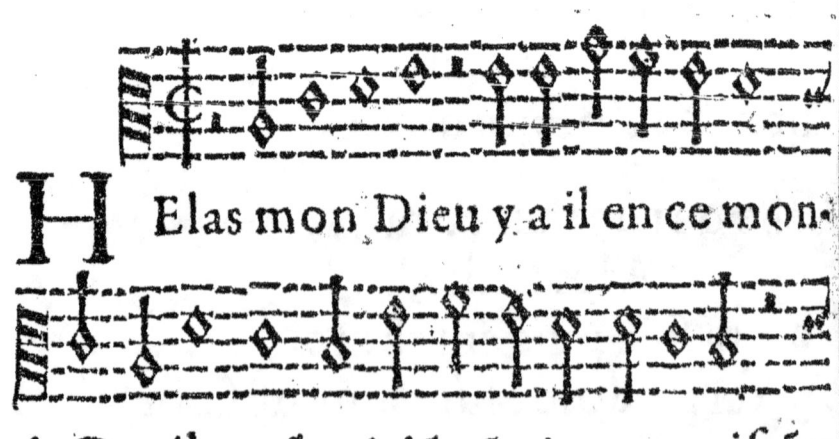

Helas mon Dieu y a il en ce monde Dueil ou ēnui dōt ō ait coguoissāce
Qui

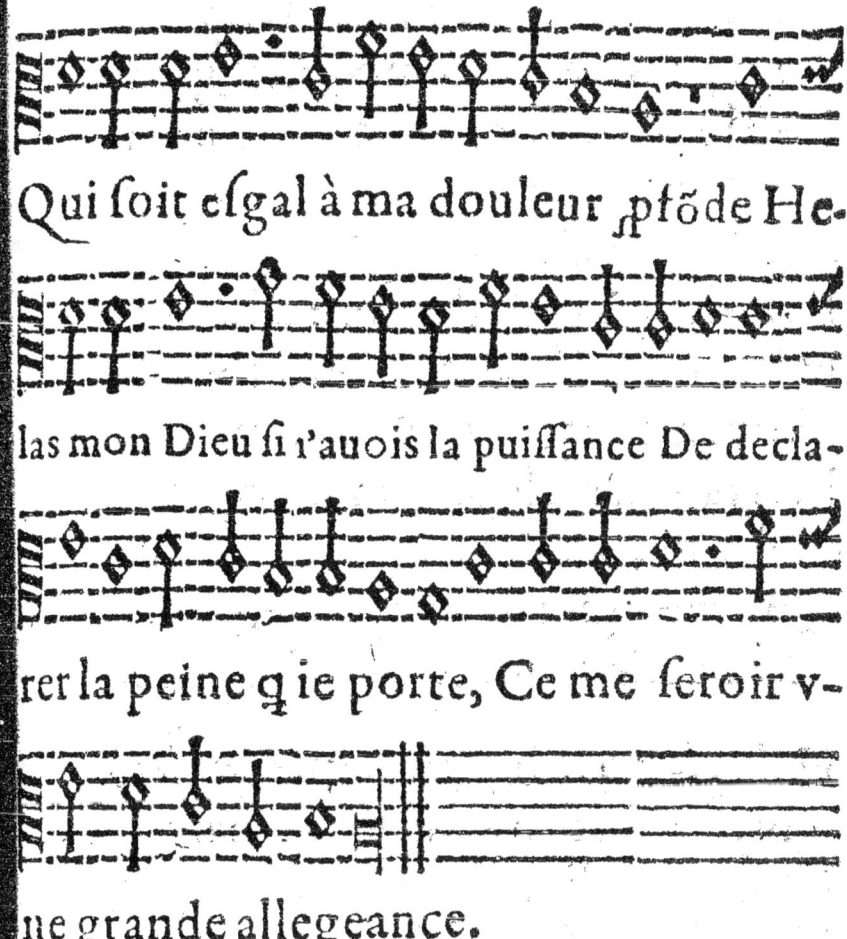

Qui soit esgal à ma douleur ptõde He-

las mon Dieu si i'auois la puissance De decla-

rer la peine q ie porte, Ce me seroit v-

ne grande allegeance.

Helas mon Dieu pitié est elle morte
Qui luy defend que mort ne me cõtéte
Puis qu'autre espoir ie nay q mecõfort
Helas mon Dieu le fruict de mõ attéte
S'en va passant cõme songe ou fumee
Et ma douleur est seule permanente

Helas mon Dieu amie trop aimee,
Voyez vo° point à mó dueil iportable
Vostre grand tort & foy peu estimee
Helas mon Dieu amitiè perdurable,
 D'ingrat oubly est mal recompensee
I'é ay la peine & l'autre é est coulpable
Helas mon Dieu qui scauez ma pensee
 Soyez content que delle me deporte,
Mettant à fin leuure mal commencee,
Helas mon Dieu ce cas me descõforte,
Que mó cœur gisté biē poure asseurãce
Mó desir croist & lesperãce est morte

Helas mon dieu puis que perseuerãce
 Ny loyauté ny ma peine trop dure,
N'ont proffite meure toute esperance,
Helas mon dieu si d'heureusé aduéture
Mort à mon mal dóne fin pl° retarde,
Ie ne croi pl° que par douleur ō meure
Helas mó Dieu si ma mort tãt lui tarde
Ordonnez luy qu'apres ma sepulture.
Tard repentir elle entende & regarde,
Que plus ma foy que sa cruauté dure,

DE VOIX DE VILLE

LA Diane que ie fers, Ne court
Et n'oy plus parmi les bois Le ſõ

plus par les deſerts,
de ſa douce voix, Plus ne voy le petit

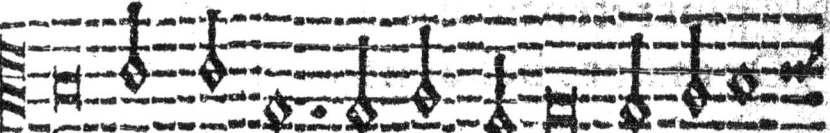

Dieu, q̃ la ſuiuoit é tout lieu, ie ne voy

plꝰ l'arc tẽdu, Que i'ay p̃ trop attẽdu

A l'entour de ces forets,
Ie ni voy cordes ny rets,
Ie n'entens ny cris ny cors
Comme l'on faiſoit alors:

Ie n'entends ny cors ny cris,
Comme lon auoit appris
O quelle amere liqueur,
  Mé vient saisir en mon cœur:
Les riuaiges des ruisseaux,
Aargentins aux claires eaux
Ny les bois de fleurs ornez
  Ie ne voy plus entournez
De la bande à chasteté,
  Qui tant de fois l'ont esté.
Ny plus retentir le son
  De mainte belle chanson

Plus n'en voy de mal menez,
Il n'en voy de destournee
Tous asseurez ie les voy,
  Et en repos fors que moy,
Qui suis tousiours auferré
Du trait qu'on ma desserté
Par sa diuini beauté,
  Dont ie sens la cruauté,
O lumiere des hauts Cieux,
Qui esclaires ces bas lieux

Et vois de tes raids ouuers
　Tous endroits de l'vniuers.
Monte plus hault d'vn degré.
Ta sœur t'en sçaura bon gré
Et puis nous fais assauoir
　La part ou on les peut voir.

RESPONSE.

Non, non car les Cieux ainsi
Ont destiné ton soucy,
　Pour vn cas trop odieux,
　Que tu as commis aux Dieux.
Lesquels exprés ont mandé,
Que l'arc ce fust desbandé,
Qui t'a fait l'amoureux coup,
　Dont tu te plains à ce coup,
Mais pourtant d'vn si beau coup,
Tu ne mouras pour ce coup,
Car les Dieux sont resiouis
　En tes plains qu'ils ont ouis,
Au souuenir du beau nom.
De ta Nimphe de renom,
Sur qui l'arc qu'ils ont bandé,

Pour toy sera desbandé.

Mais auant qu'a ces beaux iours
Tu sois, souffriras tousiours,
    Qui viendront pas à pas,
    Comme en l'orloge vn compas,
Ta predestination
Suyura son affection:
    Puis l'arc qu'il t'ont desbandé
    Sur elle sera bandé.

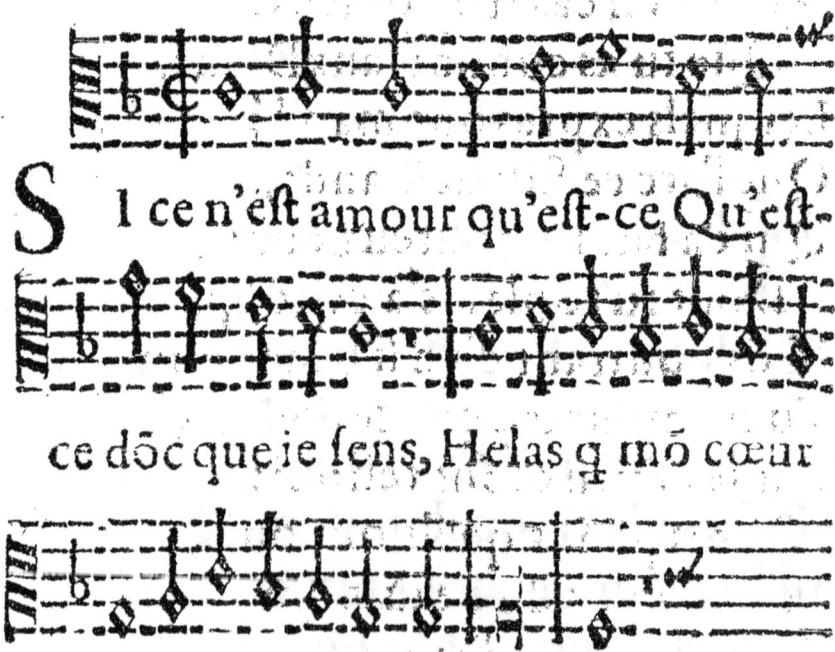

SI ce n'est amour qu'est-ce Qu'est-ce dōc que ie sens, Helas q̃ mō cœur blece, Et rauist tous mes sens

Ie ne le sçaurois dire,
  Mais si c'est bien ou heur,
Doù me vient tel martire,
  Telle peine & douleur?
Et si mal ce peult estre,
Helas mon Dieu comment
Faict-il en mon cœur naistre
  Si gratieux tourment.

Et s'il brusle mon ame,
  De mon gré & vouloir,
Puis-ie bien de sa flamme
  Iustement me douloir?
Si ma peine est contraincte,
  Que me sert le pleurer,
Ny du mal la complainte.
  Qu'il conuient endurer.

O delectable peine,
  O desirables maux:
O mort de vie pleine,
  O gracieux trauaux.
Pouuez vous bien ma vie
Ainsi facillement

A vous rendre asseurance
Sans mon consentement?

Ie ne scay q c'est qu'il me faut, froid ou chaud. Ie ne dors plus ny ne sommeille, C'est merueille De me voir sai & lãgoureux. Ie croy q ie suis amoureux.

En quatre iours ne fais pas
Deux repas,
Ie n'e voix ny beuf ny charrue,
I'ay

l'ay la rue
Pour me pourmener nuict & iour.
Ie suis l'hostel & le seiour
Il m'estois aussi grand besoing
D'auoir soing,
Qui auroit des dances le pris,
Ie fus pris
Et m'amusay tant à la feste
Qu'encore m'en tourne la teste.

Ie na say ou le m'al me tient,
Mais il vient
D'auoir dancé auec Catin.
Son tetin
Alloit àu bransle maudit soit-ie,
Il estoit aussi blanc que nege.
Elle auoit son beau collet mis,
De Samis,
Son beau corset rouge & ses manches
Des Dimenches,
Vn long cordon à petits neuds
Pendant sut ces souliers tous neufs.
Ie me vy iecter ses yeux vers

De trauers,
Dont ie feis des faut plus de dix
Et luy dis.
En luy ferrant le petit doi,
Catin c'eſt pour l'amour de toy

Sur ce point elle me laiſſa,
Et ceſſa
De faire de moy plus de compte
I'en euz honte
Si grande que pour me cacher
Ie feis femblant de me moucher

Ie l'ay veue vne fois depuis
A fon huis:
Et vne autre allant au marché
l'ay marché
Cent pas pour lui dire deux mots,
Mais elle me tourne le doz.

Si ceſte contenance fiere,
Dure guere,
A dieu grange adieu labouraige
l'ay couraige

De me voir gendarme vn matin,
Ou moyen en despit de catin.

QVand viēdra la clarté Des amoureuses flámes, Qu'ō mette ē liberté, Les amans & leur dames, Tournans leurs pleurs en ris, Et ialoux bien maris,
Pleust à Dieu qu'il fust dit,
  Que tous ceux qu'amour presse,
Eussent plus de credit,
  Chacun vers sa maistresse,

REC DES CHANSONS.

Que ces facheux mariz,
Et ialoux bien mariz.

Et qu'on peust depoſer
 Vn qui tance & mal traicte,
Pour celuy eſpouſer,
 Qu'on deſire & ſouhaicte:
Noz maux ſeroient guariz,
Et ialoux bien marriz.

Et ſi quelque obſtiné
 Diſoit qu'il en apelle,
Iour luy fuſt aſſigné
 Par deuant la plus belle,
Qui ſoit dedans Paris,
Et ialoux bien maris

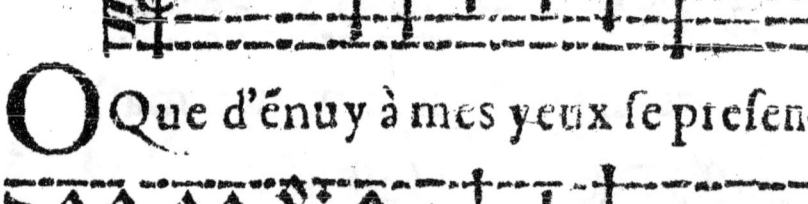

O Que d'énuy à mes yeux ſe preſen-

te, ce beau temps & ſaiſon agreable,
Ne

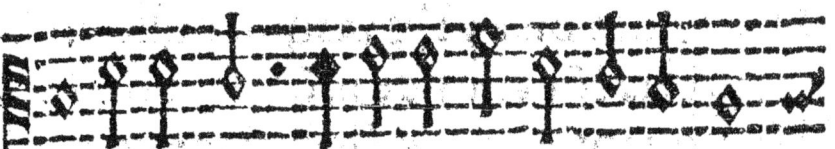

Ne voyât point celle qui me conten-

te, Ie voy souuét vn beau téps admira-

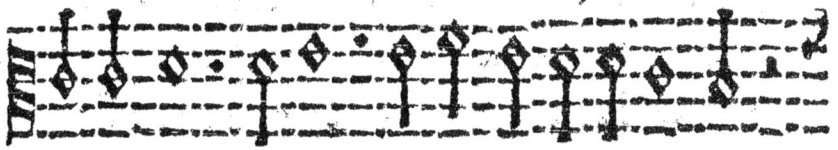

ble, Accompagné de grace si diuine,

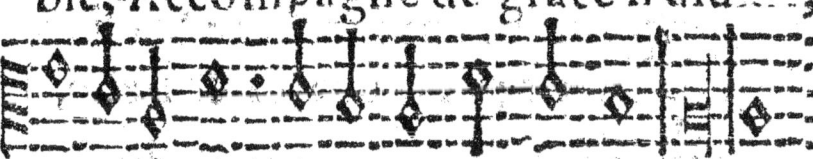

Que rien mortel à luy n'est cōparable
Ie voy cest œil ou s'embrase & affine
Le traict d'amour qui tousiours est en
　　　　　queste,
Faisant des cœurs gratieuse rapine.
I'oy vn doux chât & vn parler honeste
Qui les beautez de l'esprit represente,
Et qui d'aymer conuie & admonneste,

Ie voy des biés pl' grás que nulle attéte
 Qui las sõt tous de mõ mal norriture
Ne voyant point celle pui me contéte,
Ie voy amour de la verde ceinture
Des beaux iardis dõt l'œuure & lartifice
 Semble coniointe auecques la nature.

Ie voy le Ciel appaiser la malice
 Du froid hyuer & reprendre vne face
Pl' fauorable au monde & plus propice
 Ie voy les nuicts abreger leur espace
Et donner treuue à ma longue querelle
 Que pour le iour ie tépere & efface.
Ie voy sortir plus coloree & belle,
 L'aube du iour soigneuse & diligente
De faire accueil à la saison nouuelle
 Ie voy les bois où doucement laméte
Maint oisillõ qui ma plaite accõpagne
Ne voyãt point celle qui me contente.

Ie voy couler le long de la campagne
Maint clair ruisseau arrousant ce quil
 treuue,
Herbage & bois au pied de la mõtaigne

DE VOIX DE VILLE. 199

Ie voy les prez du long à la trauerse,
Diuersement parez de robbe neufue,
 Blanche & d'azur & iaulne & blue &
  perse
Ie voi tout beau mais riē beau ie ne tre-
Voiàt de moy mō amoureuse absēte que
Pour q tout mal & tout ēnuy i'épreuue
Le temps est gay la saison est plaisante:
Mais ma pensee est de ce plaisir veufue
Ne voyant point celle qui me cōtente

FIN

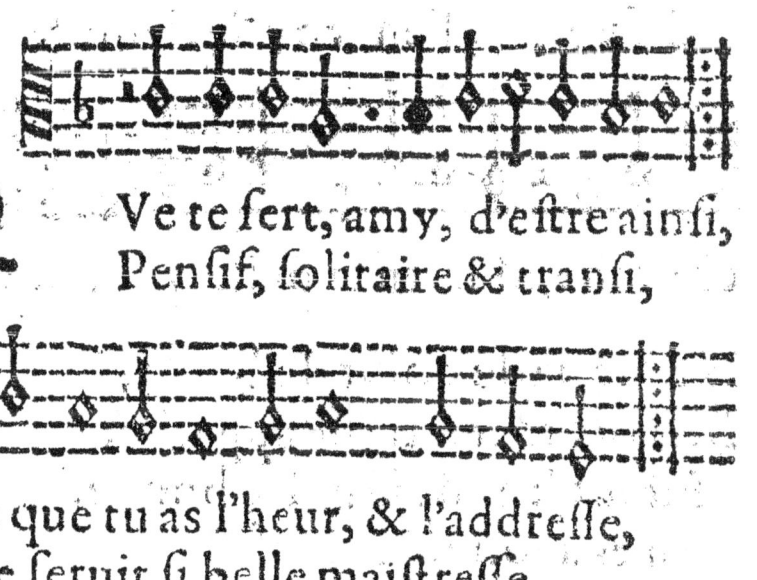

Que te sert, amy, d'estre ainsi,
 Pensif, solitaire & transi,
Puis que tu as l'heur, & l'addresse,
 De seruir si belle maistresse,

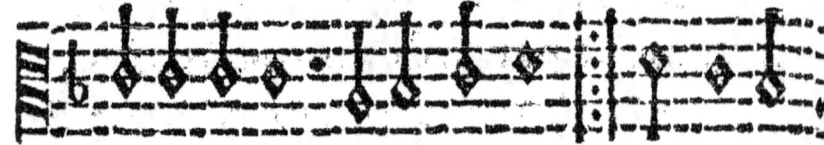

Et de qui tu te peux vâter,
D'auoir la veuë & le hanter,
Ce que

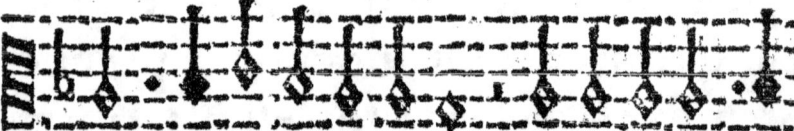

tout n'ôt pas merité. Compagnon, tu

dis verité, I'en voy le front & les

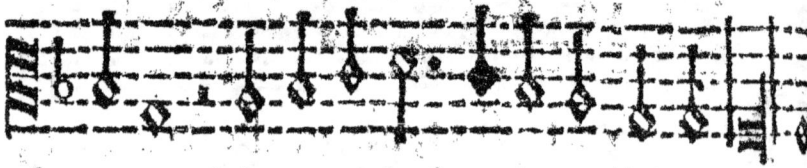

cheueux, Mais tu la baiſe quád tu veux

Ne me parle point de baiſer,
Mais de ta maitreſſe appaiſer,
  Eſtant ſeur de ſa grâce bonne.
  Tu es a ſongré la perſonne
De la cour qui dance le mieux.

DE VOIX DE VILLE   200

Tu es tout l'aymant de ses yeux
　Tant tu vas propre & bien en point
　Tes presens ne refuse point.
Que veux tu mieux en attendant
Mais tu la baises ce pendant.

Quand à moy ie ne trouue rien
Qui me donne espoir d'auoir bien,
　Ny de meriter vne amie
Ie n'entens lettre ny demie
Ie ne say sonner ny dancer,
I'ay peu de bien pour m'aduancer
　Qui est ce qu'on veult maintenant.
Ie ne suis beau ny aduenant,
Ie suis melheureux de tout poinct,
Ouy si tu ne baisois point.

FIN.

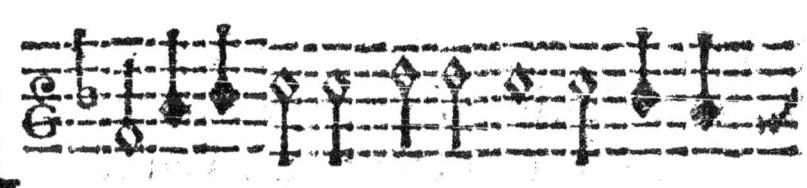

Ai tant bon credit qu'ō voudra Mais autr' a
Pour vous s'endure, & il prendra Le meri-

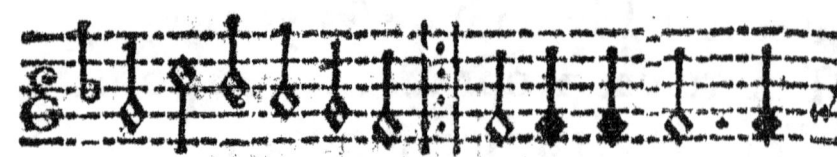

ce que ie desire,   Vous le baisez sans
te mõ martire.

qu'il vous tire, Plus d'vne fois côtre

dit, Il en rit, & moy i'en soupire

Voyla comment i'ay bon credit.

Ie vous ayme, & vous l'aimez mieux:
S'il n'est ainsi ia ny voy goute,
Car à uoir où trottent voz yeux,
I'en suis plus seur que ie n'en doubte.
Vous luy dites plus qu'il n'escoute.
Bien

Bien qu'il ayme ailleurs comme on dit
Vostre suis & vous à luy toute,
Voila comment i'ay bon credit,

Vous vous assemblez volontiers,
  Chacun le dit, & ie le pense,
Et si ne voulez point de tiers.
  Ie croy, pour fuir la despense
Vous luy donnez bien sans dispense,
Ce dont ie suis souuent desdit:
Ie sers, il a la recompense,
V'oila comment i'ay bon credit.

Or bref tout mon esperance,
  Est de tout bien estre interdit:
Il a l'effect moy l'apparance,
  Voila comment i'ay bon credit,
        FIN.

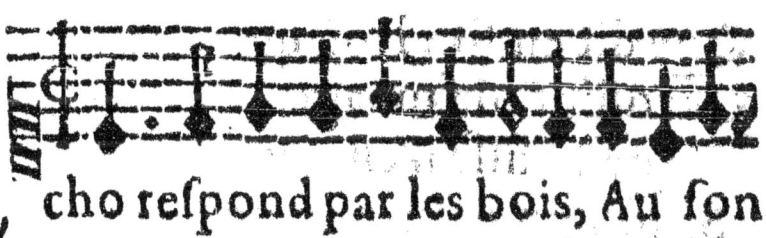

Echo respond par les bois, Au son
                              (de sa
        Cr

REC DES CHANSONS.

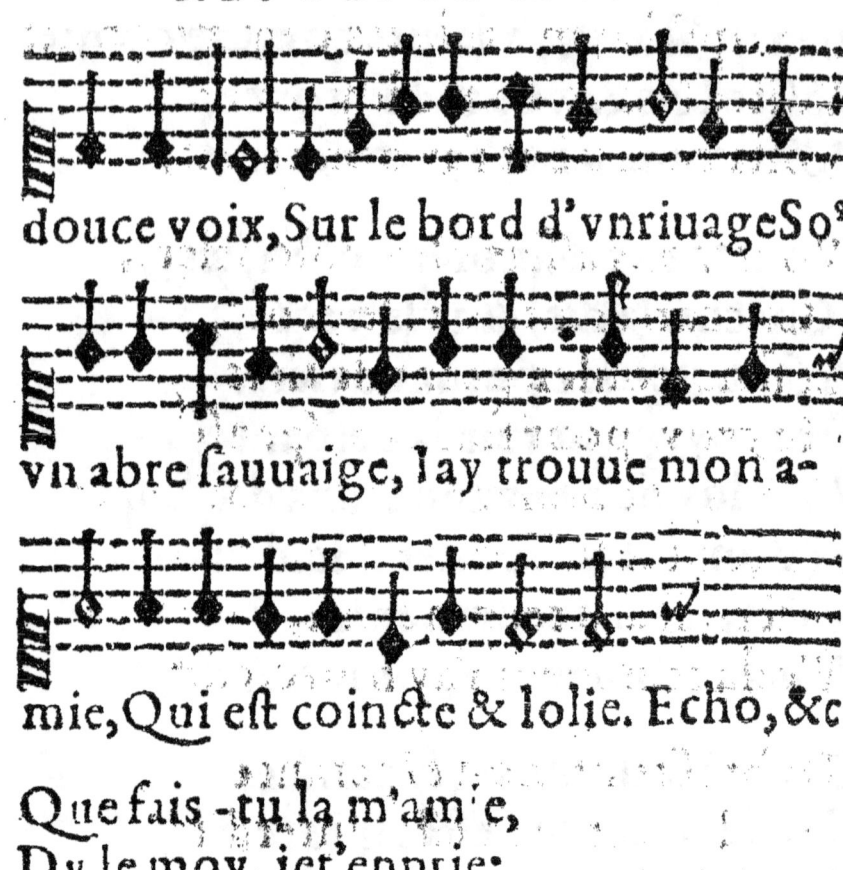

douce voix, Sur le bord d'vn riuage So'

vn abre fauuaige, I ay trouué mon a-

mie, Qui eſt coincte & Iolie. Echo, &c

Que fais-tu la m'amie,
Dy le moy, ie t'en prie:
  I'eſcoute le ramaige
  Du roſſignol ſauuage.
    Echo reſpond, &c.
Que dit en ſon langage
Ce roſſignol ſauuage?
  Que la fille n'eſt née,
  Sinon pour eſtre aymée,
    Echo reſpond, &c.

Mais

Mais que dit la linotte
La haut sur ceste motte?
   Qu'il faut l'amour tost prendre,
Alors qu'il se vient rendre.
     Echo respond &c.

Car ce dit l'alouette,
Que la ieune fillette,
   Que l'amant seule atrrappe
Plus n'aura s'elle eschappe,
     Echo respond, &c.
L'alouette qui volle
Me dit que ie t'accolle,
   Puis que sur l'herbe verte.
Ie t'ay cy recouuerte.
     Echo espond, &c.

La perdriz & la caille.
Disant que rien qui vaille
   Ne vaut celuy qui treuue
Le hazard s'il n'espreuue.
     Echo respond, &c.
Sus donc ma chere amie
Baise moy ie t'en prie,

tt m'accolle & me touche
Des bras & de la bouche.
 Echo respond par les bois,
 Au son de sa douce voix,
 Car ce dit l'arondelle,
 Que toute femme belle
  Ne doit refuser lhomme
  Qui de laimer la somme.
   Echo respond, &c.

La pie en son langage
Dit que sur son ieune aage,
 Pendant que lon peut plaire,
 Fault l'amour satisfaire.
   Echo respond, &c.
Le bruyant nous fait feste,
Qu'vne place secrette
 Est la dessous en l'ombre
 De ce fueillage sombre.
   Echo respond, &c.

Lors l'amy à s'amie,
Ioyeusement suiuie
 Au plus espais vmbrage

DE VOIX DE VILLE 203

De ce ioli boscage.
  Echo respond par les bois
  Au son de sa douce voix.

LE cruel amour vainqueur De ma
M'a si bien escrit au cœur Vostre

vie sa subiette
nom de sa sagette,   Que le téps, qu

peut casser Le fer, & la pierre dure,

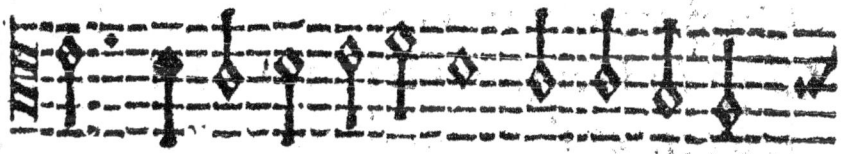

Ne le scauroit effacer, Que moy viuāt
  Cc iij

Il n'y dure
Mais voſtre cœur obſtiné,
 Et moins pitoiable encore
Que l'ocean mutine,
 Qui haigne la riue more,
Ne prend mon ſeruice à gré.
 Ains à dimoler enuie
Le mien à luy conſacré
Des premiers ans de ma vie.

Iupiter eſpoinçonné
 De telle amoureuſe rage,
Ha iadis habandonné
 Et ſon throſne & ſon orage.
Car l'œil qui ſon cœur eſtraint
 Comme eſtraints ores nous ſommes,
Ce grand ſeigneur ha contraint
 De tenter l'amour des hommes.

Impatient du deſir
Naiſſant de ſa femme e'priſe,

Se laisse damour saisir.
  Comme vne despouille prise,
Puis il a bras teste & flanc,
  Et sa poictrine cachee
Sous vne plumage plus blanc,
  Que le lalct sur la ionchee

En son col mist vn carcan
  Auec vne chaine ou leuure
Du labourieux Vulcan,
Merueillable se descœuure.
Dor en estoyent les cerceaux.
  Ploiez desmail ensemble.
A larc qui noire les eaux,
  Ce bel ouurage resemble.

FIN.

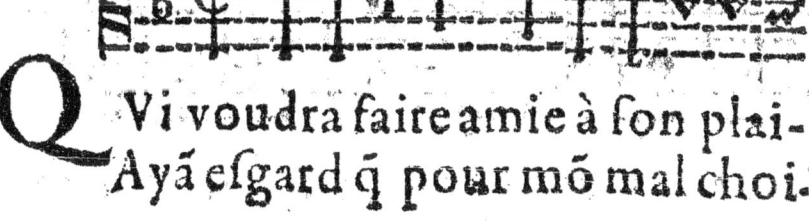

Qvi voudra faire amie à son plai-
Ayā esgard q̄ pour mō mal choi.

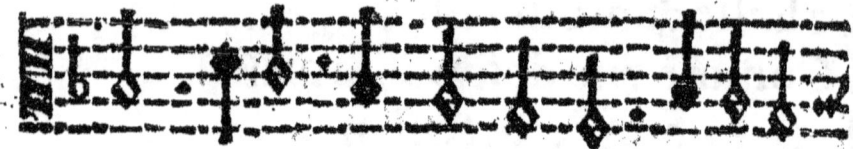

sir, la choisir à loisir, & non le-
sir, Ie n'ay que desplaisir, Et mauuais

gerement, Helas ie vey sans nul con-
traictement, De mon desir & de mon

tentement,
pensement, Sans employer ma ieu-

nesse & beauté: Mais puis q'l faut perir,

Ie veux viure & mourir Auec ma liber
(té

Las ie penſois que mon contentement
    Duraſt plus longuement,
    Mais bien abuſé ſuis
Ie n'ay plus riē que douleur & tourmēt
    Qui me blece & me rend
    Loing de ce qué pourſuis
Par trop aimer il me conuient ſouffrir.
O deſeſpoir que me viens tu offrir
    Par femme ingrate & par ſa cruauté.
        Mais puis qu'il faut perir
        Ie veux viure & mourir
        Auec ma liberté.

Plaīdre me veux d'amour ceſt ēchēteur
    Qui me fait ſeruiteur
    Dvne dame ſans foy,
Ie dy quil eſt de tout mal inuenteur,
    Faux & feinct & menteur
    Qui n'a rien ſeur en ſoy.
Sans nul plaiſir periſſant ie me voy
Ce mal me vient Amour delle & de toy
    Eſtant ſurprins par ſa deſloyauté,
        Mais puis qu'il faut perir &c.

Si amour veut m'appaiser la douleur
Qui me perce le cœur,
   Son arc desbande à point,
La côtraignent d'aimer en tel malheur
Vn autre seruiteur,
   Lequel ne l'aime point.,
Lors cognoistra le grád dueil q̃ me poig̃
Et le malheur qui me lye & conioint,
A trop aimer vne sans priuauté,

   Mais puis quil faut perir,
   Ie veux viure & mourir
   Auec ma liberté.

Si pour t'aymer i'ay mon cœur asseruy,
Las ay ie desseruy,
   Si piteux traictement?
Depuis que fuz de ton amour rauy,
   Tu ne fuz assouuy
   De me liurer tourment.
Ton œil ialoux ne peut aucunement
   Dissimuler ce qu'on voit clairement,
Et qu'on cognoist par ta grád cruauté
   Mais puis qu'il faut perir &c.

DE VOIX DE VILLE.

ADieu Amour à Dieu tout le bon téps
Ou i'ay mes ieunes ans,
Ioyeusement passez.
A Dieu soulas à Dieu tout passe-temps
Ne soyez mal content.
Si ie vous ay laissez
Helas ie sens mes malheurs aduancez
Et mon espoir & ma ioye cessez
N'esperant plus auoir son amitié,

Mais puis qu'il faut perir,
Ie veux viure & mourir
Auec ma liberté.

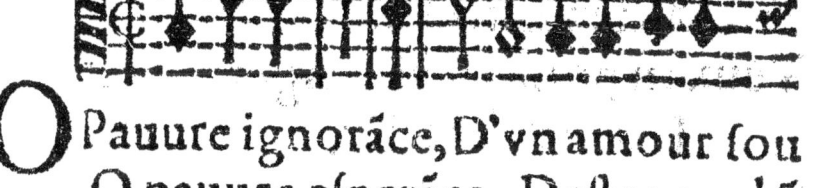

O Pauure ignoráce, D'vn amour sou-
O pauure esperáce, De stre quelq́

dain conceu,   Ie m'ē suis tant apperceu
iour receu.

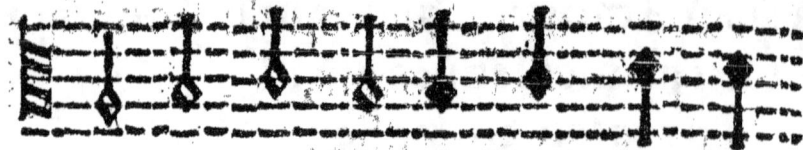

Ma maistresse, Ie m'en suis tant

apperceu, Que suis deceu.

Por ta beauté fiere
  Serf à toy me feis renger:
Selon ma prierre
  Mon cœur n'as loger.
Veux tu pour vn estranger,
    Ma maistresse.
Veux tu pour vn estranger,
    Las me changer,

On voit bien la plante
Coustumierement secher,
Quand on la replante
Pourquoy veux tu donc tascher
Ton cœur de moy arracher
    Ma maistresse,

ton cœur de moy arracher.
  Qui m'est si cher.
Dieu ma maistresse,
 Ma pensee & mon soucy,
Puis que tu m'y laisse,
Va donc ie te laisse aussi,
Ie ne veux plus estre ainsi,
  Ma maistresse,
Ie ne veux plus estre ainsi,
  Pour toy transi.

O femme eshontee,
Qui n'as promesse ny foy:
O femme affectee,
Tu as violé la loy,
De ton amy & de toy,
  Eshontee,
De ton amy & de toy,
  Bien ie le voy.

On a prins grand' peine
A deffendre ton honneur,
Mais ton amour vaine
apparoist à ton malheur,

N'a tu point desormais peur,
　　Eshontee,
Nas-tu point desormais peur
　　Dedans ton cœur.

Chacun en son ame
　　Te sçait & cognoist fort bien,
Mais de toy infame
　　L'on n'ose parler en rien,
　　Ie le sçay dans le cœur mien,
　　　Eshontee,
　　Ie le sçay dans le cœur mien,
　　　Que ne vaux rien

Reprens ton courage,
　　Change ce mauuais vouloir,
Sois vn peu plus saige.
　　Ou tu t'en pourtas douloir.
　　Ne veux tu plus rien valoir.
　　　Eshontee.
Ne veux tu plus rien valoir,
　　　Fay le nous voir.

FIN.

VNe m'auoit promis Que ie serois receu, Par dessus ses amis, Mais elle m'a deceu, Par dessus.

Chacun soit aduerty,
 Ne feire comme moy.
Car d'aimer sans party,
 C'est vn trop grand esmoy

Amour au vif me poingt
 Quand bien aimé ie suis
Mais aymer ie ne puis,
 Quanb on ne m'aime point.

Plus ne suis deceux la,
 Qui sappaisent des yeux,

Ou d'vn ris gracieux.
I'aime mieux que cela.
C'estoit au temps passé
  De mes ieunes amours,
Que iestois insensé,
Qu'on me faisoit ces tours.

Si i'eusse aussi bien sceu
  Son peu de loyauté,
Iamais ne m'eust deceu
De sa trop grand' beauté.
Telle s'abusera,
  Qui me pense abuser,
Telle s'embrasera.
  Qui me pense embraser

Non que ie sois si beau,
  Qu'on me doibue prier:
Non suis-ie aussi si veau.
  Pour ainsi me lier.

Amour est grand plaisir.
  Quand il est bien conduist
Mais il ni faut saisir

La

La fueille pour le fruict.

Ny l'ombre au lieu du corps,
  Ni paille pour le grain:
Chacun soit donc records
  De n'aimer point en vain.

I'aimeray de bon cœur
  Celle qui m'aimera;
Mais qui me ttompera,
  Me trouuera trompeur.

Elle m'auoit promis
  Qu'ensemble serions mis,
Le corps non seulement
  Mais l'ame entierement.

FIN.

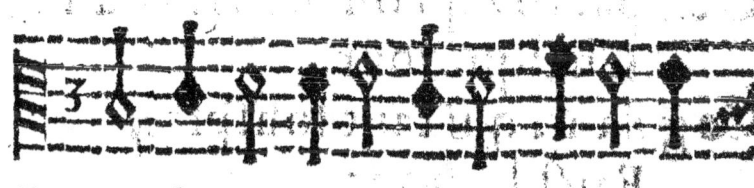

Deuenu suis amoureux Depuis trois
Qui me réd pl⁹ soucieux q̃ ne son-

REC. DES CHANSONS.

mois, C'est par toy chere compagne
lois.

Magdelon, Que c'est en nuy m'accom-

pagne, Ce dit on,
Magdaleine c'est par toy.

Que suis ainsi,
Accablé de triste esmoy,
Et de soucy:
C'est par toy qu'on me vient dire,
  Chasque iour,
Ce galant, qui tant souspire,
  Faict l'amour.

Le beau & braue bouquet,

Que

Que mas donné,
Ie l'ay mis à mon bonnet
 De brun tané,
Pour les festes ie le garde
 Tout expres,
Qu'au village on me regarde
 De plus pres

Magdelon ie t'aime bien,
 Et t'aimeray:
Sur le plus beau de mon bien
 Ie te doneray,
Et encore d'auantage
 T'aimerois,
Si de ton ioly cosage
 Iouiſſois,

Ie te donneray ces iours
 De beaux cousteaux,
Vne bource de velours,
 Et des anneaux,
Et de belle collerettes
 De fin lin,
Pour couurir Magdelonnette,

Ton tetin,
En te faisant ce present.
Te baiseray,
Et deslors & de present
l'appaiseray,
La douce amoureuse rage,
Qui me suit,
Cueillant de ton pucelage
Le doux fruict.

Ayans eu contentement
De noz desirs:
Toy & moy bien gentement
A noz plaisirs,
Meinerons noz brebiettes
Tous les iours.
Paistre aux champs ou furent faictes
Noz amours.

Puis apres nous en iron
Par les herbis:
Chantant tout à l'entuiron
De nos brebis.
La, la, la, la pastourelle

Dereleroc,
Viue cent ans & la belle.
En son Ianot.

RESPONSE,

MOn Ianot, mon tout mon bien,
  Que i'aime bien
Si mettre veux hors desmoy
  Et toy & moy,
Et si tu aimes ma vie,
  Mon mignon,
Ne change point ie te prie,
  Magdelon.

Car si tost que ie t'ends
  Parmy ses champs,
Iargonner ceste chanson,
  De marrisson,
Ie palliz à demy morte.
  Et ne puis
Croire que pour moy tu porte
  Tant d'ennuiz.
Pour moy tu es trop beau gard,

Tes doux regards,
Ta perruque aux blonds cheueux,
Et tes beaux yeux.
Meritent bien vne fille
Plus que moy.
Coincte mignonne & gentille
Comme toy.

Comment Ianot voudrois tu
Estre vestu,
D'vn si beau sayon de pers
Aux boutons verds,
Le pourpoint & gibsiere
De sammy,
Te monstrer d'vne bergere
Estre amy?

Toutes fois que si tu veux
Q'uentre nous deux,
Cest amour cy commancé,
Soit aduancè,
Mets desormais en arriere
Tes douleurs.

DE VOIX DE VILLE 212

Receuant & la bergere
  ses faueurs.

AMy entens mes plaintes, & tu ver-

ras comment Ie souffre peine & main-

tes, Pour t'aimer loyaumét, On n'y veut

toutesfois, Que tienne, Amy ielois.

La nuict quand suis couchee,
  Ie n'y prens nul repos,
Ennuyeuse & fachee,

Dd iiij

Ie pense à tous propos,
Du moyen & pouuoir
De toy & moy nous voir.

Amy si ne t'approche,
　Mourir me conuiendra:
Ie ressemble à la roche,
　Qui iamais ne faudra.
Ton cœur est endurcy,
　Et le mien est transi.

Pense tu que ie t'ayme,
Pour tes grands bien auoir?
Mon amitié extreme
　M'en oste le pouuoir:
L'amitié pour les biens
　Iamais ne vallut riens.

Il me semble à toute heure,
　Qu'on me tient sur les rangs:
Dont iour & nuict ie pleure
　Et seullfe ie me rends
En ma chambre ou ie suis
　Pour boire mes ennuis.

Quand

Quand ie vais par la ville,
  Qu'on dit & ie l'entends,
Helas la pauure fille
  Point n'as ce qne pretends:
Alors la larme à l'œil,
Ie me creue de dueil:

Et puis en moy ie pense,
  Faut il doncques ainsi:
Qu'au lieu de rescompense
  Ie sois en soucy?
Long temps viure ne puis,
  Ainsi comme ie suis:
Et lors qne i'entends dire
  Que tu pretends ailleurs,
Alors mon mal empire,
  Et renforce mes pleurs,
Donc à ce que ie voy,
  Ce dy-ie d'elle & toy.

I'ay mené la charrue,
  Vn autre à la moisson:
I'ay la brebis tondue,
  Vne autre à la toison.

REC DES CHANSONS

Iay le tout bien conduict,
   Vn autre en a le fruict.
Amy ne te desplaise,
   Si iedy en ce point
Car l'amour plein de braize,
   Qui mon cœur brusle & poingt,
Me le fait dire ainsi,
   Pleine de tout soucy.

FIN.

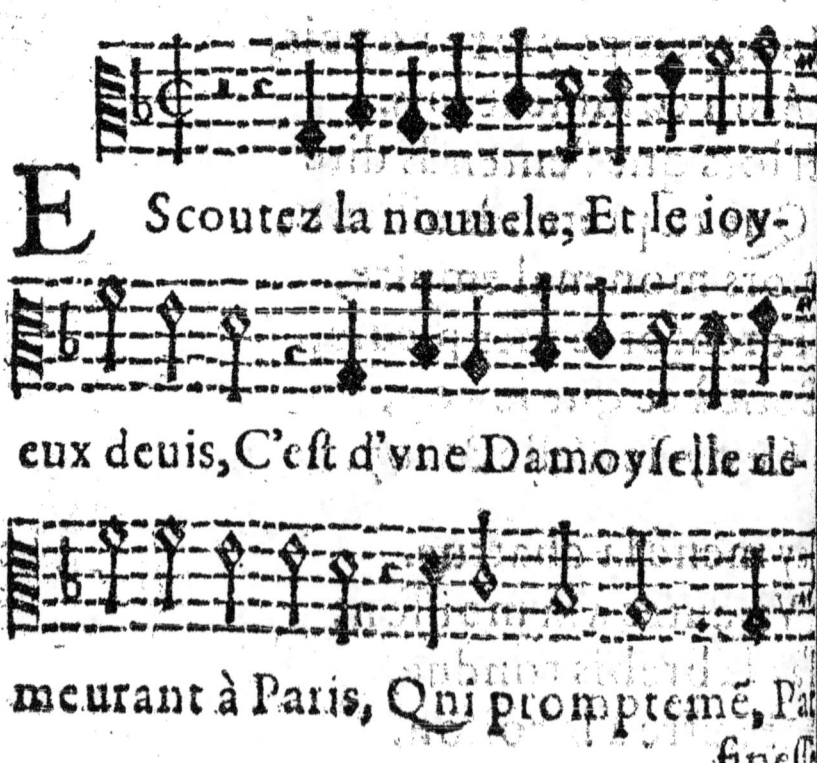

E Scoutez la nouuele, Et le ioyeux deuis, C'est d'vne Damoyselle demeurant à Paris, Qui promptemẽ, Pa finelle

DE VOIX DE VILLE 214

neſſe ſuptile, A trompé finement Vn

Marchant de la ville.
Vn iour par fantaſie,
La Dame s'en alloit,
Mouſtrant ſa courtoiſie,
A qui voir la vouloir:
Souuent paſſoit par deuāt la boutique
D'vn marchant, qui eſtoit,
En amour fort lubrique.

Le marchant la regarde,
Si vint la ſouhaicter.
En luy diſant mignarde,
Voulez vous acheter,
Quelques rechaux ne façō magnifique
Choiſiſſez des plus beaux,
Qui ſoient en ma boutique.

Tout le plus magnifique.
  La Dame marchanda:
Lors le marchant lubrique
  Au marché s'accorda:
Tout sondesir nestoit œuure pl⁹ belle,
  Qu'a faire son plaisir,
De ceste Damoyselle.

La Dame fut ruzee,
  Se doubtant bien du fait,
Qui dist comme effrayee,
  O mon Dieu qu'ay-ie fait
I'ay laisse choir quelque part mabour-
  Ou la laissay à soir.   (sette
Dist elle en ma chambrette

Oyant ceste nouuelle,
  Le marchant s'en alla
Auec la Damoyselle,
  Son rechaux luy porta,
En luy iettant quelque petit langage,
Pour estre iouissant de só ioly corsage
Estants en la chambrette.
Leur accord estoit fait:

Il l'em-

Il l'embrasse & la iecte
　　Sur vn petit lict verd,
En s'esbattant il la baise & rebaise,
　　De trois mois le marchand
N'auoit esté si aise.

O quelle recompense
　　La Dame luy donna?
De ceste iouissance,
　　Le marchand rapporta,
pour son rechaux en façon magnifique
　　Des beaux petits cheuaux,
Sans celle ny sans bride.
Au bout de trois semaines
　　Commençoit à clocher.
Sa femme caute & fine
　　Vint de luy approcher
En luy disant dites moy ie vous prie,
　　Pourquoy allez clochant?
D'ou vient la maladie,

Le mal me tient aux hanches,
　　Respondit le marchand,
Ie croy que son croissances.

Ou quelque mal meschant,
Qui me pourroit par estrange furie,
Contraindre d'aller voir
Madame la furie.

Ceste chanson fut faicte
Au Palais à Paris,
Prinse sur la sonnette
D'vn des ioyeux denis,
Que racōtoiēt les ioueurs de bazoche
Lors qu'à chacun iettoient
Leur lardon de reproche.

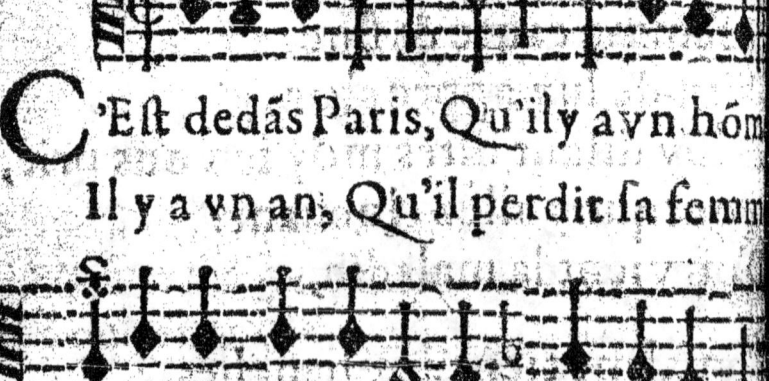

C'Est dedās Paris, Qu'il y a vn hóm
Il y a vn an, Qu'il perdit sa femm

Ses amis en sont fachez contre luy,
D'auo

D'auoir laiſſé perdre, Sa féme à credit.

Ses amis en, &c.
Quend l'an fut paſſé,
Il la retrouuee,
Chez vn ſien voiſin,
Qui l'auoit ſerree:
Il en auoit fait
Tout à ſon plaiſir,
Pour la recompenſe
Ian beut auec luy.

He voiſin, voiſin.
Rendez moy ma femme,
Que nous n'ayons point
De proces enſemble,
Il y a vn an
Que vous la gardez,

Rendez moy ma femme,
Si faict en auez.
　He voisin, voisin,
Et repren ta femme,
Mais garde toy bien
De luy donner blasme.
Ou ie te feray
Payer les despens,
Qu'elle a faits ches moy
Tout depuis vn an.

　He voisin, voisin,
Ie te dourois blasme,
Tu as trop long temps
Retenu ma femme:
S'elle t'a seruy
De iour & de nuict,
Au moins ne peux tu
Que de la nourrir.
Ces deux hommes cy
Ont prins facherie,
Se sont fait venir
Deuant la iustice.

Mon-

Monsieur il m'apelle
(Ce dict) l'un meschant,
De nourit sa femme
Tout de puis vn an.

L'autre dict, Monsieur,
Cest vn mauuais homme,
Il y a vn an
Qu'il retient ma femme,
La faisant seruir
De iour & de nuict.
Au moins ne peut-il
Que de la nourrir.

Escoutez, Monsieur,
Ie requiers sentence,
Vous voyez q'uil dit
En vostre presence.
Qu'ay faict la besongne
Tout de puis vn an.
La besongne est faicte,
Ie veux de l'argent

Vien-ça mon amy,
Va, reprens ta femme,
Ee

Voicy que ie dy,
Pour voſtre ſentence,
S'elle a eu la peine
De le bien ſeruir.
Il a eu la peine
De la bien nourrir.

 Retournons nous en
Doucement ma femme
Ne faiſons nul bruict.
Ceſt honte & diffame.
Tout ce qui eſt faict,
Va, t'eſt pardonné,
Iamais en ma vie
Ie n'en parleray.

 Quand fuzent entrez
Tous deux dans la chambre,
La femme empoigna
Vn baſton de tremble,
Elle frappe tant
Deſſus ſon mary,
Qu'il luy dit ma femme,
Ie vous cry mercy.

DE VOIX DE VILLE

Ie vous prie ayez
Pitié du pauure homme,
Si i'ay offencé,
I'iray iusqu'à Rome,
Ne me frappez plus,
Ayez moy pitié:
Il fort en la rue,
Et gaigña au pied.

Deux bons compagnons
En buuant chopine,
Ian vint droit à eux
Compter sa fortune:
Ma femme m'a mis
Hors de ma maison:
Elle m'a chassé
A coup de baston.

Au bout des deux iours
La chanson fut faicte,
Aupres d'vn bon feu,
Dans vne salette,
Pour l'amour des femmes,
Qui ont le renom,

Ee ij

De chaſſer leurs hommes
A coup de baſton.

LAs puis qu'en toy n'a foy ny amitié
De mercy point, Auſſi peu de pitié, Il faut que me deſporte, De pl' t'aimer helas la peine en eſt trop forte, Ce
qui me deſconforte.

Tu cognois bié qu'onc mō cœur ne fut
De te ſeruir, Et qu'eſprouué tu las, (las
Selon

Selon ta fantasie,
Ne la viés dōc blasmer de folle ialousie,
C'est à toy grand'folie.

Quād me souuiēt (helas) de tāt deiours
De mes trauaux, & tāt de lōgs seiours
Perdus à ton seruice,
Ie pleure abōdāmē mon trop malheu-
Qui feist q̃ te suiuisse. (reux vice,
Cōbien de fois m'as tu dit hautemēt,
Mon doux amy pourchassez hardimēt
Viuez en esperance,
Celuy qui biē poursuit ē fin aiouïssāce
De sa dame à plaisance.
De ton regard ne m'as tu pas induict
A t'aller voir tāt de iour que de nuict,
Me monstrant d'amour signe,
Or suis-ie defraudé p lascheté insigne,
Vice de toy indigne.
Si i'eusse sceu n'auoir plus amendé,
De ton amour lors que ie fus mandé
Dans ta chambre iolie,
Poīt ie ne maudirois a Presēt ma folie,

Ee iij

Qui tant à toy maille,
Ton fin parler duquel tu me trompois
Et à t'aimer alors tu m'attrapois,
  Me cause vn tourment pire,
Que ne fut onc de mort la peine & le
  Rien ie le te puis dire   (martyre

Venez Amour si pitié vous remord,
Voir le dur mal qui mo cœur poingt &
  Par la faulte de celle   (mord
Qui par trop m'a esté rigoureuse & re-
  Par sa ruse & cautelle.   (belle

Que vostre œil soit à ce coup arresté
A regarder cest amant maltraicté,
  Pour vn mal qui est ample:
Que de vo9 soit noté pour y auoir ex-
  Qu'à iamais on contemple   (ple

OR escoutez la chanson D'vn ou-
  Estimé manuals garſon, Au ieu
                               blieux

blieux ie vous prie, Toutesfois il faut
& en pipperie,

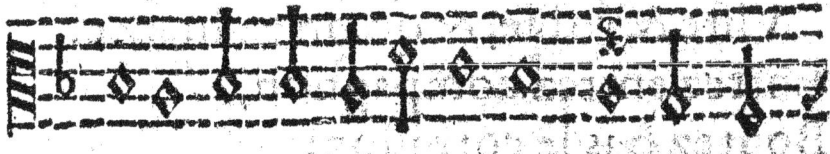

trompé Et finement attrapé, Par v-

ne Dame iolye, En cryant oublye ou-

bly e.

Quand ceste Dame entendit
    Cest oblieux en la rue,
Soudain elle descendit
    Et l'appeller est courue,
Puis quand elle fut enbas,
Oublieux, monte deux pas:

                  Ee iiij

Vien dit-elle ie te prie,
ie veux iouer à l'oublie.

Lors l'oublieux s'aduança
  De monter en diligence,
La dame dit, ça, ça, ça,
  Viste & roide, & qu'on s'aduance:
Entrez entrez compagnon,
Boutez bas le corbillon:
  Beuuez à moy ie vous prie,
  Puis nous iourons à l'oublie.

Quand ils ont ensamblement
  Ioué du ieu la partie,
Lors l'oblieux doucement,
  D'amour ceste dame prie:
I'ay encore vn pistolet,
Dit-il faisant du follet:
  Baisez moy ie vous en prie,
  Vous l'aurez, & mes oblies.
La dame sur ces propos,
  Respondit à l'aduenture,
Deuant que prendre repos,
  Sous ma blanche couuerture

                    Vous

Vous & moy toute la nuict,
Accomplissant le deduict,
  Baillez le moy ie vous prie,
  Et ie seray vostre amie.

Tout soudain entre deux draps,
  L'oublieux, & ceste dame
Se sont couchez bras à bras,
  L'embrassant comme sa femme,
Apres qu'uil furent tennez
  Cul à cul, ne vous desplaise,
  Pour mieux dormir à leur aise.

Il surprint entour minuict
  A la dame vn mal de ventre,
Se leua sans faire bruct,
  Pour pisser emmy sa chambre.
L'orde villainne souillon,
Tout droit dans le corbillon,
  Sans dire mot, foire & pisse,
  N'estoit-ce pas grand malice.

Quand au matin l'oublieux,
  Voulut son corbillon prendre,

Il l'ouurir & tout ioyeux,
  Va son bras au fonds estendre
Qu'est ce dist il que ie sens,
Qu'on a mis icy dedans:
  Fy au grand diable Madame,
  Tant vous estes orde femme.

La damé print vn poilon,
  Et feist chauffer de l'eau chaude,
Pour lauer le corbillon,
  Disant mon amy sans fraude,
I'ay fait ce vilain forfait:
Car alors que ie l'ay fait,
  ie pensoit dist la ruzee.
  Que fust ma chaise percee

Mon corbillon est trop laid,
  Pour y mettres des oublies.
Rendez moy mon pistollet,
  Madame ie vous supplie.
Vn autre en racheteray.
Iean dist elle non feray,
  Iamais vous ne l'aurez mie
  A dieu l'escu & l'oublie.

DE VOIX DE VILLE 222

Helas que vous a fait mõ cœur, Ma-

dame, que le hayez tant? Vous m'yte-

nez tousiours rigueur: Certes ie n'e suis

pas cõtet: Mõ cœur va tousiours souspi-

rã du regret de s'amye, Et voftre tecours

il n'attend, Mõ esperance fine helas.

Si my tenez tant de rigueur,
　Madame qui l'endurera;
Faire mourir vn seruiteur,
　Ie croi qu'il vous en desplaira.
Pour vous beaucoup il languira,
　Pour le mal qu'il endure:
Mais vostre amour l'enguerira,
　Finant sa peine dure, helas.

Si ne me voulez secourir
　Mieux me vaudroit finir mes iours,
Que tant de peines encourir,
　D'vne incertitude à touſiours
Iay beau vous chanter mes amours,
　En ressemblant le signe.
Qui chante doncement le cours
De sa vie qui fine helas.

Si me voulez conge donner,
　Vous me ferez plus grand plaisir,
Que si long temps me guerdonner
　D'en vain espoit & vain desir
Car autre m'en pourray choſir,
Moins pleine de malice.

Qui me pourra dire à loisir
Le iour que ie iouisse helas,
Voudriez vous point vous resiouit
 Auec vn plus gentil mignon.
Qui sache de vous mieux iouir
Que moy dictes ouy, ou non,
Soit Mais fille de bon renom.
 Ne se doit iamais rire.
Ny se mocquer d'vn compagnon,
Qui l'aime & la desire helas:
Nully ne me peut secourir,
 Madame que vostre secours.
Mon cœur aimeroit mieux mourir,
Que iamais changer ses amours:
Vous ne me serez pas tousiours
 Si mauuaise & maligne
Mais vous me serez quelque iours
Plus ioieuse & benigne helas.

Yez la fortune, Qui trop

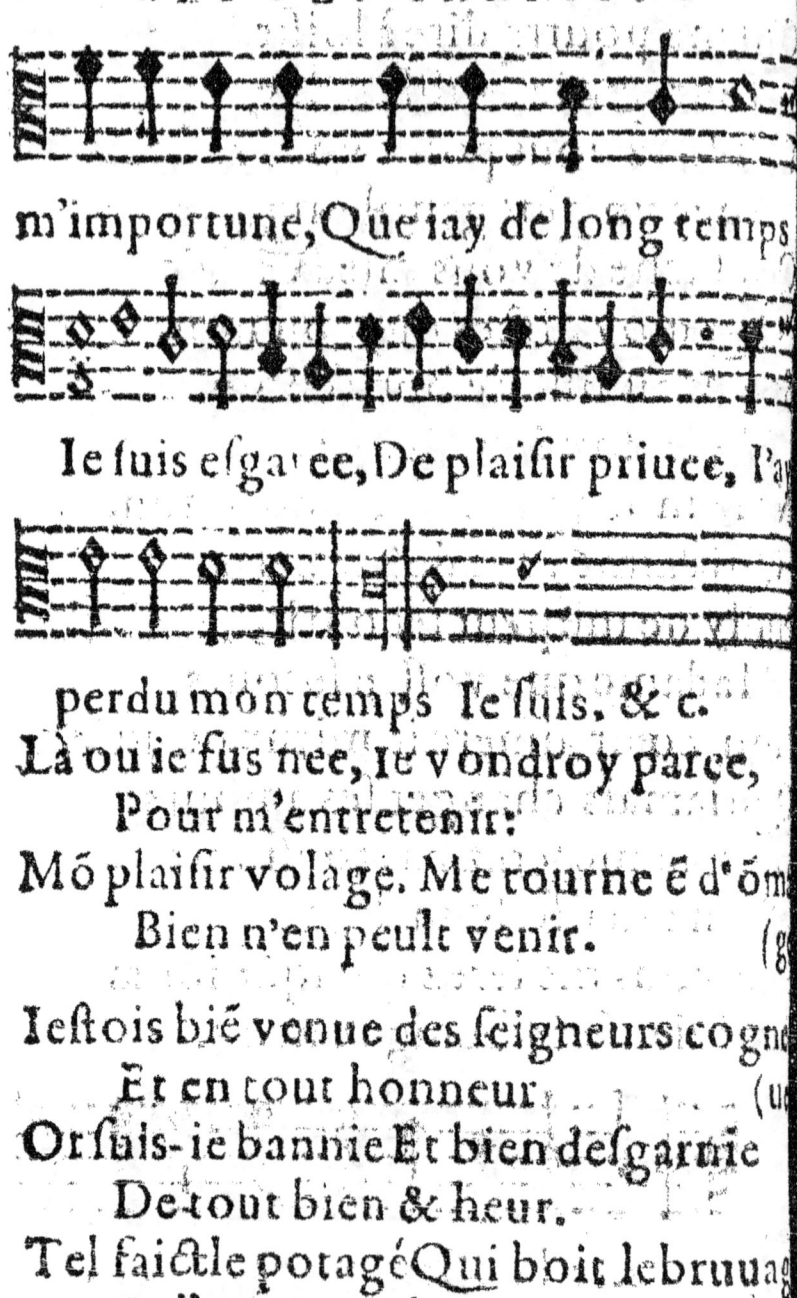

m'importune, Que iay de long temps
ie suis esga ee, De plaisir priuee, l'ay
perdu mon temps Ie suis. &c.
Là ou ie fus nee, Ie vondroy parce,
    Pour m'entretenir:
Mõ plaisir volage, Me tourne é d'õm
    Bien n'en peult venir.

Ieſtois bié venue des ſeigneurs cognu
    Et en tout honneur,
Or ſuis-ie bannie Et bien deſgarnie
    De tout bien & heur.
Tel faict le potagé Qui boit le bruuag
    Ie l'apperçoy bien.

Par parolle faulse ie boiray la saulce
    Ie m'y attens bien.
Soudain ie te prie, Ne prens fascherie,
    Si ie t'ay fait tort:
Pour toy me torméte ie pleure & lamáte
    Desirant la mort.

Ie suis Catherine De simple doctrine,
    Ie m'appelle ainsi,
Mieux me vaudroit estre Vers mõ chef (maistre
    Que faire cecy.

Folle est q̃ se preste Pour dure retraicte
    Auoir à la fin:
Car iay maĩt martire qui au but mattire
    De la malle fin.
Fortune retourne Ta roue destourne
    De mon triste esmoy:
Iecte ta dardelle Que playe mortelle
    Tombe dessus moy.

Mourir ie desire Mot ne puis plus dire
    En pleurant des yeux;
Mes ris ont prins cesse Ma ioye & liesse
    A dieu ieune & vieux.

HE Dieu que c'est vne estrange martyre, Que d'endurer vn ennuy sans le dire, Et quãd il faut tellemẽt cõtraindre Qu'en ses douleurs on n'a loy de se plaindre.

Le feu couuert à plus de violence
Que n'a celui qui ses flammes eslance:
L'eau qu'on arreste en est plus irritee,
Et bruit plus fort plus elle est arrestee
Vous qui sçauez la douleur qui me dõne
S'il m'est permis q̃ mõ mal ie vo' cõpte,
iugez

Iugez au moins si ie suis en mal-aise,
Quād vous voyāt il faut que ie me taise
Vous qui sauez l'amour q̃ ie vo⁹ porte
N'estimez pas ma peine estre moïs forte
Mais puis q̃ amoῦ nos deux ames assēble
  C'est bié raisō q̃ no⁹ souffriōs enseble.

O vain penser ô forte outrecuidance
D'auoir espoir qu'vne vaine deffense,
Change deux cœurs de si forte racine
  D'vne amitié dōt l'essence est diuine.
Ceste rigueur nous peut bien interdire
Les doux propos q̃ no⁹ no⁹ souliōs dire
Et retenir nostre amour en silence
Mais sur nos cœurs ne s'estād sa puissāce

Au moins mignōne au lieu de la parole
Console moy d'vn regard qui m'affolle,
Et d'vne œillade en secret eslancee,
  Donne secours à ma triste pensee
Et vous mon cœur vsez en de la sorte,
Resuscitant mon esperance morte,
Chassez ma peine & par la douce flāme
De voz regards donnez vie à mō ame.

Ff

REC. DES CHANSONS.

Omme l'aigle fond d'enhaut
Sur l'aspic qui leche au chaut,

Ouurant l'espais de la nue,
Sa ieunesse reuenue, Ainsi le ci-

gne volloit côtre bas, tant qu'il arriue

Dessus l'estang, ou souloit iouer Le de-

sur la riue.

Quand

Quand le ciel eut allumé
Le beau iour par les campagnes,
Elle au bord accoustumé
 Mena iouer ses compagnes,
Et studieuse des fleurs,
 En sa main vn panier porte.
Peinct de diuerses couleurs,
E peinct de diuerse sorte.

D'vn bout du panier s'ouuroit,
 Entre cent nues dorees,
Vne aurore qui couuroit
 Le ciel de fleurs coulorees.
Ses cheueux vagoient errans,
 Souflez du vent des narines
Des prochains cheuaux tirans
 Le Soleil des eaux marines.
Comme au ciel il fait son tour,
 Par sa voyee courbe' & torté,
Il tourne tout alentour
 De l'anse en semblable sorte,
Les nerfs s'enflent aux cheuaux,
 Et leur puissance indomptee,

Ff ij

Se laisse soubs les trauaux
De la penible montee.
La mer est peincte plus bas.
 Leau ride si bien sur elle.
Qu'vn pescheur ne diroit pas
 Quelle ne fust naturelle:
Ce soleil tombant au soir,
 Dedans l'onde voisine entre,
Au chef bas se laissant choir,
 Iusqu'au fond de ce grand ventre.

Sur le sourcil d'vn rocher,
 Vn pasteur le loup regarde,
Qui se haste d'approcher,
 Du couard troupeau qu'il garde:
Meis de cela ne luy chaut,
 Tant vn limas luy aggree,
Qui lentement monte en haut
 D'vn lis au bas de la pree.

Vn Sattire tout follet
 Larron & follastrant tire.
La panetiere & le laict,
D'vn autre follet satire.

DE VOIX DE VILLE. 227

L'vn court apres tout ioyeux,
 L'autre defend sa despouille:
Le laict se verse sur eux,
 Qui sein & menton leur mouille.

DOuce maistresse touche, Pour soulager mon mal,
Mes leures de ta bouche, Plus rouge que coural,

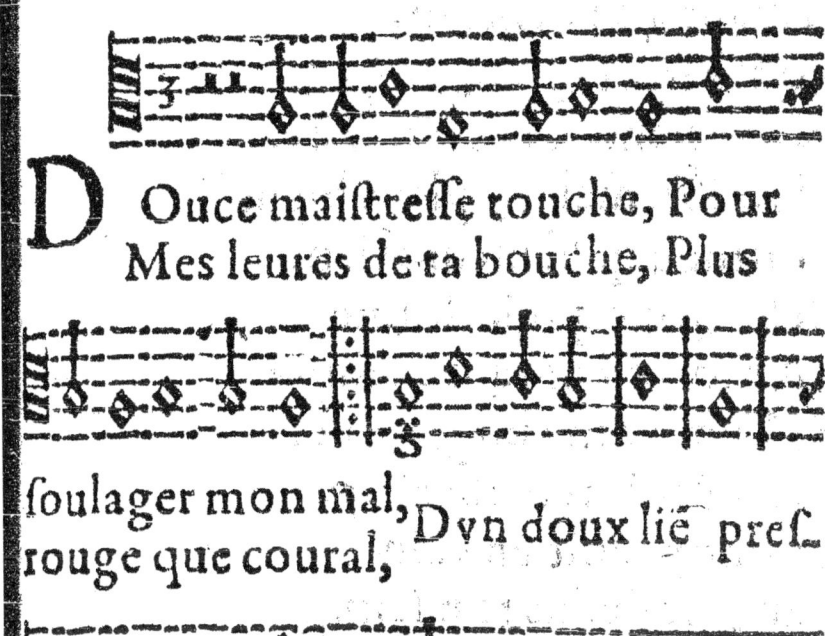

D'vn doux lié pres-

sé, Tien mon col embrassé.

Puis face dessus face,
 Regarde moy lés yeux;
Affin que ton traict passe

Ffiij

En mon cœur soucieux.
Lequel ne vit sinon,
D'amour & de ton nom.
Ie l'ay veu fier & braue,
  Auant que ta beauté
Pour estre son esclaue,
  Doucement l'eust traitté:
Mais son mal luy plaist bien,
Pourueu qu'il meure tien.
Belle pour qui ie donne
  A mon cœur tant desmoy.
Baise moy ma mignonne,
  Cent fois rebaise moy:
Et quoy fault en vain
Languir dessus ton sein.

Maistresse ie n'ay garde
  De vouloir t'esueiller,
Heureux quand ie regarde
  Tes beaux yeux sommeiller.
Heureux quand ie les voy
Endormis dessus moy.
Veux-tu que ie les baise

Afin de les ouurir:
Ha tu fais la mauuaise,
Pour m'efaire mourir:
Ie meurs entre tes bras,
Et s'il ne t'en chault pas.

Ha ma chere ennemie,
Si tu veux m'appaiser
Redonne moy la vie,
Par l'esprit d'vn baiser.
Ha i'en ay la douceur,
Senti iusques au cœur.

C'est vne douce rage,
Qui nous poingt doucement,
Quand d'vn mesme courage,
On s'aime incessamment.
Heureux sera le iour,
Que ie mourray d'amour.

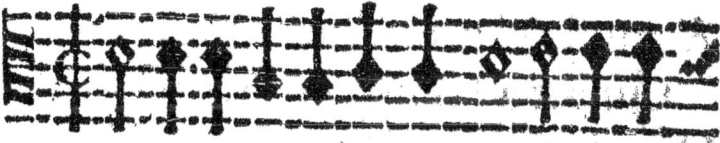

A Qui me doy-ie retirer, Puis q̃ mō
Nuict & iour ne fais q̃ plorer Cōme pau,

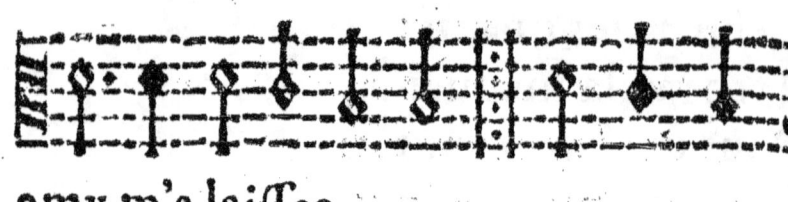

amy m'a laissee,
ure descõfortee, Bien doy mau-

dire la iournee, Qu'ocque iamais l'ai-

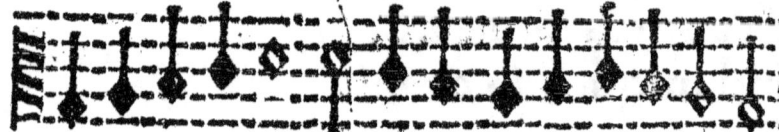

may si fort, Qui tant m'a laissé desolee

Ie vous promets qu'il a grand tort.

A tou le moins s'il m'eust parlé,
  Ou dit a Dieu pour reconpemſ
Ou bien que ie l'eusse accollé,
  Ce meust esté grande allegeance.
Le cœur me part lors que ie penſe
            A son

A son bref & court se iourner,
Sans dire adieu a son absence,
 Sil n'a desir de retourner.
La nuict le iour à tout propos,
 Au cœur m'y vient vne pensee,
Qui me ronge iusques aux os.
 De me voir ainsi delaissee,
Ie voudrois estre trespassee,
 Tant i'ay le cœur triste & marry,
De me voir ainsi abusee,
 Pensant quil seroit mon marry

Filles quand vous voudrez aymer
 Pensez bien à ma destinee,
Et ne vous vueillez enflammer,
 D'amour qui soit si tost finee:
Plustost attendez mainte annee
 Pour vn bon amy vous choisir,
Auquel vostre amour soit donnee,
 A meilleur souhait & desir

I'auois en luy tout mon cœur mis
Le voyant a ma fantaisie.
Car autres fois m'auoit promis

Qu'il n'auroit iamais d'autre amie
Sil est ainsi Dieu luy doint vie.
Et grace de tost reuenir:
Mais s'il a daimer autre enuie,
  Malheur luy en puisse aduenir,

Si ie puis iamais le reuoir,
  Pres de moy comme ie desire.
Ie luy feray si bien sçauoir,
  Mon ennuyeux mal & martire,
Qn'alors il se donra du pire
  Sur nostre amour mal estably:
Mais puis qu'adieu na voulu dire.
  Ie croy qu'il m'a mise en oubly

Au bois du dueil ie m'en iray,
  Pour mettre ioye en oubliance
Vn ruisseau de larmes feray.
  Qui sortiront en habondance,
Passant mes iours en dolleance.
  Comme la tourterelle au bois,
Qui gemist l'ennuieuse absence.
De sa compagne à haute voix.
A Dieu plaisirs à Dieu soulas,

ADieu

A Dieu toute resiouiſſance:
Bien doi ie dire ores helas,
Car iay perdu ma iouiſſance.
En luy i'auois mon eſperance,
Voyant la ſienne honneſteté:
Ie ne luy feis iamais d'offence,
Touſiours luy ay honneſte eſté.
Roſſignolet du bois ioly,
 Qui chante au bois ſoubz la ramee,
Volle t'en dire à mon amy,
 Que pour luy ſuis en grand penſee,
Et qu'il retourne à ſon aimee,
 Sans attendre iour ny demy
Car oncques nulle fille nee,
 N'eut tant de mal pour ſon amy.

Celle qui feiſt ceſte chanſon,
 Ca eſté vne ieune fille,
Laquelle aimoit vn beau garſon,
 Qui ſela feiſt d'amour ſeruille
Dedans Lion le bonne ville,
Et puis apres la laiſſa la
Bien fachee ennuyeuſe & vile,

De luy auoir permis cela.

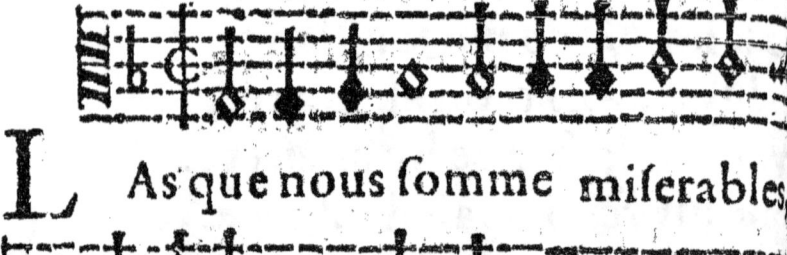

Las que nous somme miserables

D'estre serues desso° les loix, Des hṍmes

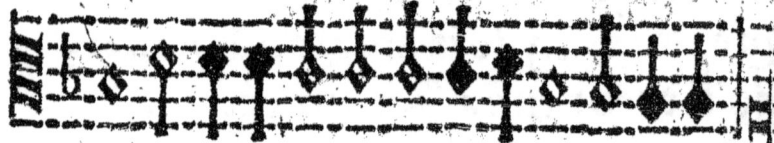

legers & muables, Pl° q̃ le feuillage des
bois

Les pensers des homme ressemblent
A l'air, au vent, & aux saison,
Et aux girouettes qui tremblent
Incessament sur les maisons.

Leur amour est ferme & constante,
Comme la mer grosse des flots,
Qui bruit, qui court, qui se tourmére
Et iamais n'arreste en repos.

Ce n'est que vent que de leur teste
De vent est leur entendement.
Les vent encor' & la tempeste,
Ne vont point si legerement,
Ces soulpirs qui sortent sans peine
De leur estomach si souuent,
N'est-ce vne preuue assez certaine,
Qu'au dedans ils n'ont que du vent?

Qui se fie en chose si vaine,
Il seme sans espoir de fruict:
Il veut bastir dessus l'arene,
Ou sur la glace d'vne nuict.

Ils font des dieux en leur pensee,
Qui comme eux ont l'esprit leger:
Se rians de la foy faucee,
Et de voir bien souuent changer.

Ceux qui peuuent mieux faire accroire
Et sont menteurs plus asseurez,
Entr'eux sont esleuez en gloire,
Et sont comme Dieux adorez,
Car ils tiennent pour grand louange,

Quand on les estime inconstans,
Ils disent que le temps se change,
  Et que le sage suit le temps.
Mais las qui ne seroit esprise,
  Quand on ne sçair leurs factions?
Lors qu'auec si grande faiutise,
  Il descouurent leurs passions.

De leur cœur sort vne forunaise,
  Leurs yeux sont deux ruisseaux coul
Ce n'est que feu ce n'est que braize,
  Mesmes leurs propos sont bruslans.

Mais cest ardent feu qui les tue,
  Et rend leur esprit consume,
Cest vn feu de paille menue,
  Aussi tost esteint qu'allumé.

Et les torrens qu'ils font descendre,
  Pour nostre douceur esmouuoir,
Ce sont des appasts à surprendre
  Celles qu'ils veullent deceuoir.
Ainsi loiseleur au boscage,
Prend les oiseaux par les chansons,

DE VOIX DE VILLE

Et le pescheur sur le riuage,
  Tend ses fillets pour les poissos.

Sommes nous donc pas miserables,
  D'estre serues dessous les loix,
Des homme legers & muables,
  Plus que fueillage des bois?

Quand le gri chante au son du grillot ti derin, dindin din din, Madame, qu'nō luy huche Martin, deri din din din, Gentil Martin ô beau. Martin

Saute Martī: Dāce Martī, derī dī dindī

din. O que ne suis-ie au lieu de ce mastī
Quād le coq chāte approchāt du matī
    Derin din, din, din, din,
Madame dit qu'on luy huche Martin
    Derin din, din, din, din,
   Gentil Martin. &c.

Et quand ell'oit frapper chez sō voisī
    Derin din, din, din, din.
Madame dit qu'on luy huche Martin
    Derin din, din, din, din,
   Gentil Martin. &c.
Quād heurte à l'huis le questeur Augst
    Derin din, din, din, din,
Madame dit qu'on luy huche Martin
    Derin din, din, din, din,
                  Ou lA

Ou l'Augustin ou bien Martin:
Puis l'Auguſtin apres Martin.
    Derin din, din, din, din,
O que ne ſuis-ie Auguſtin ou Martin.

Vn iour Martin dançoit auec Catin,
    Derin din din din din,
Madame l'oyt elle crie à Martin,
    Derin din din din din.
Hola martin viença Martin.
Ca hau Martin, à moy Martin,
    Derin din din din din.
O que ne ſuis-ie au lieu de ce maſtin.

Lors dit grondant entre ſes dets Marti
    Derin din din din din.
Ne ſuis ie pas vn haraſſe maſtin
    Derin din din din din,
Soir & matin, touſiours Martin
Martin Martin, venez Martin,
    Derin din din din din.
Ie ne croi pas qu'on n'en vueille la fin.
    FIN.

      Gg

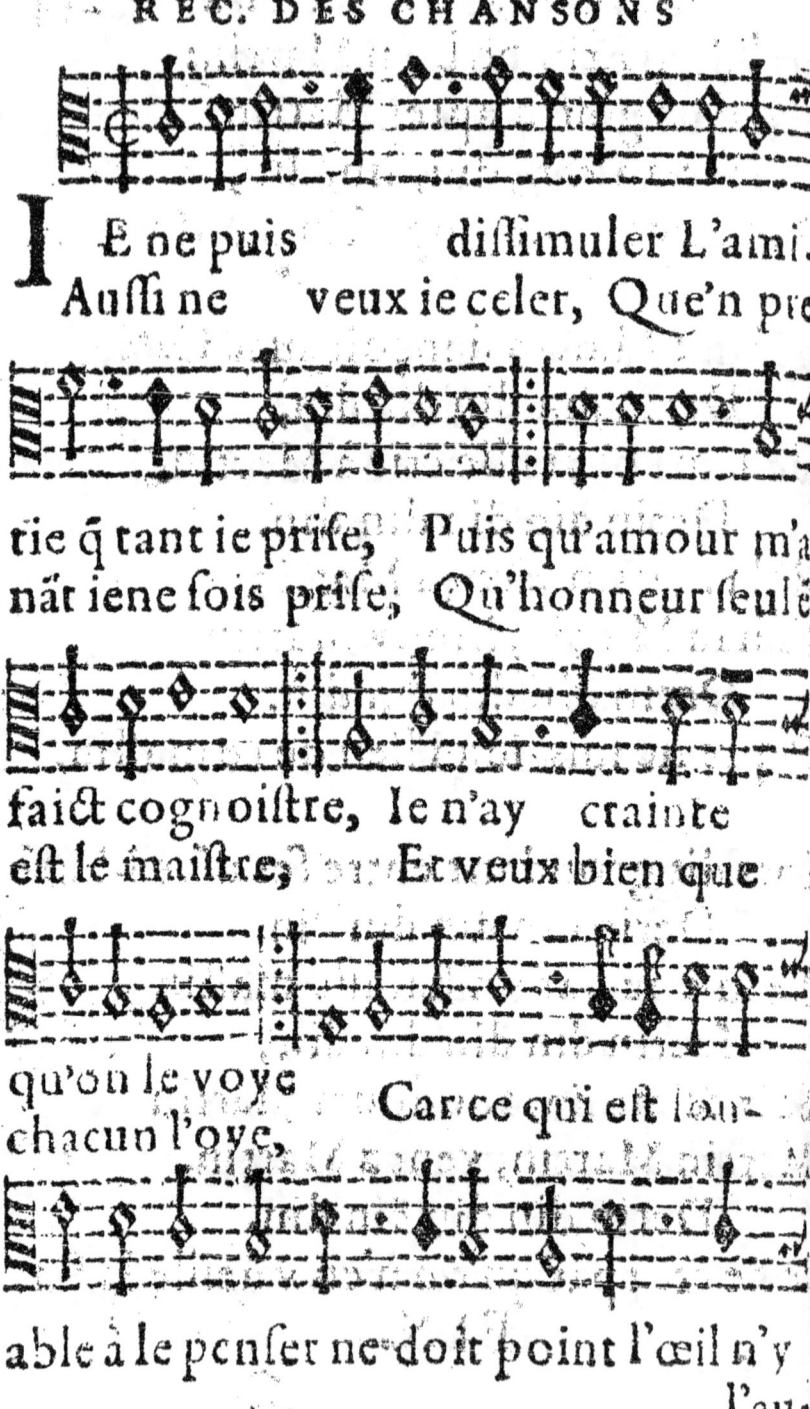

JE ne puis dissimuler L'ami-
Aussi ne veux ie celer, Qu'en pre-
tie q̃ tant ie prise, Puis qu'amour m'a
nãt iene sois prise, Qu'honneur seul è
faict cognoistre, Ie n'ay crainte
est le maistre, Et veux bien que
qu'on le voye Car ce qui est lou-
chacun l'oye,
able à le penser ne doit point l'œil n'y
l'au-

laureille offenser. Car, &c.
Ce n'est folle affection,
　Qui me tient en seruitude.
Mais vne obligation,
　Pour fuir ingratitude,
Ne pensez donc que i'offence,
　Ny moy ny ma conscience,
Quand vn tel mary i'honore,
Ou plustost que ie l'adore,
Car sa vertu ne le doibt moins aimer,
　Qu'ingratitude accuser & blasmer.

Ie laisseray donc parler
　Ceux qui font de moy leur compte,
Vn point me doibt consoler,
　Ie n'en plus receuoir honte,
De leurs langues ne me garde,
　Ayant honneur pour ma garde,
Celuy qui aimer me daigne,
　Le conduit soubs son enseigne

REC· DES CHANSONS

Luy à bō droict q̄ me garde l'hōneur,
Est peint en moy pour mon maistre &
seigneur

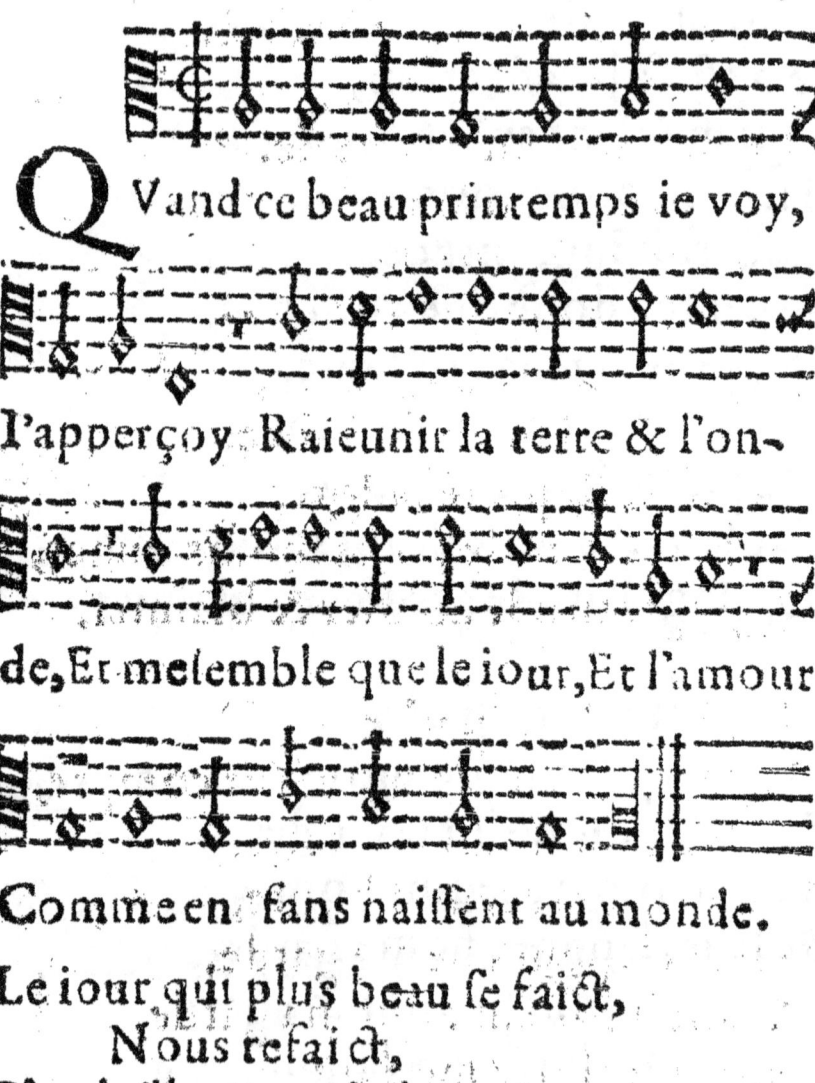

Quand ce beau printemps ie voy,

I'apperçoy Raieunir la terre & l'on-

de, Et me semble que le iour, Et l'amour

Comme enfans naissent au monde.
Le iour qui plus beau se faict,
    Nous refaict,
Plus belle & verde la terre,

Et

Et l'Amour armé de traits
　　　Et d'attrais,
Dans nos cœurs nous fait la guerre
Il espand de toutes pars
　　　Feuz & dards.
Et dompte soubs sa puissance
Hommes bestes & oiseaux,
　　　Et les eaux,
Luy rendent obeissance.

Venus auec son enfant,
　　　Triomphant,
Au haut de sa coche assise,
Laisse ces cignes voller,
　　　Parmy l'air,
Pour aller voir son Anchise:

Quelque part que ses beaux yeux,
　　　Par les Cieux:
Tournent leurs lumieres belles,
L'air qui se monstre serain,
　　　Est tout plein,
D'amoureuses estincelles,
Puis en descendant en bas

Sous ses pas,
Croissant mille fleurs d'escloses:
Les beaux lis & les œillets,
Vermeillets,
Y naissant auec les roses.
Celuy vrayement est de fer
Qu'eschauffer.
Ne peult sa beauté diuine,
En lieu d'vne humaine chair,
Vn rocher
Porte au fond de sa poictrine.
Ie sens en ce mois si beau,
Le flambeau
D'amour qui m'eschauffe l'ame,
Y voyant de tous costaz
Les beautez,
Qui reluisent en madame,

Quand ie voy tant de couleurs,
Et de fleurs,
Qui emaillent vn riuage.
Ie pense voir le beau teinct,
Quil est peinct,

Si vermeil en son visage,
Quand ie voy les grand rameaux
  Des ormeaux,
Qui sont enserrez de lierre,
Ie pense estre prins aux lacs
  De ses bras
Quand sa belle main me serre:

Quand i'enteds la douce voix
  Par les bois.
Du beau rossignol qui chante:
D'elle ie pense iouyr,
  Et d'ouyr
Sa douce voix qui m'enchante.
Quand Zephire meine vn bruict.
  Qui se suit.
Au trauerds d'vne ramee:
Des propos il me souuient.
  Que me tiens,
Seul à seul ma bien aimee.

Quand ie voy en quelque endroict
  Vn pain droict,
Ou quelque arbre qui s'esleue,
  Gg iiij

Ie me laisse deceuoir,
Pensant voir.
Sa belle taille & sa greue.
Quand ie voy dans vn iardin,
Au matin.
S'esclorre vne fleur nouuelle:
I'accompare le bouton
Au teton,
De son beau sein qui pommella

Quand le Soleil d'Orient
Tout riant,
Nous monstre sa blonde tresse:
Il me semble que ie voy
Pres de moy.
Leuer ma belle maistresse.

Quand ie sens parmy les prez
Diaprez,
Les fleurs dont la terre ast pleine.
Lors ie fais croire à mes sens,
Que ie sens
La douceur de son alaine.
Bref ie fais comparaison.

Par raison,
Du printemps & de m'amie,
Il donne au fleurs la vigneur.
En mon cœur
Delle prend vigueur & vie.

Ie voudrois au bruict de l'eau,
D'vn ruisseau,
Desployer ses tresses blondes,
Frisant en autant de neuds
Ses cheueux,
Que ie verrois frizer d'ondes.
Ie voudrois pour la tenir,
Denenir
Dieu de ces forest desertes,
La baisant autant de fois
Qu'en vn bois,
Il y a de fueilles vertes

Ma maistresse mon soucy,
Vien icy,
Vien contempler la verdure,
Les fleurs de mon amitié
Ont pitié,

Et seule tu n'enn as cure,
Au moins leue vn peu tes yeux,
Gracieux.
Et voy ces deux colombelles
Qui font naturellement,
Doucement
L'amour du bec & des ælles.

Et nous soubs l'ombre d'honneur
Le bon heur
Trahissons pour vne crainte,
Les oiseaux sont plus heureux,
Amoureux,
Qui font l'amour sans contrainte.
Toutesfois ne pesdons pas,
Noz esbats,
Pour ces loix tant rigoureuses,
Mais si tu m'en croit viuons,
Et suiuons
Les colombes amoureuses.

Pour effacer mon esmoy,
Baise moy,
Rebaise moy ma deesse:

Ne laiſſons paſſer en vain,
Si ſoudain,
Les ans de noſtre ieuneſſe.

Depuis le iour q̃ l'homicide traict,

Dedans mõ cœur engraua ton pour-

traict, Qui euſt penſé que i'euſ-

ſe rant duré. Sãs que mon cœur fuſt du

tien aſſeuré, Depuis le iour que la

REC DES CHANSONS.

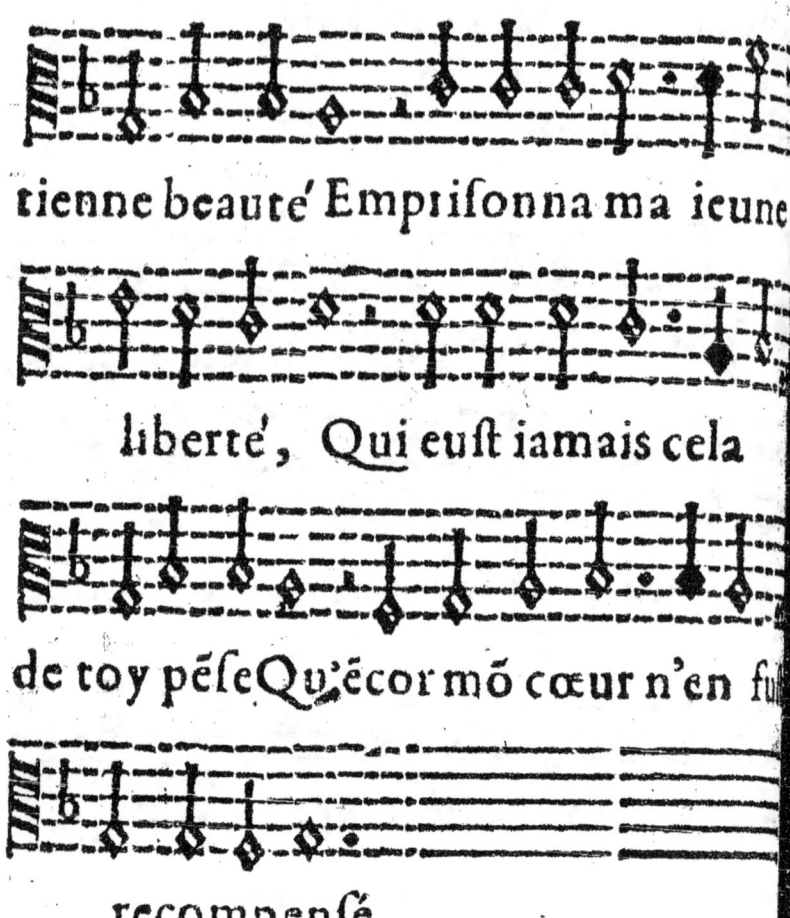

tienne beauté Emprisonna ma ieune

liberté, Qui eust iamais cela

de toy péseQu'encor mó cœur n'en fu

recompensé

Doù fut ce tract que ce dieu me tir
Quand tó doux ris à toy mó cœur tir
Or me contrainct dire son peu d'ame
Que ce doux ris maintenant est daime
Helas mon Dieu si ieusse bien cogne
Le grád tourment qui m'é est aduenu
Simple

DE VOIX DE VILLE 240

[si]plemét moy de moymesme énuyeux
J'eusse leisse me tromper de mes yeux
Mais tout ainsi que le pauure Nocher
[J]amais ne peut se tirer du rocher
[A]uquel il est artache par l'aimant,
[A]ussi ne peut de toy ce pauure amant:
[M]ais tout ainsi que si ployant le cours.
[I]lle finist de ses malheureux iours,
[A]ussi ie veux en monstrát mó grád tort
[D]euát mes iours suiure vne dure mort

Mais cepédát veux à tous tesmoigner
[E]t du rocher par le temps m'eslongner
[M]ais mon amour a si grande vigueur
[Q]ue tousiours l'ay égrauee en mó cœur
[O]n voit l'oyseau se tourner a tous véts
[S]es beaux cheueux les peigner é to° sés
[O]n voit souuent le rameau s'abbaisser
[E]t derechef le voit ou seul hausser,

Mais mó amour dedás mó cœur enté
[Sem]ble vn sapin au hault d'vn mót pláté
[Le]quel iamais ne tremble & si ne rópt,
[Te]l est mon cœur si mort ne le corrópt

Vn abre blanc peut par l'eau definer,
Et le rocher par le temps terminer:
Mais mon amour a si bõ fondement,
Qu'estre miné ne peut aucunement.
 Car le soleil plustost s'obscurcira,
La brune nuict en clair iour deuiẽdra,
Que par effect aucune inimitié,
Puisse de toy oster mon amitié.

Comme au clair soleil descouuert
Vn ombre la personne suit, Et s'il est
de nues couuert, C'est ombre se perd
& s'en fuit: Car la grãdeur De sa splẽ

deur, La ioinct au corps & la conduit.
Ainsi d'amis enuironné
Est le riche en prosperité.
Mais de tous est abandonné.
S'il luy suruient necessité.
Son heur luisant
Vont produisant,
Fuyant l'obscure aduersité.

Du temps que mon bien plantureux
Me faisoit estre frequenté
Au chois d'amis fus malheureux,
Car des flateurs i'estois hanté:
Bien apperçoy,
Qu'ils ont de moy
Trop prins & moy trop presenté.
Ceux me disoient paravant.
Que iestois sage renommé:
Bien parlant, beau, noble, sçauans,
En toute grace consommé;

Ayans le bien
Qui estoit mien,
Ignorent comme suis nomé.

Les aucuns par moy sont en haut,
Et ie meure de primé,
Ils ont du bien, & tout me faut,
Parquoy ne suis plus estimé,
Apres auoir,
Prins mon auoir,
Hay suis au lieu d'estre aymé.

Toutesfois il ne me conuient
Aduerse fortune accuser,
Car tout ce mal de moy seul vient,
Qui voulus de largesse vser.
Ie le cognu,
Quand ie fuz nu,
Dont ie ne me puis excuser.
F I N.

IE me confesseray point, D'auoir a
mé

né legeremét, Car i'ay gardé de poict é

poinct, La loy d'aimer loyallement.

ymé vo°ay si fermemét, Qu'óqs mó

eur rié n'y pensa, Qui vous peust dó-

r du tourmét, Iamais il ne vo° offésa.

ur recompense de l'amour,
Las vn autre en voy resiouir,

Hh

Receuant plaisir nuict & iour.
  Duquel seule deurois iouir,
Au moins si ie pouuois fuir,
  Ce qui me cause pis que mort,
Contrainte ne serois d'ouir,
  Ce qui me tourmente si fort.

Amour me donne affection,
  Obeissance & fermeté.
Vn autre en à laffection,
  Peu damitié legereté.
Amour auez vous aresté
  Qu'elle iouisse heureusement,
Du bien que seule ay merité,
  Pour aimer si parfaictement.

Or aimerai-ie sans party,
  L'amant sur tous amans leger.
Encores qu'vn cœur my party
  Soit bien pour me faire enrager,
A luy seul me voulut renger
  A luy tout seul ie seruiray
Sans me vouloir du tout venger
Mais mon mal en grè ie prendray.

Et si mort venoit secourir,
Ce mien esprit tant tourmenté,
Par vn agreable mourir,
  Loyer de sa grand' fermeté,
Que le corps donc en soit bouté,
  De luy estant party l'esprit,
D'ans vn tombeau bien appresté
  Dessus lequel sera escript:

Prenez pitié, arrestez vous:
  Icy gist lecorp & le cœur,
Dont amour le maistre de tous,
  En fut autrefois le vainqueur,
Mais luy vsant trop de rigueur
  La feist, sans estre aimee aimer
Vn variable, & vn moqueur,
Mais mort mist fin au mal amer.

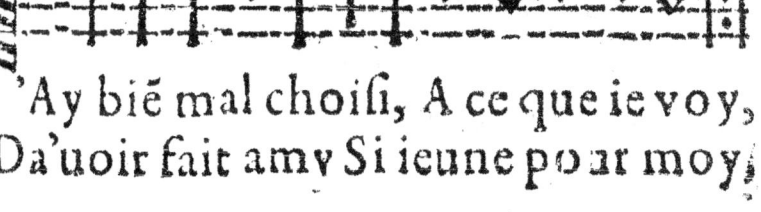

'Ay bié mal choisi, A ce que ie voy,
Da'uoir fait amy Si ieune poar moy,

Qui faire ne scait, Ce qui pl' me plaist,

O couard amy, Amy à demy, Ne l'aimez

Ne l'aimez, Ne l'aimez iamais, iamais

Iamais, iamais ne l'aymez,

Tout ce qui se peult
   Faire honestement,
Pour monstrer qu'on veult
   louyr clairement,
En vain ie le fais
                    Deuant

Deuant ce niais,
　　　O couard amy, &c.

Pour cent fois chanter,
　Mon ardent desir,
Ne l'ay peu tenter,
　D'amoureux plaisir,
Car ce ieune sot
　Ny entend le mot.
　　　O couard amy, &c.

Souuent ce follet,
　Sans entendement.
I'ay prins au collet.
　Las trop gayement:
Mais il n'entend point,
　Ou le mal me point.
　　　O couard amy, &c.

I'ay souuent ma main,
　Soubs son vestement
Fait dedans son sein,
　Couler doucement,
Mais ce sot n'entend,

REC DES CHANSONS

La ou lon Pretend,
    O couad amy &c,

Faignant deuiser
    Auec luy de pres,
Maint coulant baiser
    Luy ay fait expres,
Mais c'estoit semer
Au fond de la mer.
      O couard amy, &c.

Mon cœur martiré,
    D'amour & d'ennuy,
Souuent souspiré
    A aupres de luy,
  Mais il n'entendoit,
  Ou l'on pretendoit,
O couard amy, Amy à demy,
Ne l'aimez iamais, Iamais ne l'amez.

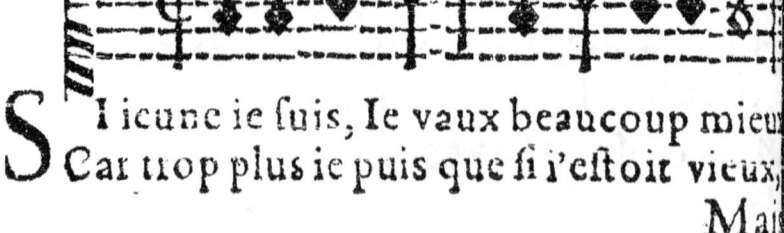

SI ieune ie suis, Ie vaux beaucoup mieux
Car trop plus ie puis que si i'estoit vieux,
    Mai

DE VOIX DE VILLE 245

Mais vous vieille estant, Ne val-

lez pas tant. Cessez dōc cessez, Et me

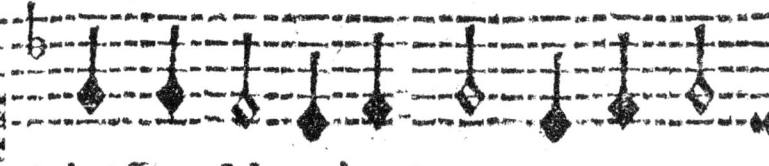

delaissez. Ne m'aymez, ne m'aymez,

Ne m'aymez iamais, iamais, Iamais iamais

ne m'aymez.

Quand plus de beauté
En vous y auroit,

Hh iiij

Plus de priuauté
  En moy se verroit:
Mais vous n'auez rien
Que i'aimasse bien.
      Cessez donc, &c.

I'aime en autre endroit,
Et pour m'entirer,
Gaingner il faudroit.
  Plustost qu'empirer:
Mais trop ie perdrois
Quand ie vous prendrois.
      Cessez donc cessez &c.

I'ay bien quelque fois.
Senty vostre main.
Plus seche que bois.
  Couler dans mon sein:
Mais telle faueur
N'a point de saueur.
      Cesse donc, &c.

Voz souspirs ardens,
Tesmoignent assez.

Le sa

Le feu que dedans
  Vous y norrissez:
Mais ce feu si chaud,
N'est ce qu'il me faut,
    Cessez donc, &c.

I'aime vostre ardeur,
  M'estre desdaigneux.
Car vostre laideur
  Me rend vergongneux,
N'ayant nul pouuoir
Que de m'esmouuoir.
    Cessez donc, &c.

Iugez donc, iugez,
  Si i'ay si grand tort,
Et ne m'estrangez,
  Ie vous pry si fort:
Car en m'estrangeant,
  Vous mallez vengeant.
Cessez donc cessez Et me delaissez
Ne m'aimez iamais Iamais ne m'aimez

FIN

Mignône bien aymee, De qui i'ay
Dãs mõ cœur íprime, Si n'as de

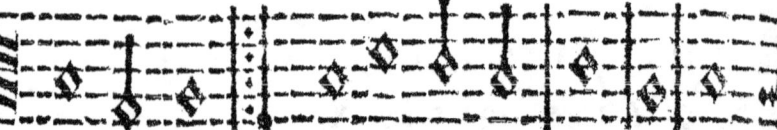

l'amitié,
moy pitié, Mõ cœur plain de soucy,

Soudain sera transi.

Helas rude maistresse,
　Appaise ta rigueur,
Oste moy de tristesse,
　Et contente mon cœur,
Autrement ie ne puis
Plus viure iours ny nuicts.

Mon cœur sans fin lamente,
　La beauté de tes yeux,

Ta face si plaisante,
  Ton maintien gracieux.
Mesmement par compas
  Ie contemple tes pas.

O belle de nature
  Et parfaict en esprit,
Plus qu'autre creature,
  Pour toy mon cœur perist:
Ce n'est plus rien de moy,
  Si n'ay secours de toy.
Ie te prie maistresse,
  Fauorise mon cœur,
Deliure de tristesse
  Ton pauure seruiteur.
Qui pour l'amour de toy,
Ne vit plus qu'en esmoy

Veux tu que ie perisse,
  Pour ton amour ainsi?
Et que ie me nourrisse.
  Vn feu plein de soucy,
Sans auoir quelque iour
Le bien de mon amour.

REC. DES CHANSONS

Donne moy allegeance
  Du mal qui tant me poingt,
Tu en as la puissance,
  Ne me refuse point,
Si tu fais peu pour moy,
  Ie feray plus pour toy.

RESPONSE DE LA DAME.

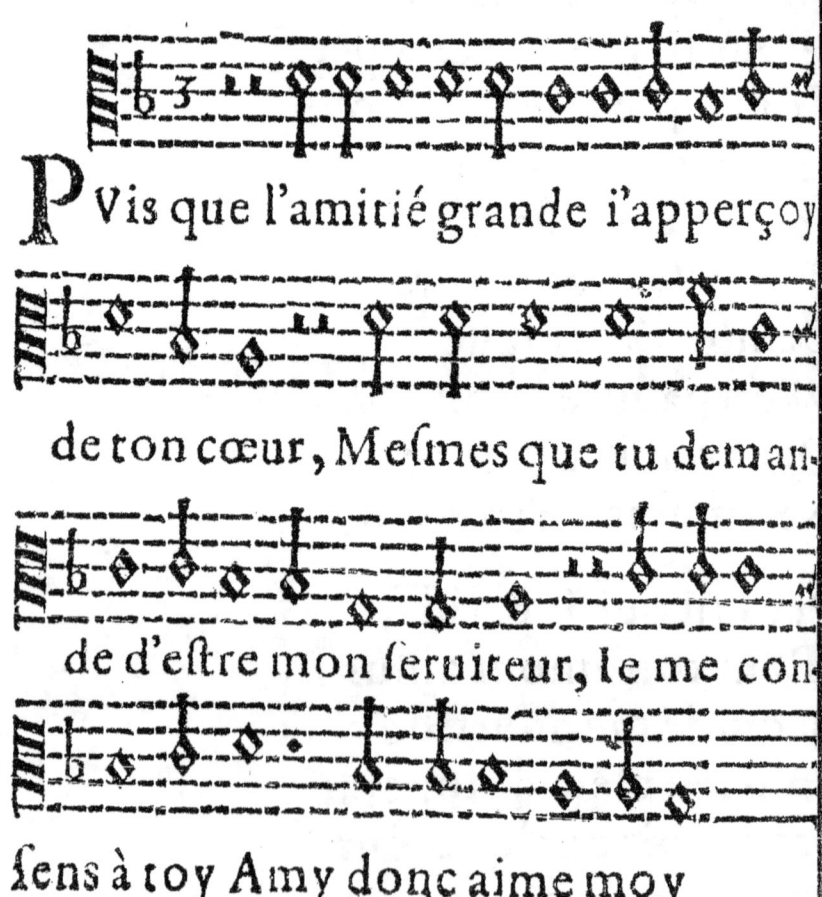

Puis que l'amitié grande i'apperçoy

de ton cœur, Mesmes que tu deman-

de d'estre mon seruiteur, Ie me con-

sens à toy Amy donc aime moy

Mo

Mon amy ie suis celle
  Qui desire à iamais,
T'aimer d'amour fidelle,
  Ne trouue pas mauuais,
Si ie t'ay fait refus,
En craignant quelque abus.

Or puis que ie suis seure,
  Que ton cœur est loyal,
Desormais ie t'asseure.
  Pour appaiser ton mal,
Tout mon cœur sera tien,
  Et le tien sera mien.
Oublie ma rudesse
  Le plustost que pourras,
Car ie te fais promesse,
Pendant que tu viuras,
Autre que toy n'auray,
Ou plustost ie mourray.

Puis que l'amour parfaicte,
  Qui t'a de moy espris,
Si tienne ie suis faicte,
  Contente tes esprits,

Cesse ton triste esmoy,
Tu iouiras de moy,

Oste la douleur tienne
Ne sois plus languissant,
Puis que de l'amour mienne
Tu seras iouissant
Car tant que ie viuray.
Autre que toy n'auray.

Pren sur moy asseurance,
Car selon ton desir,
Tu auras iouissance
De moy à ton plaisir:
Sus donc approche toy
Desormais pres de moy.

FIN.

Dessoubz les cieux n'y a point fille nee,
Qui soit autāt au mõde īfortunee
Comme

DE VOIX DE VILLE 249

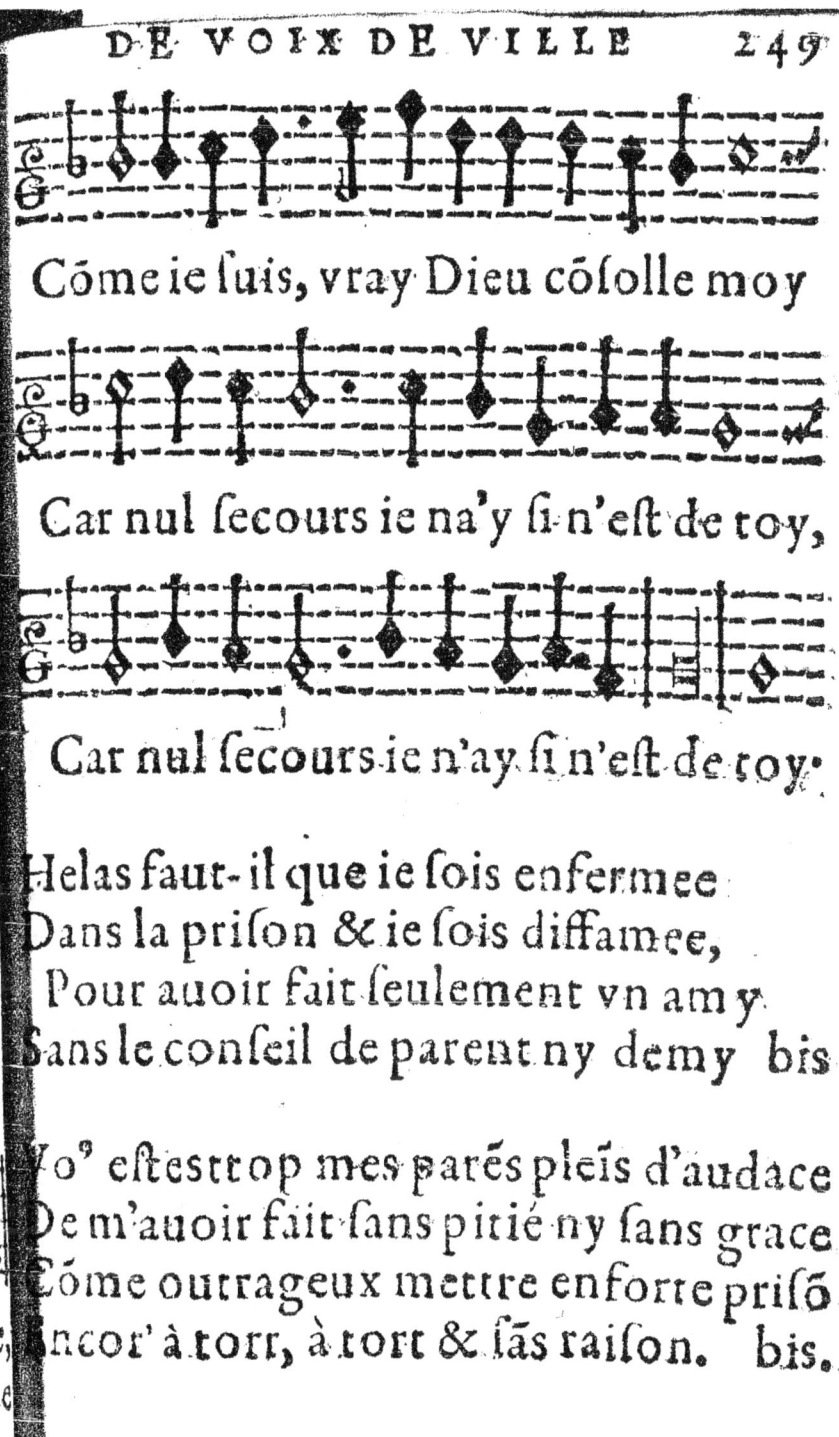

Cóme ie suis, vray Dieu cósolle moy

Car nul secours ie na'y si n'est de toy,

Car nul secours ie n'ay si n'est de toy.

Helas faut-il que ie sois enfermee
Dans la prison & ie sois diffamee,
Pour auoir fait seulement vn amy
Sans le conseil de parent ny demy bis.

Vo⁹ estes trop mes parés pleís d'audace
De m'auoir fait sans pitié ny sans grace
Cóme outrageux mettre en forte prisó
Encor' à tort, à tort & sãs raison.   bis.

Pourtāt si i'ay d'vn beau fils & hōneste
Fait mō espoux sās vo̧ é faire équeste,
 Ce nest pourtā bien fait à vous ainsi
 M'en blazōner Et m'en dōner soucy
Car ce qui m'a donne la hardiesse
De me vouloir pouruoir à ma ieunesse
 C'est que mō pere est de vie à trespas,
 Ma mere aussi seule estre ne puis pas.

Mais le moyen de vostre grand rācune
Encore moy prouient de la pecune,
 Que vous auez du bié qui mappartiér,
 Voila doù est le despit qui vous tient

Car desormais faut q̄ me rēdiez cōpte
Et pour cela n'auez vous point dehōte
De me liurer vn emprisonnement,
 Et m'acquerit vn blasme meschāmēt?

Cōbien lōgtēsp me tiēdres vo̧ rudesse
Vous confiant dessus vostre richesse:
 Sauez vous pas que Dieu est le tuteur
 Des orphelīs & leur vray protecteur,
Helas Messieur iuges de la Iustice.
       Ie vous

DE VOIX DE VILLE. 250

Ie vous requiers audience pro pice.
Si i'ay bõ droit, ou bien si i'ay le tort
Deliurez moy, ou me liurez à mort.

Fille d'honneur vefue de pere & mere,
Ayez pitié de la douleur amere,
 Que mes parent me font en la prisõ,
 Souffrir à tort, me blasmás sãs raisõ,

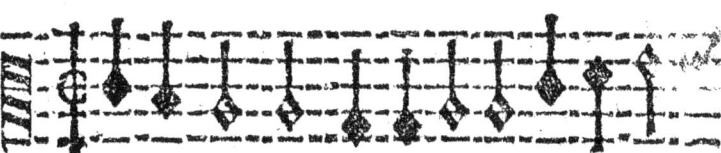

Dieu vous gard belle bergere. Et to⁹ vos
Vo⁹ faites piteuse chere, Pourquoy plo-

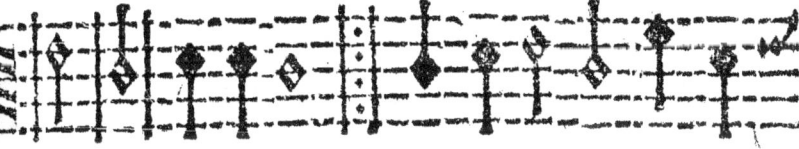

moutous aussi,   Vostre mere Par co-
rez vous ainsi,

lere, Vous a donné quelque coup,
              Ii

Pour la perte Descouuerte, D'vn moutó
raui du loup, S'il n'est ainsi dites moy,
D'où procede vostre esmoy.
   La bergere
Ny mon pere, ny ma mere,
Pour quelque mouton perdu,
N'ont fait la douleur amere,
 De mon cœur tant esperdu,
Mais la chose, Que ie n'ose
 Aucunement declarer,
Tant me presse Que sans cesse
 Contrainte suis de plorer:
Et mes pleurs peut on bien voir
Mais non la cause scauoir

Le passant.
Cest assez dit ma doucette.
　Cest assez car ie suis seur,
Que quelque flamme secrette,
　Brusle vostre petit cœur,
Et moymesme, Qui trop ayme,
　Ay le mal que vous auez.
Dont sans crainte Vostre plainte,
　Icy dire me pouuez,
Et ie vous diray aussi,
Tout mon amoureux soucy.
La bergere.

Puis qu'atteint de mesme peine.
　Mon mal auez deuine,
Pendant que dans ceste pleine,
　Paistra mon troupeau lainé
Vous veux dire, Le martire
Procedant du chaud brandon.
Qui enflamme, Ma pauure ame.
　En l'amour de Coridon,
Lequel pourtant rien à peu
Et mon tourment & mon feu.

Tousiours en pleurs ie me baigne,
Tant semblables somme nous
Par celle qui me desdaigne.
 Comme Coridon fait vous
Quand sans honte, Luy raconte.
 De mon grand feu le danger
Alors elle Plus cruelle,
 Que quelque Scythe estranger,
Baigne sa ioye en mes pleurs.
Et se rit de mes douleurs.

Et Coridon o pauurette,
 Ne me veut pas escouter,
Ains quand il me voit seulette,
Fuit dans le bois s'escarter.
Et n'a garde, Qu'onc il garde.
 Ses moutons auecques moy,
Dont ie pleure, A tout heure,
 Mesme par ce que ie voy.
Que quelque autre me detient
Tout cela qui m'appartient,
Et qui pourroit estre celle:
Si ne croi-ie quelle soit

Plus

Plus que vous gentile & belle,
　Dont Coridon se deçoit,
Car sa veue, trop deceue,
　N'a le pouuoir de choisir
Vostre grace sur la face
　Ou est prins tout le plaisir,
Qui seroit bien le guerdon.
　D'vn plus grand que Coridon,

Ie ne puis point estre belle,
　Estre belle ie ne puis,
Mais las ie suis trop fidelle.
　Las trop fidelle ie suis.
Ma constance Qui m'offense,
　D'vne trop grande rigueur:
Rien ne preuue rien ne treuue,
　En mes amours que malheur,
Et tient sa grand' cruauté
Par dessus ma loyauté.

Vous n'estes point pastourelle.
　Vostre langage discret,
Honorablement de celle
Ce que vous tenez secret,

Iose croire, Par lyuoire
  De voſtre blanc ſein encor'
Par les roſes, Qui deſcloſes
  Bordent la leure, par lor
De voz cheueux deſployez,
Qu'vne Nymphe vous ſoyez.

Certes ie ſuis paſtourelle,
  Et ce qu'amour m'a apprins,
Depuis la flamme mortelle
  Qui altere mes eſprits,
La deſtreſſe, Ma maiſtreſſe,
  Les m'a faict apprendre au bois,
Qui s'eſtonne, Et reſonne.
  Alors que ſe plainct ma voix
De mon dueil perpetuel,
Et de mon amy cruel.

Puis donc ô pauure amoureuſe,
  Que Coridon ne vous veult
Et que Iehanne rigoureuſe.
  Pour moy flechir ne ſe peut.
S'il vous ſemble, Qu'or enſemble
Du ieu damour iouiſſons.

Ie souhaitte, Mamiette,
  Garder icy voz moutons,
Oubliant des ce iourdhuy
Lamour d elle & vous de luy.

Combien que ie sois bergere,
  Vous vous abusez pourtant
De m'estimer si legere,
  Et mon cœur tant inconstant.
Qu'en ma vie Tant m'oublie,
  Non, non, Mais plustost la mort
Me defface, Que ie face
  A ma fermeté ce tort,
Peult estre le temps fera,
Que sa rigueur changera.

Or donc, ô constance belle
  Tousiours constant ie seray,
Et me soit Iehanne cruelle,
  Tousiours ie la seruiray:
En ma vie N'ay enuie
  D'autres amours essayer,
Quand bien mesme, Le mort blesme,
  Deuroit estre mon loyer?

Ii iiij

REC DES CHANSONS

Car cestuy-la est heureux,
Qui meurt pour estre amoureux.

L'ombre est ia dedens la pree,
   la le soleil est couché:
Voicy la nuict qui recree
   Du trauail l'homme asseché:
A Dieu doncques, Et si oncques
   Iehanne est plus douce pour vous,
Qu'au semblable, Amiable
   Me soit Coridon, & doux.
S'il aduient iamais ainsi,
Vous hereux, & moy aussi.

FIN.

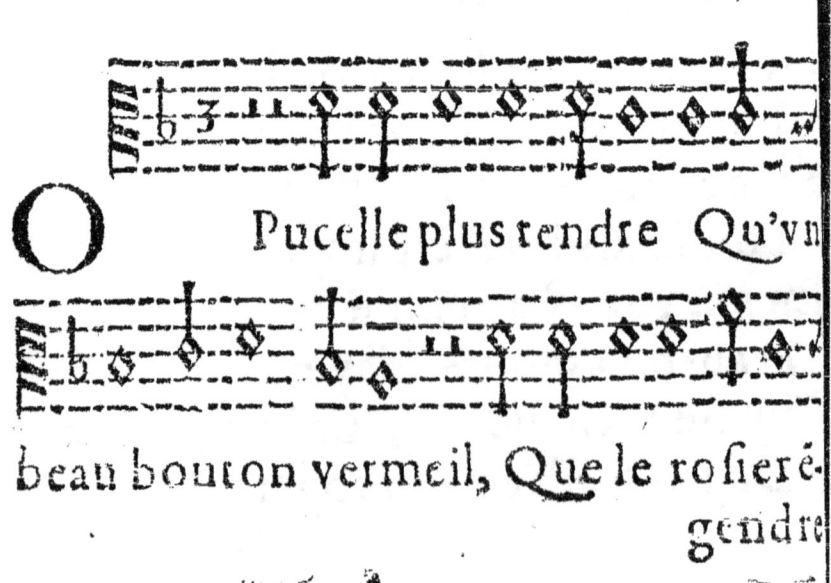

O Pucelle plus tendre Qu'vn beau bouton vermeil, Que le rosier é-
gendre

gendre Au leuer du soleil, Et si faict

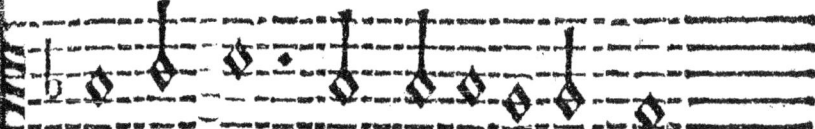

au matin, Tout l'honneur du iardin.
Serrez mon col, maistresse,
  De vos deux bras pliez,
D'vn neud qui fort me presse,
  Doucement me liez
Vn baiser mutuel,
Qui soit perpetuel.

Ny le temps ny l'enuie,
  D'autre amour desirer,
Ne pourra point ma vie
  De vos leures tirer,
Ains serrez demourons,
Et baisant nous mourrons.

Amour par les fleurettes,
  Du printemps eternel,

Verra nos amourettes,
  Soubs les bois maternel:
La nous sçaurons combien.
Les amans ont de bien.

Parmy la grand' espace,
  De ce berger heureux
Nous aurons tous deux place,
  Entre les amoureux.
Et comme eux sans soucy,
Nous aymerons aussi

Nulle Nymphe ancienne
  Ne se despitera.
Quand de la place sienne
  Pour nous deux s'ostera
Non celle dont les yeux.
Prindrent le cœur Des dieux.

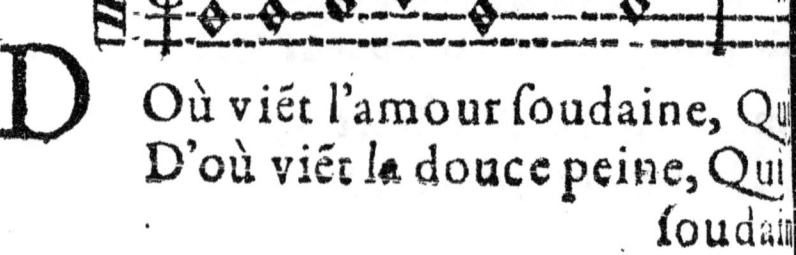

D Où viét l'amour soudaine, Qu
  D'où viét la douce peine, Qui
              soudai

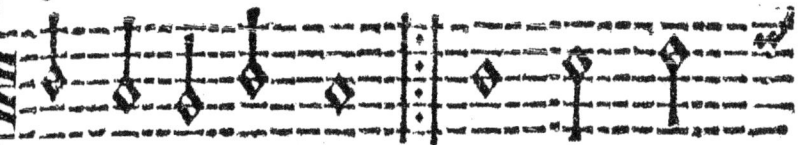

Soudain m'a surpris, D'où me vient
gesne mes espris?

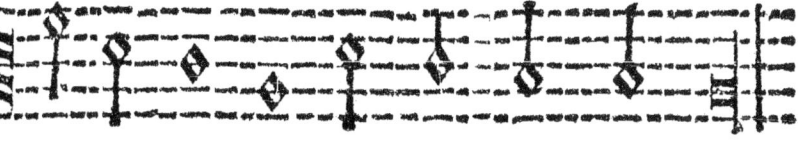

tel esmoy, Qui me met hors desmoy.

Ie qui me soulois rire,
　　Des amans langoureux.
Maintenant ie souspire,
　　Plus que nul amoureux.
Amour me fait sçauoir,
Quil a sut tous pouuoir.

Ie qui ne soulois estre
　　Maistrise que de moy,
De moy ne suis plus maistre,
　　I'ay obligé ma foy,
Masseurant à vn cœur,
Qui du mien est vainqueur.

Ie n'ay plus de puissance
　Sur mes affections:
Malgré ma resistence,
　Toutes mes passions
Sont du mal doulx amer,
Que lon appelle aimer.

Soit que Phœbus espande
　Ses rayons dessous nous.
Ou soit que la nuict bande
Noz yeux d'vn sommeil doux,
Iour & nuict mon tourment,
Me presse incessamment.

Soit que point ne me plaise
　Les hommes frequenter,
Soit que cherchant plus d'aise
　Me plaise les hanter,
Soit en paix soit en bruict:
Tousiours mon mal me suit.
Ie pensois ceste rage
　A la longue oublier.
Mais plus suis en seruage
　Plus ie m'y sens lyer,

[E]t le mal que ie sens
[C]roist auecques le temps.
[D]ans mes bouillantes vaines
Ie norris mon tourment,
[E]t moymesme à mes peines
Donne nourissement:
[I]e mets peine à nourrir
[C]e qui me fait mourir.

[M]a foy n'est plus douteuse
En lisant les tourmens
[Q]u'en la flamme amoureuse
Ont souffert maints amants,
[I]'en sens en mon esprit
[P]lus qu'il n'en est escrip.

[I]'ay crainte que madame
Ne doubte de ma foy,
[O]u qu'vn autre n'enflamme
Son amour plus que moy
[Q]ui aime de bon cœur.
[N]'est iamais sans peur,
[V]iz em grand destresse,
Vn sinple deuiser,

Vne seule caresse,
Me faict enialouser?
Ie ne puis volontiers
M'accorder à vn tiers

Amour & ialousie,
　Se fuyuans à lentour
Me donnent mort & vie,
　Mille fois en vn iour,
De l'vn viendra le ris,
Et de lautre les cris.

Amour n'est autre chose,
　Au cœur qui le reçoit,
Que lespine & la rose,
　Croissant en vn endroit:
Ou gouste pour aymer,
Du doux & de l'amer.
　　FIN.

LA terre n'agueres glacée, Est o
de ve

DE VOIX DE VILLE.

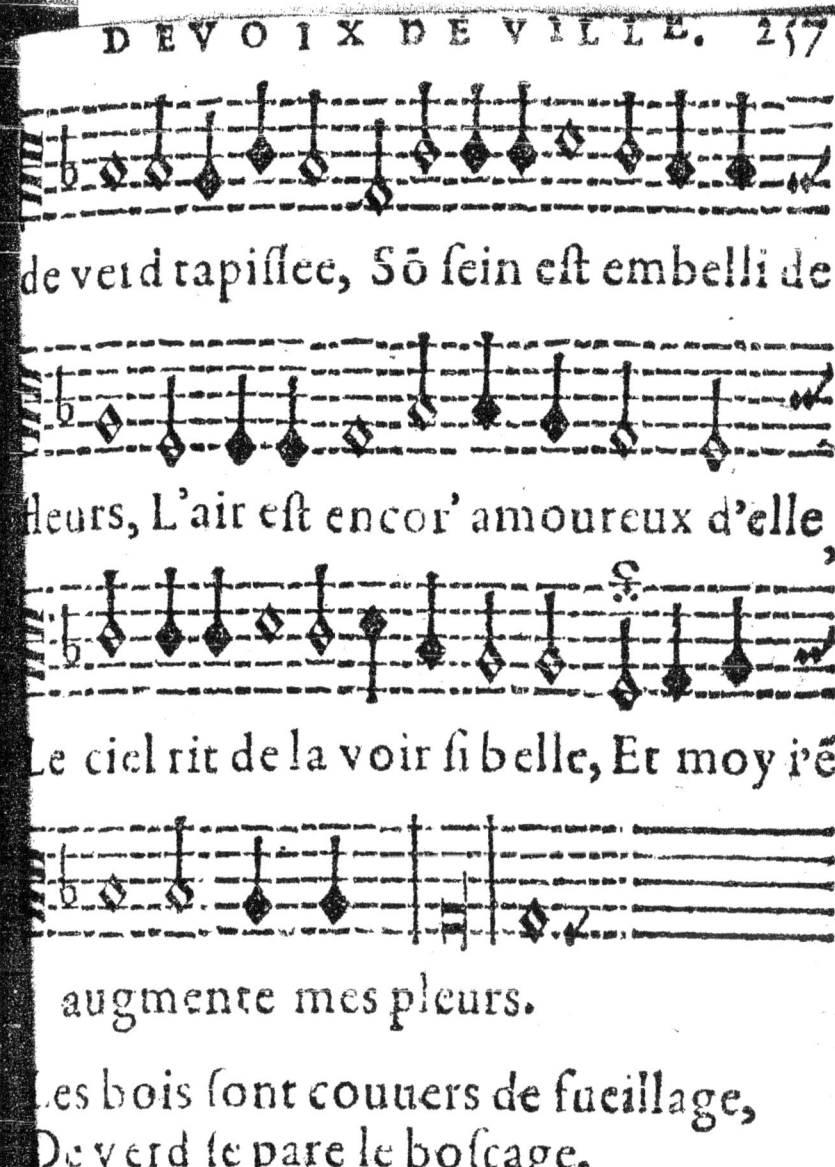

de verd tapissee, Sō sein est embelli de

fleurs, L'air est encor' amoureux d'elle,

Le ciel rit de la voir si belle, Et moy i'é

augmente mes pleurs.

Les bois sont couuers de fueillage,
De verd se pare le boscage,
Ses rameaux sont tous verdissans,
Et moy las priué de ma gloire.
Ie m'abille de couleur noire,
Signes des douleurs que ie sens.

Les oiseaux cherchent la verdure.
Moy ie cherche vne sepulture,
  Pour voir mon malheur limité:
Vers le ciel ils ont leur vollee,
Et mon ame trop desolee,
  N'aime rien que l'obscurité.

Ores l'amant sent dedans l'ame,
L'effort des beaux yeux de sa Dame,
  Qui cause en luy mille desirs,
Il souspire & moy ie souspire.
Mais la mort sans plus ie desire,
  Seule fin de mes desplaisirs.

Ores les animaux sauuaiges.
Courent les champs bois & riuages,
  Renduz par amour furieux,
Moy ie me lasche de la sorte,
Au dur regret qui me transporte,
  Et me fait maudire les cieux.
Or on voit la rose nouuelle,
Qui se descouure & se fait belle,
Monstrant au iour son teinct vermel
Ou las mon plaisant visage,
                        Se sech

Se seche en l'auril de mon aage,
 Priué des raiz de mon soleil,
Or on voit d'vne tiede aleine
Zephire esmouuoir par la pleine,
 Doucement les bleds verdoyans
Et moy ie sens en mon courage,
Mes souspirs qui font vn orage,
 De cent mille flots ondoyans.

Du Soleil la face cachee,
En hyuer or' est approchee
 Et monstre vn regard gracieux.
Mais ie hay la clarte diuine,
Puis que l'astre qui m'illumine,
 Est or' eslongné de mes yeux.

Que me sert ceste saison gaye,
Sinon de rafraichir ma playe,
 Quand ie voy les autres contens,
Puis que le ciel m'est si seuere,
Qu'au milieu de ma primeuere
 Ie suis priué de mon printemps.
Quand ie voy tout le monde rire,
C'est lors que seul ie me retire,

Kk

A part en quelque lieu caché
Comme la chaste tourterelle,
Perdant sa compagne fidelle,
 Se branche sur vn tronc seché.

Le beau iour iamais ne m'esclaire,
Tousiours vne nuict solitaire,
 Couure mes yeux de son bandeau.
Ie ne voy rien que des tenebres,
Ie n'entends que des chants funebres
 Seur augures de mon tombeau,
La France en deux parts diuisee,
De guerre n'aguere embrazee.
 Sent or le doux fruict d'vne paix,
Mais las nul fruit ie n'en rapporte,
Car la guerre est tousiours plus forte
 En mes pensee que iamais.

Pensees qui font dans ma teste,
Vn bruit estrange vne tempeste,
 Et dressent cent mille combats:
Mais tous à mon desadnantage:
Car seul ie porte se dommage,
 Et la perte de leurs debats.

DE VOIX DE VILLE 259

Las qu'amour me rend miserable,
Las que le bien est peu durable,
Las que le sort m'est rigoureux,
Las que les cieux me sont contraires,
De m'acabler soubs les miseres,
Quand ie pense estre bien heureux.

Ah ciel cause de ma souffrance
He que n'ai-ie au moins la puissance
De me changer diuersement,
En cigne ou en pluye doree,
Pour voir la belle Citheree,
Qu'vn Vulcan garde estroittement

Mais le Ciel en vain i'importune,
Le Ciel chef de mon infortune,
Qui par vne trop dure loy,
Me priue en viuant de mon ame
Car qnand ie suis loing de madame,
Mon ame est absente de moy.

As, quelle fille ie suis Fortunee &
Kk ij

REC. DES CHANSONS.

Malheureuse, Qu'auoir celuy ie ne

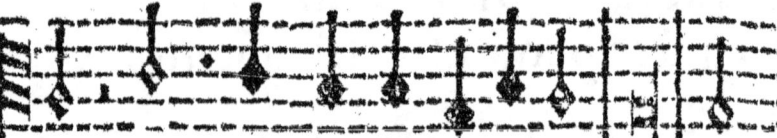

puis, Duquel suis tant amoureuse.

C'est celuy qui mes esprits
  Raui par sa bonne grace:
C'est celuy lequel a prins
  Au plus prés de mon cœur place.

Il est tant à mon desir,
  Par sa perfection grande.
Que d'auoir pour mon plaisir,
  Autre que luy ne demande.
Ie suis bien certaine aussi,
  Qu'il me porte amitié bonne,
Me donnant son cœur ainsi,
  Comme le mien ie luy donne.
Il s'estime bien heureux,
  De m'auoir pour amoureuse,
                D'auo

D'auoir vn tel amoureux,
　Ie m'estime bien heureuse
D'auoir vers luy tel credit,
　Ie me tiens bien asseuree,
Car luy mesme le m'a dit,
　Et m'en a sa foy iuree.

Et menty ne m'a-il point:
　Car son cœur au parler touche
Et ne se trouue vn seul poinct
　De menterie en sa bouche
Tous ceux-la me font ennuy,
　Desplaisir & fascherie,
Qui n'osent dire de luy,
　Qu'autre femme en est cherie.

De nostre amour la vigueur,
　Encor' qu'elle soit bien forte,
Ne peult rompre la rigueur,
　Que iour & nuict on me porte,
Mes parens trop rigoureux.
　Ne taschant qu'à me contraindre
De faire vn autre amoureux
　Mais rien ne m'y sert le plaindre.

Kk iij

Leur propos continuel,
   Cest quil faut que ie le face:
Mesme mon pere cruel
   De son couroux me menace.

Disant que si desormais,
   Ie refuse autre alliance.
En sorte qui soit iamais
   De moy n'aura souuenance
Tant que mon plus grand confort.
   En ces odieux alarmes,
Est de souhaicter la mort,
Et de mes yeux iecter larmes.

Vous qui aimez d'amitié.
   Ie vous prie qu'il vous plaise.
Auoir de mon mal pitié,
Et penser à mon mal aise.
Celuy que ie naime point.
   Est desia plein de vielleße.
Mon amy est en bon point,
   En la fleur de sa ienneße.

Il est vray que le viellard

A des biens à grand largesse,
L'amour qui de mon cœur part,
  Ne gist point en la richesse.
I'ay par plusieurs ans cogneu
  Mon amy & sa constance,
Et de ce nouueau venu
  Jamais ie n'euz cognoissance.

L'vn est mon loyal amy,
  Le renoncer n'ay enuie,
Et l'autre est mon ennemy,
Que n'aimeray en ma vie

Il a des fils aussi grands,
  Ou peu s'en faut que le pere:
Auant que porter enfans,
  C'est grand pitié d'estre mere

C'est vn trop grand desplaisir
  Aux pauures ieunes pucelles
Se marier au plaisir,
Des parens & non pas d'elles.
Et lon m'a dit que le droit.
Ne permet au personnage,
                        Kk iiij

Son franc vouloir en endroit,
   Comme il fait en mariage.
Puis que le droit fait pour moy,
   Et la faueur de nature,
I'ayme mieux suiure la loy,
   Que la fortune trop dure.
Et point n'est sage celuy,
   Selon raison naturelle,
Qui baille fille à autruy,
   Sans sauoir le vouloir d'elle.

Tien donc ton cœur en repos,
   Mon amy, car ie t'asseure,
Qu'auant que changer propos,
   Il conuiendra que ie meure.

IE suis côtrainct d'estimer, Et aymer,

Ce qu'en vous i'ay peu comprendre,
                    Tant

DE VOIX DE VILLE 262

Tant excelant & parfeict, Qui a faict,

Que vostre ie me veux rendre.
Chacun iugeant du dehors,
    Et le corps,
Et la belle face estime:
Bien pense-ie en vous ces deux,
    Mais ie veux,
Vous auoir en plus d'estime.
Vostre gent cœur reuestu,
    De vertu,
Et vostre grace louable,
Vostre seure loyauté
    Et beauté,
Vous font personne admirable.

La grandeur de vostre esprit,
    Me surprit,

Quand d'elle i'eu cognoissance,
Dont ie remercie Amour,
  Et le iour,
Qu'entray sous vostre puissance.

Ie say que mon iugement,
  Point ne ment,
Vous donnant louange haulte:
Et si ie n'en dy assez,
  Ne pensez.
Qu'il procede de ma faulte,
Mais croyez que le penser,
  Sans cesser.
Qui de vous au cœur me touche,
Excede bien mille fois,
  Et ma voix,
Et ce que chante ma bouche

Esperant tousiour i'attends
  Que le temps,
En fin vous face cognoistre,
Que du tout à vous ie suis,
  Et ne puis.
Ny veux autre iamais estre,

DE VOIX DE VILLE 263

Se taisent les enuieux,
   Car pour eux,
Ma grand amour ne s'arreste:
Ia n'en changera mon cœur,
   Son ardeur,
Enuers vous est trop honneste.

MAmignône ie me plaí de vostre ri
I'ay d'énui le cœur tout plaí Du zele q̃

gueur si forte, Parce que point ne m'ai-
ie vous porte,   Aussi vous ne mesti-

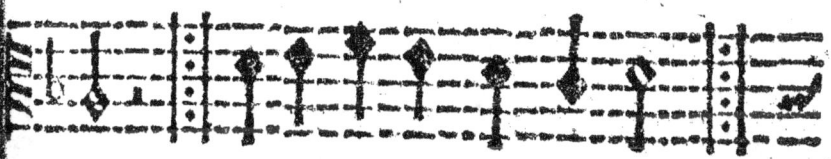

 mez,   Ie dy de vous tant de bien
 mez,   Voire l'õ vous cognoist bien,

REC. DES CHANSONS

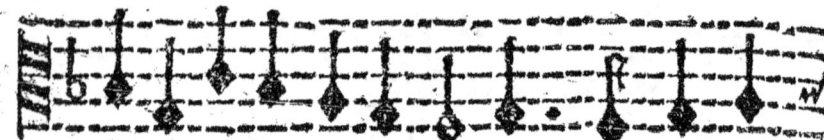

S'il est ainsi, l'auray dõc part ē l'amour

vostre Allez, allez mon amy,

N'en auons point d'autre.

Ma mignonne i'ay esté,
  Si soigneux de vostre vie,
Qu'aupres de vous l'autre esté
  Me print vne maladie,
Par vn si ferme desir,
C'estoit pour vostre plaisir:
  Helas ie suis pour vous né,
  Vous auez mal deuiné:
Pourtant si veux ie esperer
  Part en l'amour vostre

Allez

Allez, allez &c.

Ma migonne ie n'ay point
  Mon amitié feincte ou caulte.
Pourtant ce qu'au cœur me poingt,
  Ne vient que de voftre faute
Ne m'auez vous pas promis?
Ie l'ay dit à voz amis:
  Voftre pere le veult bien,
  Mais ma mere n'en veult rien.
Contre voftre gré ne veux,
  Part en l'amour voftre.
      Allez, allez mon amy &c.

Ma mignonne puis quil faut
  Noter voftre ingratitude,
Vn autre que moy vous fault,
Qui vous tienne en feruitude,
Vn paifan vous aura,
Et qui aimer le fçaura?
  Comment vous vous irritez.
  Ceft mieux que ne meritez,
Ie ne veux donc plus auoir
Part en l'amour voftre.

REC. DES CHANSONS.

Allez, allez mon amy,
N'en auons point d'autre.

O Que le ciel m'a cõblé en malheur,
A faict pleuuoir vne mer de douleur

O quel aspect à ma natiuité
Pour, me plonger en son flot irrité,

Astre impiteux, Tu peux mõ mal Fatal

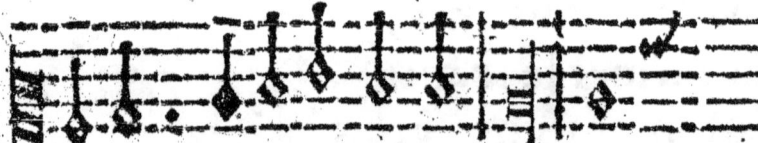

Finir sans me faire languir.

Sil est ainsi, ô dieux, oyez ma voix,

S'il est ainsi ô cieux oyez mon pleur
Voyez mon cœur eslancé aux abbois
   Comme le cerf chassé par le veneur
         A mon destin,
         La fin
         Donnez,
         Tournez
         Voz yeux,
A mon sort malheureux.

Las que me sert vne vaine beauté:
Et les cheueux comme l'or reluisans?
A quoy me sert l'attraiante clarté,
   Et les sourcils de mes yeux flāboyant
         Mon teinct vermeil.
         Pareil
         Aux lys
         Cueilliz,
         De frais.
Et mes amoureux traicts?

Ores ie suis en la fleur de mes ans
   Et en l'Auril ie ne fais qu'arriuer:
Helas fault il assembler mō printemps

Auec le froid d'vn ennuyeux hyuer.
   I'ay vn espoux,
   Ialoux,
   Recreu,
   Chenu,
   Facheux.
Laid & mal gracieux.

Malheur à toy ô auare desir,
 Malheur à toy ô auaricieux,
Qui n'as esgard à lamoureux plaisir,
 Ny à cela que la fille aime mieux:
   Car tout le bien,
   N'est rien,
   Cessant
   L'ardant
   Amour,
Qui me tient nuict & iour.

Iauois espoir iouir de la moictié,
 Ioincte au lieu de mariage egal:
Ie m'asseurois d'vne egale amitié.
 Et destre heureuse au flãbeau nuptia
  Mais ie voy bien.

        Qu

DE VOIX DE VILLE. 266

   Que rien
   N'est seur,
   Et l'heur
   N'aduient,
Comme le vouloir vient:

Belle Cipris si ta diuinité,
 Peut estre esmue à pitié receuoir,
Deliure moy de ta captiuité,
 Qui me retiét esclaue à son pouuoir,
   Si en ton cœur,
   Douceur N'a lieu,
   A Dieu
   Plaisir,
Car ie m'en vois mourir.

    FIN.

V Ne brunette icy ie voy,   ij
Qui toute puissance a sur moy, ij

Ll

Diuine grace en elle abonde,

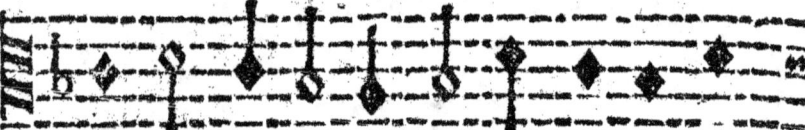

Ie l'aimeray seul en ce monde, Di-

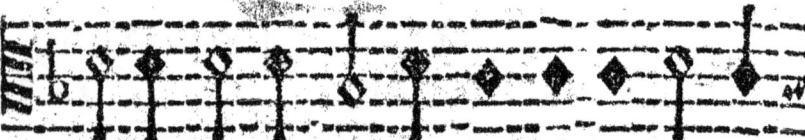

uine grace en elle abonde, Ie l'aime.

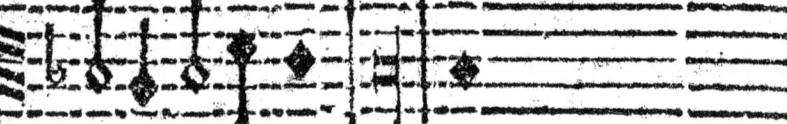

ray seule en ce monde.
Du beau don que venus a prins,   bis
Presenter luy en doit le pris,   bis
  Et luy quitter sa pomme ronde,
  Ie l'ameray seule en ce monde.

Vous pouuez iuger à son œil,   bis
Qu'autre n'a beauté pareil,   bis
              Honneur

Honneur & sagesse profonde,
Ie l'aimeray seule en ce monde.

O qu'heureux seroiēt mes esprits, ij.
Qui de son amour son espris, ij.
    Dauoir sa grace ou ie me fonde:
    Ie l'aimeray seule en ce monde.

Heureux celuy qu'elle aimera, ij.
Car bien vanter il se pourra, ij.
    D'estre à Diane amy seconde,
    Ie l'aimeray seule en ce monde.

SI vous regardez madame Sans plus

à vostre grandeur, vous desdaigne-

rez l'ardeur, Dont vostre beau-

té m'enflamme. Veu que digne

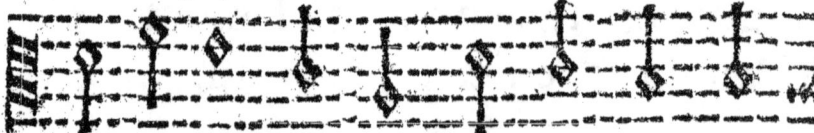

ie ne suis, Du grand bien que ie pour-

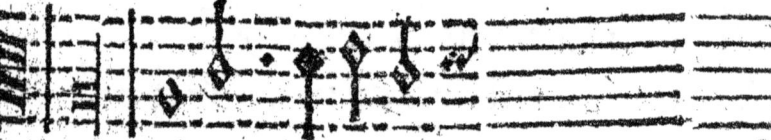

suis. Veu que digne, &c.

Vous direz & ie confesse,
  Que vous dites verité,
  Que ma basse qualité,
N'esgalle vostre hautesse,
  Et que mon affection,
  N'est qu'vne presumption:
Mais si vous iugez la force,
  Dont procede mon ennuy,
  Et conbien est fol celuy
Que contre l'amour s'efforce,

vous

Vous dires mon amitié
Estre digne de pitié.
Le debuoir de reuerance:
  Se doit garder en tout lieu:
Mais touſiours ce petit Dieu
Ne fait telle diference:
  Il est aueugle & n'a point,
Desgard à ceux la qu'il poingt.

Que la verité ſoit telle,
  Ie n'allegueray les Dieux.
Qui ſont deſcenduz des cieux,
Pour vne beauté morrelle:
  Ie ne veux point m'excuſer,
A ces fables m'amuſer.
Du beau paſteur de Larmie,
  L'exemple me ſouffiroit.
Qu'i en dormant attiroit.
Du ciel la lune s'amie,
  Mais ie ne demande pas.
Que vous deſcendiez ſi bas.

Si grande n'eſt mon audace,
  D'oſer ſi haut aſpirer,

Ny de vouloir esperer,
Plus que vostre bonne grace
Mon cœur ne voudroit penser,
 Rien qui vous peust offenser

Le loyer de mon seruice,
 Si rien ie puis desseruir,
C'est que seulement seruir
De vostre gré ie vous puisse,
 Et que m'oftroyez ce bien,
Puis quil ne vous couste rien,
Allegant pour ma deffense,
 Que les royalles haulteurs.
Tousiours de bas seruiteurs
N'ont en l'amour pour offense,
 Et qu'amour & maiesté
Souuent ensemble ont esté.

Si la loy d'amour est telle,
 Qu'on s'y doiue s'abbaisser
Vostre grandeur doit laisser,
Toute chose au dessous d'elle:
 Pource que rien entre nous,
Ne seroit digne de vous,

Mais si vous suiuez lexemple
Des Dieux qui n'ont à desdain,
 Que d'vn rustique la main
De vœuz presente à leur temple
Comme eux vous prendrez à gré.
 Mon cœur à vous consacré.

I'entends si vostre excellence,
Digne de l'amour d'vn Roy,
 Vostre grandeur & ma foy,
Mect en egalle balance.
Puis qu'en cela i'ay tant d'heur
 Desgaller vostre grandeur.
Si vn Prince vous honore,
Ce n'est grande nouueauté,
 Il prend bien la priuauté,
De plus desirer encore,
Et croit que tout ce qu'il veult.
 Refuser on ne luy peult

Mais à cil qui hors d'attente,
De sa requeste obtenir.
 Sans espoir de paruenir,
De sa peine se contente.

Ll iiij

On peut dire seurement,
 Qu'il aime fidellement.
Suspecte est l'amour des princes,
 Et de ces amours de court,
 Souuent le bruit qui en court
Fait la fable des prouinces
 Qui aime plus grand que soy,
 Luy mesme se donne loy.

De moy vous ne deuez croire,
 Que de ma felicité,
 Par quelque legereté,
Iamais ie me donne gloire:
 Ie sçay la punition,
 Du malheureux Ixion.

Ie sçey la peine d'Anchise
 Et sçay mais ie ne veux point
 Discourir quant à ce point,
De garder la foy promise:
 Ie ne veux rien obtenir,
 Qu'on doiue secret tenir.
Au fort, Dame s'il vous semble,
 Qu'on ne me doiue excuser,

Vueillez pluſtoſt accuſer
Et vous & l'amour enſemble,
  Et Dieu qui en vous a faict
Vn chef d'œuure ſi parfaict.

Cela vous doit eſtre preuue
  De voſtre perfection,
  Puis que toute affection,
De vous eſclaues ſe tieuue:
  Ne vous faictes eſtimer,
  Ou bien vous laiſſez aimer.
Si mon cœur a fait offence,
  De s'eſtre à vous attaché,
  Amour a faict le peché,
Moy i'en fais la penitence.
  Vn peché ſelon les loix.
  Ne ſe doit puuir deux fois.

Vous me pouuez bien Madame,
  Commander de ne vous voir,
  Mais non de ne vous auoir,
Touſiours engrauee en l'ame:
  Puis qu'amour auec ſon traict,
  Luy meſme en feiſt le pourtraict.

Il faut donc q'uil demeure,
Aussi ay-ie ferme foy,
De l'emporter auec moy,
Quand il faudra que ie meure,
Me vantant le plus heureux,
De tous loyaux amoureux.

O La mal assignee heure de mon desir, Et moy trop obstinee, Contre la destinee, Pour faire à ton plaisir. Et

O moy trop amoureuse,
Te voulant secourir,
Las iestois trop heureuse.

Sans

Sans la main malheureuse,
  Qui lors te feist mourir.
Mon tourment & ma peine,
  Amans venez ouir:
Ialousie inhumaine,
Quand i'eux ma vie certaine
  M'en pesche de iouir.
Ie m'estois preparee
  A l'assignation,
Que'ie t'auois baillee,
Las trop mal conseilee,
  Ie fuz d'affection.
Ie me pensois saisie,
  Du bien tant attendu,
Mais faulse ialousie,
M'en a bien dessaisie,
  Et le ma cher vendu.

Fault il qu'vn Amant meure
  Si pres de son desir?
Faut il que ie demeure.
  Que n'attendois tu l'heure?
Mort pour nous deux saisir.

Mort as tu peu deffaire,
　　Las si cruellement,
Ce qu'amour vouloit faire.
Pour finir & parfaire
　　Nostre contentement.

Or l'as-tu acheuee,
Meschante cruauté.
Nostre amitié priuee
Et tu m'en as priuee,
　　Par ta desloyauté.

Pourtant la iouissance,
Meschant de moy n'auras:
Mais pour toute esperance
De ton outrecuidance,
　　Morte tu me verras.

L'vn estoit pour attendre
Le fruit de l'amour fort,
L'autre pour entreprendre
De tous deux nous surprendre,
　　Et de te mettre à mort,
Celuy qui la merite,

malgré

Melgré tox iouira,,
Mon ame trop despire,
La sienne palle & triste,
  De ce iour poursuyura,

Amy que ie t'embrasse,
Que ie baise tes yeux;
Helas ou est la grace,
O malheureuse place,
  I'attendois d'auoir mieux.

Bouche qui peut bien dire,
  Vainquis ma liberté
Et qui las peu destruire
Luy comptant son martyre,
  De moy reconforté.

Bouche que ie te baise,
  Cent fois te baiseray?
Ce baiser ne m'appaise,
I'attens plus grand aise.
  Que iamais ie n'auray

FIN.

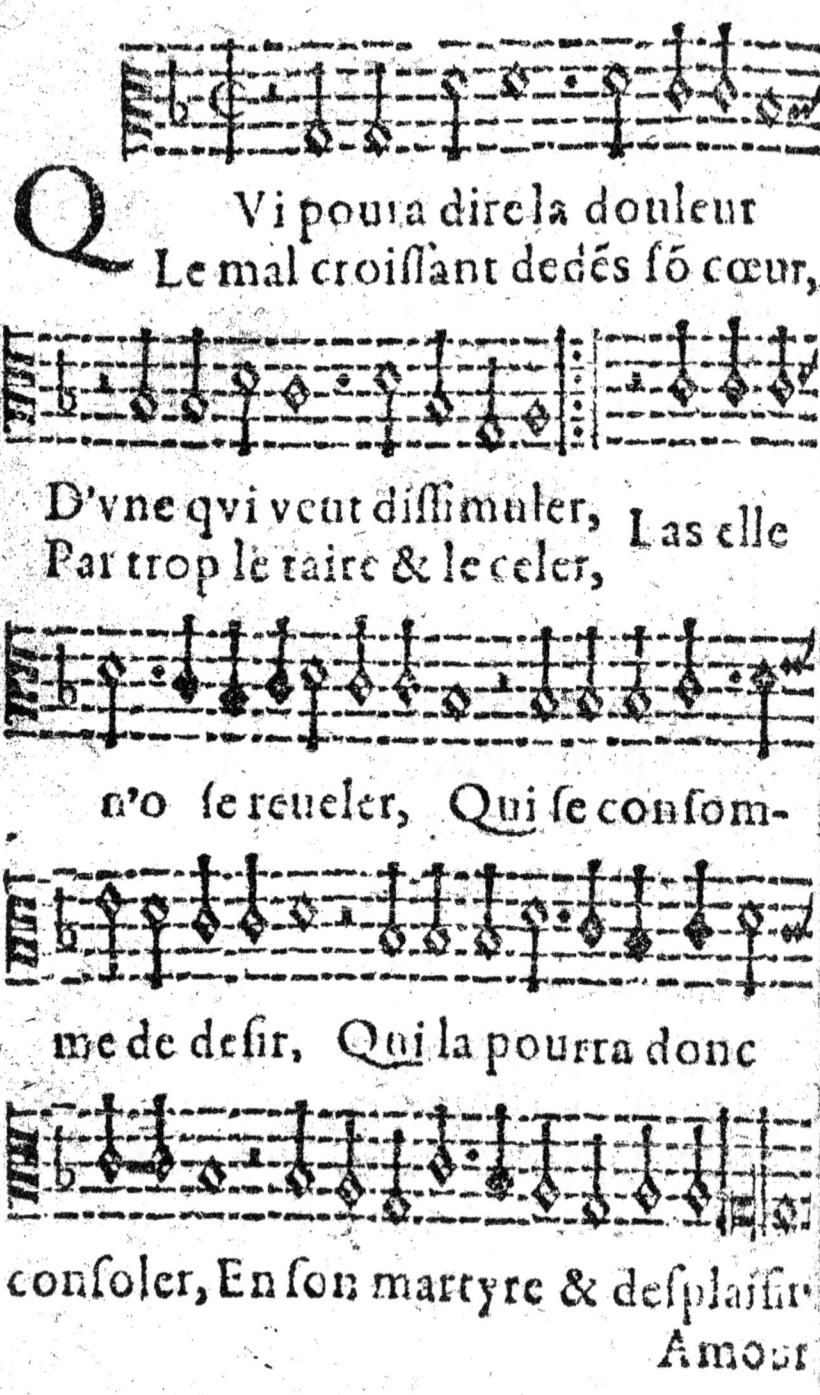

Qvi pourra dire la douleur
Le mal croissant dedés son cœur,
D'vne qui veut dissimuler,
Par trop le taire & le celer, Las elle n'o se reueler, Qui se consomme de desir, Qui la pourra donc consoler, En son martyre & desplaisir
Amour

Amour la faute vient de toy,
  Qui pour n'auoir compassion.
D'vn cœur prisonnier soubs ta loy,
N'entends a son affliction.
L'amant leger par fiction,
  Compte son fait piteusement,
Mais qui aime en perfection
  Ne sçauroit dire son tourment.

Amour amour si tes biens faits,
  Estoient departiz ou tu dois,
Au pris des grands maux que tu fais,
  Heureuse amante me dirois,
D'honneur premiere ie serois,
  Commé ie suis d'affliction,
Et autant d'heur ie sentirois,
  Comme ie sens de passion.

Des maintenant qu'on voye osté
  Le viel bandeau de tes deux yeux
Et à ceux qui l'on merité
Sois liberal & gratieux,
Autrement ne sera pas euy,
Amour contemple visité.

REC DES CHANSONS

Et leur voix n'ira plus aux cieux,
Soliciter ta deité.

OR nous resiouïsson, Chanton vne chanson, Qui soit cointe & Iolie, Ce n'est pas la façon d'engendrer marisson, En bonne compagnie. Nous sommes vne bâde de cöpagnons

pagnõs gaulois: Nul de nous ne demã-

de Lāce, picque ou harnois: No' ioues

des haut bois, Qui sont doux cõme

voix, Quãd nous sommes ensemble

Nous beuuons vin françois, Tout

du meilleur du choix, Ainsi cõme il no'

semble.   Or, &c.

Chanſſons tous en arriere,
　Les avaricieux,
Qu'ils boiuent de la biere,
　Encor' ſont trop heureux,
Leurs eſcuz ſont leur dieux,
Ils en ſont amoureux:
　Car ils n'ont autre attente
Il n'eſt queſtre ioyeux.
Et boire a qui mieux mieux,
　Iuſqu'a ce qu'on s'en ſente,
　　Or nous reſiouiſſon.

Quand nous ſommes à table,
　Deuant vn bon fagot:
Ny Roy ny Coneſtable,
　Ne craignons d'vn argot,
Nous rions de Margot,
Qui met l'andouille au pot,
Sans lauer ceſt ſa guiſe:

Puis apres vien Philippot,
Qui apporte plein pot,
 D'vne vinee exquise,
    Or nous resiouisson, &c.

Si quelcun nous demande,
 De la belle Margot,
Fust-ce le Roy de France.
 N'en sçaura pas vn mot,
Nous escumons le pot.
De la belle Margot,
 Sans cueiller mais du manché.
Qui escume si fort,
Que iamais n'en ressort,
 Qu'il n'ait vuide la granche,
    Or nous resiouissons &c.

Viue l'Imprimerie,
 Et tous les compaignons,
Car en imprimant rient.
 Auec les bons garsons.
Tabourins nous sonnons,
Et de bon vin beuuons,
 Quand nous lauons sur table.

REC. DES CHANSONS.

Nous mangeons gras chappons,
Saucisse & iambons,
   Viande delectable.

Or nous resiouisson,
Chantons vne chanson,
   Qui soit cointe & iolye,
Ce n'est pas la façon
D'engendrer marisson,
   En bonne compagnie.

FIN.

Toute femme n'est que feu, Qui me

sëble auoir à ieu, De m'atrister to{us} ceux
   Iamais femme ne sera
                 Qui

Qui s'accointêt d'elle: Fuyez amans
De mó cœur maistresse, Et si ne m'a-

angoisseux, Fuyez sa cautelle.
busera, Fust-ce la Lucresse.

Iamais femme ne sera, &c.

Si vous luy aues promis
D'estre l'vn de ses amis,
Elle iurera soudain,
    Qu'elle en est contente:
Puis vous lairra par desdain,
    Tant est inconstante.

Iamais femme ne sera.
De mon cœur maistresse
Et si ne m'abusera,
Fust-ce la Lucresse.

Elle feindra bien d'aimer.
Afin de vous enflammer,
Iaçoit que le plus souuent.
Ailleurs soit sa queste,
Non moins subiecte à tout vent,
Qu'vne girouette.

Iamais femme ne sera, &c.
Des le soir au l'endemain,
Vn autre le prend en main,
Combien qu'il soit imparfait.
C'est tout vn du vice
Mais qu'il soit riche c'est fait:
Tout par auarice,
Iamais femme ne sera. &c.
Dont amoureux qui senez,
Le train d'amour apprenez,
Qu'il ne sert d'estre importun,
Par solicitude,
Femme n'a rien si commun,
Que l'ingratitude,
Iamais femme ne sera
De mon cœur maistresse,

Et si

Et si ne m'abusera,
Fust-ce la Lucresse.

BOn iour m'amie bō iour mō heur
Mō beau printéps, ma douce fleur,

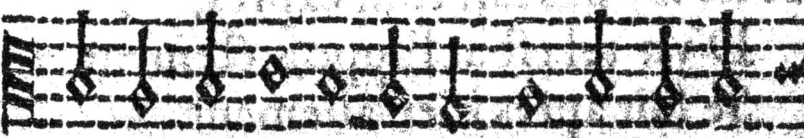

Ma mignardise mon amour, Mignōne

Dieu te doin bon iour.
M'amour donne moy le credit,
De te baiser sans contredit,
 Pour toy mon cœur vit en esmoy,
 Or donc ma belle baise moy.

Helas donc ne le veux tu pas,
Vray Dieu c'est vn estrange cas,

Ingrate de me refuser
 Si peu de chose qu'vn baiser.
Autant ou plus en recepura,
Le plus estrange qui viendra,
Mais quoy cestuy la est plus sot
 Qui ne le prend sans dire mot.

Ou est quicte pour dire apres
Ie ne lay pas fait tout expres,
 D'vn tel esbat l'appoinctement
 Se fait apres bien aisement.
En amour le secret & l'art,
C'est de iamais n'estre couart,
 Et tel mestier on le sait bien.
 Les plus honteux n'y vallent rien.

Or donc belle pour ton amour,
Ie n'ay repos ny nuict ny iour
 Pour toy mon cœur pauure & pensif
 Demeure serf & bien captif.
Et s'il me fault pour vn deuoir,
Garder de si souuent te voir.
 Ou te voyant ie suis contraint
 Dresser mes yeux à autre sain&.

Ou ie n'ay point d'affection:
Mais pour couurir ma passion,
   Laquelle me rend si fort tien.
   Que ie ne puis plus estre mien.
Mignonne n'as tu point pitié
De ma ferme & grande amitié,
   Que ie ne puis ny pres ny loing,
   Qu'amour ne me soit à tesmoing

Ne veux-tu pas ton pauure amant,
Traitrer vn peu plus doucement:
   Regarde si i'ay merité
   D'estre si rudement traité.
Comme la vigne & ses rameaux
Vient entrelasser les ormeaux,
   Ainsi d'vn entrelas humain,
   Vien dessus moy brancher ta main

Aussi ta main de m'embrasser
Ne se puisse iamais laisser:
   Alors d'vn cœur ioyeux & gay,
   Dessus mon luth ie chanteray.
Les rares & celestes dons,
Faisant mille & mille fredons

Pour ta gloire immortaliser,
Vien donc follastre me baiser,

Lors que le nature te feist,
Vn beau chef d'œuure elle parfeist
  Aussi es tu le vray miroir
  Des plus parfaictes qu'on peult voir

Et ne suis ie pas bien heureux,
Par sus tous autres amoureux,
  Puis que tu me fais tant de bien,
  Mignonne de me dire rien.

Non non ie ne suis curieux,
De ce qui appartient aux dieux,
Et ne voudrois changer mon heur.
Pour tous leurs biens & leur hôneur
FIN.

L A plaffe des filles La voulez
Elle font bonne mine Qnãd quelcũ
                              vous

vous sçauoir,
les va voir. Mais quád elle sont à par

eux En leurs chambrettes, Elles tien-

nent dessus les rengs Petis & grands.

Ces filles de la brie,
  Se donnent du bon temps:
Elles font bonne vie
  Auec leurs poursuyuans,
Il n'estoit question alors
  Que d'assemblees,
Qui se faisoyent de tous costez,
Pour leurs beautez,
Celle garse asseuree,

On ne la peut plus voir
Pourquoy s'est retiree,
  On ne le peut sçauoir.
I'ay veu que iauois ce bon heur
  D'estre a la porte.
Pour contempler ces deux beaux yeux
  Tant gracieux.

Le parangon des Nymphes
  On la veult marier.
Il faut que ce soyent Princes.
  Pour sa grace attirer:
Car elle ne faict pas grand cas
  Des robbes courtes:
Ie ne say qui aura cest heur
  D'auoir son cœur,

Quand à sa sœur aisnee,
  Ne la saurions garder,
Estant accompagnee.
  De librement parler.
Il luy est bien aduis quell'est
  Des plus gaillardes:
Et que tous ceux qui la vont voir

C'est pour l'avoir,
Mais elle est bien trompee
   Car ils n'y pensent pas,
C'est pour la plus aisnée
Qu'ils y font tant de pas,
Mais elle en a grand mal au cœur,
   Je m'en asseure :
Encor' qu'elle n'en die rien,
   On le voy bien,
— Ceux qui portent l'espee
   Ne sont les bien venuz,
   A la porte carree,
   S'ils n'ont des revenuz,
Deux mille livres pour le moins
   En belle terre,
Gentil-homme de bonne part,
   Et bien gaillart.
— Monsieur je vous supplie,
   Ne venez plus ceans,
   Pour demander ma fille,
   Vous perdez vostre temps :
Car nous l'avons vouee ailleurs.

REC. DES CHANSONS

De sa naissance
Elle a vouloir de faire un sault,
Un peu plus hault.
— Le pauvre gentilhomme,
N'est il pas bien deceu
D'aymer ceste mignonne,
Qui ne la pas receu,
Car elle n'y fait pas grand cas,
De robbes courtes,
Je ne sçay si elle en aura,
Quand ell' voudra,
Helas mes damoyselles,
Adoucissez vos cœurs.
Ne soyez si cruelles
Envers vos serviteurs,
Car cela vous seroit trouvé,
Bien fort estrange,
Dy loger de la cruauté,
Avec beauté,
— Capitaine Mauville,
Capitaine Varron,
Vous faites bien des mines

DE VOIX DE VILLE

D'une pauvre chanson,
Si vous alon faire cest honneur,
De vous y mettre.
Car vous estes le truchement,
Du regiment.
— Dieu gard de mal la trouppe,
Des amoureux servans,
Ils ont le vent en pouppe,
A l'amour poursuivans.
Ils menge bien des pois au veau
a l'ordinaire,
Je ne voudrois de tels appas,
Pour mon repas.

FIN.

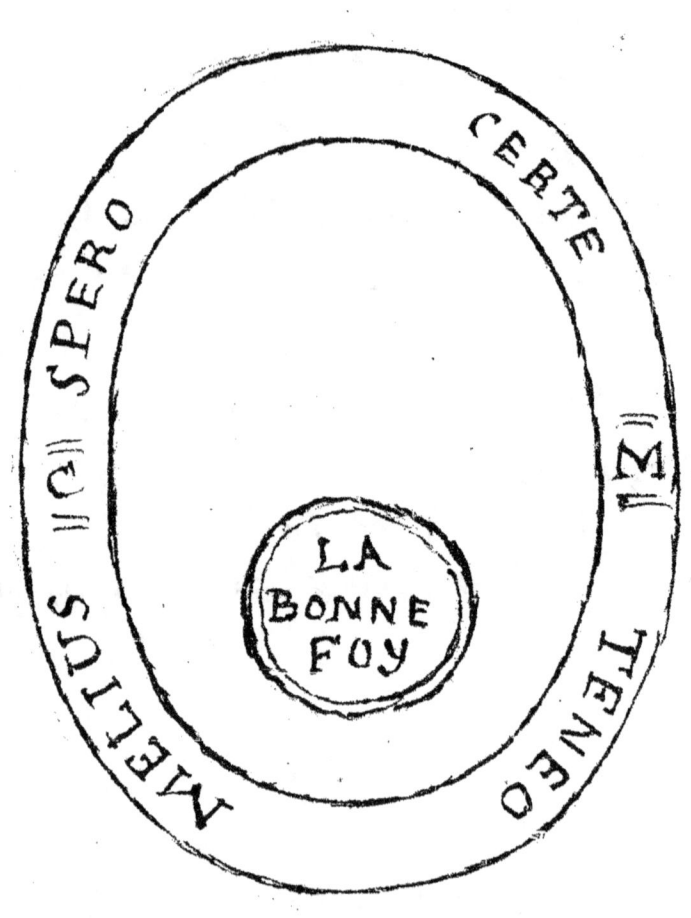

www.ingramcontent.com/pod-product-compliance
Lightning Source LLC
Chambersburg PA
CBHW060507230426
43665CB00013B/1418